다 말

박옥수 목사 저

기쁜소식사

머리말

"유다는 다말에게서 베레스와 세라를 낳고"(마 1:3)

성경에 나오는 다말이라는 여자는 시부(媤父)의 씨를 받아서 베레스와 세라를 낳았다. 우리가 생각하면 다말은 음란한 여자요, 부도덕한 여자임에 틀림없다. 유다도 처음에는 다말을 음란한 여자로 알아서 불에 태워 죽이려 했다. 유다뿐 아니라 어느 누구도 그를 표면적으로 볼 때 그렇게 생각했을 것이다.

그러나 유다는 나중에 '그가 나보다 옳다', 즉 의롭다고 말했다. 우리가 어떻게 그런 여자를 의롭다고 말할 수 있을까. 성경 룻기 4장 12절에서도 성읍 사람들이 룻을 축복할 때 "다말이 유다에게 나아준 베레스의 집과 같이 되기를 원한다."고 축복했다.

다말은 하나님의 뜻인, 유다 집에 아들을 낳아서 그리스도의 족보를 잇는 일에 소망을 두고 있었다. 사단은 계속해서 그 길을 막았다. 엘도 죽고, 오난도 죽고, 셀라는 죽을까봐 유다가 다말에게 주기를 거절했다. 사단은 다말이 그 믿음을 포기하도록 하려고 했다.

그러나 다말은 포기하지 않고 하나님의 은혜를 구했다. 결국 길이 열렸으나, 그 길은 시아버지를 통한 길, 즉 다말이 도저히 받아들이기 어려운 길이었다. 다말은 여기서 자신의 체면이나 품위를 돌아보지 않고, 그리고 생명의 위험을 무릅쓰고 하나님의 뜻을 이루고자 결심했다.

결국 하나님은 어느 누구도 이해할 수 없는 방법으로 다말에게 아들을 주셨다. 이것은 다말 마음이 음란한 데가 아닌 하나님의 뜻을 이루고자 하는 데 있었음을 분명하게 보여 준다.

　우리는 하나님의 뜻을 이루는 데 있어서 나 자신의 품위나 자존심이 손상받지 않는 범위 안에서 이루려고 한다. 물론 우리는 음행을 정당화하려고 하지는 않는다. 그러나 심지어 그런 일을 통해서라도 하나님의 뜻을 이루는 다말의 순결한 마음을 하나님은 받으신 것이다.

　믿음의 세계란 때때로 내가 이해할 수 없는, 즉 자아(自我)가 죽은 상태라야 들어갈 수 있는 세계임을 말하고자 한다. 우리가 다말과 같이 이런 마음을 갖고서 하나님 앞에 나아간다면, 사단이 어떤 불가능한 일을 가지고 막아도 능히 하나님의 뜻을 이루고 열매를 맺는 믿음의 세계로 인도함을 받을 수 있는 것이다.

　나는 이 책을 통하여 하나님이 왜 다말의 이름을 예수님의 족보에 올렸는지, 또한 그가 결코 음란한 여자가 아니라 믿음의 여자임을 독자들이 깨달아, 남에게 전혀 이해받지 못해도 믿음을 가지고 하나님의 뜻을 이루는 한 사람 한 사람이 되길 바란다.

2001년 12월 26일

한밭중앙교회 목사　朴 玉 洙

목 차

머리말

1. 그리스도의 족보를 잇기 원했던 여인　　9
2. 은혜를 입을 수 있는 법칙　　45
3. 이해할 수 없는 성령의 인도　　73
4. 저주 위에 임하는 구원　　105
5. 생명의 약조물　　131
6. 하나님이 찾으시는 것　　161
7. 하나님이 하시는 것과 내가 하는 것　　191
8. 생명을 가로막는 욕망　　225
9. 우리가 할 수 있는 가장 위대한 일　　253

1. 그리스도의 족보를 잇기 원했던 여인

1. 그리스도의 족보를 잇기 원했던 여인

창세기 38장 1절부터 읽겠습니다.
"그 후에 유다가 자기 형제에게서 내려가서 아둘람 사람 히라에게로 나아가니라. 유다가 거기서 가나안 사람 수아라 하는 자의 딸을 보고 그를 취하여 동침하니, 그가 잉태하여 아들을 낳으매 유다가 그 이름을 엘이라 하니라. 그가 다시 잉태하여 아들을 낳고 그 이름을 오난이라 하고, 그가 또 다시 아들을 낳고 그 이름을 셀라라 하니라. 그가 셀라를 낳을 때에 유다는 거십에 있었더라. 유다가 장자 엘을 위하여 아내를 취하니 그 이름은 다말이더라. 유다의 장자 엘이 여호와 목전에 악하므로 여호와께서 그를 죽이신지라. 유다가 오난에게 이르되 네 형수에게로 들어가서 남편의 아우의 본분을 행하여 네 형을 취하여 씨가 있게 하라. 오난이 그 씨가 자기 것이 되지 않을 줄 알므로 형수에게 들어갔을 때에 형에게 아들을 얻게 아니하려고 땅에 설정하매 그 일이 여호와 목전에 악하므로 여호와께서 그도 죽이시니 유다가 그 며느리 다말에게 이르되 '수절하고 네 아비 집에 있어서 내 아들 셀라가 장성하기를 기다리라' 하니 셀라도 그 형들같이 죽을까 염려함이라. 다말이 가서 그 아비 집에 있으니라."
11절 말씀까지 읽었습니다.

신약을 풀어주는 구약

이번에 저는 마태복음에 나오는 말씀들과 창세기에 나오는 말씀들을 연결해서 이야기를 드리려고 합니다. 마태복음 1장에 보면, "아브라함과 다윗의 자손 예수 그리스도의 세계라. 아브라함은 이삭을 낳고, 이삭은 야곱을 낳고, 야곱은 유다와 그 형제를 낳고", 그 다음에 "유다는 다말에게서 베레스와 세라를 낳고"라고 되어 있습니다. 마태복음 1장에는 이처럼 "유다는 다말에게서 베레스와 세라를 낳고"라고 아주 짧게 기록되어 있습니다.

성경을 죽 읽어 내려가 보면, 성경을 읽는 재미가 있습니다. 신약성경에 아주 짧고 간단하게 기록된 것을 구약성경에서 다 풀어 줍니다. 그래서 저는 신약에서 이해가 잘 안 되는 부분을 항상 구약에서 이해하고 풀고 합니다.

신약 고린도후서 5장 17절에 "그런즉 누구든지 그리스도 안에 있으면 새로운 피조물이라. 이전 것은 지나갔으니 보라 새 것이 되었도다."라는 말씀이 있습니다. 딱 한 절의 이 말씀을 구약의 출애굽기, 레위기, 민수기, 신명기 성경 전체가 자세히 설명해 주고 있습니다. 이스라엘 백성들이 애굽에서 나와 광야를 지나는 40년 동안, 애굽에서 나온 사람들은 자꾸 죽고 새 사람들이 태어나 가나안을 향해 갔습니다. 그것은, 우리가 구원을 받아도 육신에 속한 많은 생각들이 우리 마음을 지배하고 있다가, 광야 길 같은 삶을 살아가면서 그 생각들이 자꾸 죽고 하나님이 주신 새 마음이 속에서 점점 솟아올라와 결국엔 영원한 그 나라에 들어가는 모습을 이야기해 주는 것입니다. 출애굽기부터 신명기까지 그 사실을 자세하게 이야기해 주고 있는데, 그 전부를 고린도후서 5장 17절 한 절이 말하고 있는 것입니다.

구약과 신약을 연관지어 읽어 보면, 마태복음 1장의 "유다는 다말에게서 베레스와 세라를 낳고"라는 구절은 창세기 38장 전체가 설명해 주고 있습니다. '유다가 어떻게 다말에게서 베레스와 세라를 낳았는가? 거기에 어떤 하나님의 섭리가 있는가?' 그것은 정말 중요한 사실입니다.

창세기 38장 1절부터 읽어 가면서 이야기하겠습니다.

"그 후에 유다가 자기 형제에게서 내려가서 아둘람 사람 히라에게로 나아가니라. 유다가 거기서 가나안 사람 수아라 하는 자의 딸을 보고 그를 취하여 동침하니, 그가 잉태하여 아들을 낳으매 유다가 그 이름을 엘이라 하니라. 그가 다시 잉태하여 아들을 낳고 그 이름을 오난이라 하고, 그가 또 다시 아들을 낳고 그 이름을 셀라라 하니라. 그가 셀라를 낳을 때에 유다는 거십에 있었더라."

다시 마태복음 1장 3절을 다같이 읽어 보겠습니다.

"유다는 다말에게서 베레스와 세라를 낳고, 베레스는 헤스론을 낳고, 헤스론은 람을 낳고"

마태복음에서는 유다가 다말이라는 여자에게서 베레스와 세라를 낳았다고 하는데, 방금 읽은 창세기에는 유다가 베레스와 세라를 낳은 이야기는 나오지 않고, 엘과 오난과 셀라를 낳았다고 기록되어 있습니다. 이야기가 여기에서 끝나버리면 우리는 마태복음을 이해할 수 없습니다. 마태복음에는 유다가 엘이나 오난이나 셀라를 낳았다는 이야기가 전혀 없으니까요. 창세기에서는 마태복음에 나오는 이야기를 좀더 자세히 하다 보니 엘도, 오난도, 셀라도 나오는 것입니다. 그리고 그 뒤에 베레스와 세라가 나옵니다.

유다가 결혼해서 맏아들 엘을 낳고, 둘째 아들 오난을 낳고, 셋째 아들 셀라를 낳았습니다. 그러면 유다의 아들은 모두 몇 명입니까? 세 명이지요. 그렇게 살다가, 유다가 맏아들 엘을 장가들였는데 그 아내 이름이 다말이었습니다. 그런데 창세기 38장 7절에 "유다의 장자 엘이 여호와 목전에 악하므로 여호와께서 그를 죽이신지라."고 되어 있습니다. 엘이 다말과 결혼해서 살다가 죽어버린 것입니다. 왜 죽었습니까? 하나님께서 죽이셨습니다. 무엇 때문에 죽이셨습니까? 여호와의 목전에 악하므로. 엘이 여호와의 목전에 악해서 죽었는데, 어떻게 악했는지에 대한 이야기는 성경에 전혀 없습니다.

훌륭한 유대인, 초라한 예수님

저는 지난 여름 이스라엘에 다녀왔습니다. 그 전부터 가 보고 싶었지만 기회가 잘 닿지 않았는데, 독일을 방문했을 때 기회가 되었습니다. 지중해 연안에 있는 '느타냐'라는 도시의 한 호텔을 숙소로 정하고, 아침 식사 후 관광 안내원을 따라 버스에 올라탔습니다. 갈릴리 호수에도 가고, 사해에도 가고, 요단강에도 가고, 갈멜산에도 올라갔습니다. 우리는 마지막 날 예루살렘에 갔는데, 마침 그날은 안식일이었습니다. 예루살렘의 옛 성전 벽이었던 '통곡의 벽' 앞에 가 보니, 유대인들이 거기에서 기도도 하고 성경도 읽고 있었습니다. 함께 간 형제들이 그 모습들을 사진에 담으려고 하자, 경비원들이 '오늘은 안식일이니 사진을 찍으면 안 된다'고 했습니다. 카메라의 셔터를 누르는 것이 일이기 때문이라는 겁니다. 자기들은 무전기를 켜서 서로 연락을 취하고 있으면서도 말입니다.

그런데 한국 사람들은 좀 특별하잖아요. 마지막으로 통곡의 벽을 촬영하는 결정적인 순간인데……. 우리 일행 중 한 자매가 경비원에게 가서 물었습니다.

"왜 사진을 찍지 못하게 합니까?"

"안식일이라 안 됩니다."

"안식일에는 왜 사진을 찍으면 안 되죠? 사진 찍는 이것이 노동입니까? 도대체 에너지가 얼마나 들죠?"

자매가 경비원의 시선을 빼앗는 동안에 우리는 사진을 찍었습니다. 비디오 카메라를 가진 형제는 메고 그냥 슬슬 다녔는데, 나중에 보니까 카메라 스위치를 켜 놓고 구경하면서 자연스럽게 촬영한 것이었습니다.

사진을 찍고 나서 통곡의 벽 앞으로 가 보았습니다. 옛날에 예루살렘 성전이 있던 자리였는데, 다 무너지고 벽만 남아 있었습니다. 이스라엘에 가 보니 특이한 것이, 우리는 건물을 헐고 다시 지을 때 그 잔해를 깨끗하게 치운 후에 짓는데, 그 나라에서는 성을 함락시키면 그 잔해들을 흙으로 메운 후 그 위에 건물을 지었습니다. 성전이 있던 곳도 무너지고 다시 세워지면서 흙이 자꾸 올라갔고, 지금은 남아 있는 성전 벽 위에 회교 사원이 세워져 있습니다. 그 사원은 아랍 국가 소유이고, 그 아래는 이스라엘 땅입니다. 이스라엘 사람들은, 그 위에는 옛날 성전 터라 죄 있는 사람이 들어가면 죽을까봐 못 올라간다고 합니다.

그 곳에 있는 유대인들은 특이한 까만 옷을 입고, 머리카락 끝을 꼬불꼬불하게 해서 달아내린 모습을 하고 있었습니다. 계속해서 성경을 읽는 그들의 모습을 보면서 2천 년 전 그런 모습의 유대인들, 제사장들이나 서기관들이나 바리새인들을 생각해 보았습니다. 그리고 제가 갔던 갈릴리 바닷가에 계셨던 예수님도 생각해 보았습니다.

성경에 보면 갈릴리 바다, 디베랴 바다, 벳새다 바다, 갈릴리 호수, 게네사렛 호수 등이 나오는데, 모두가 지름이 십 이삼 킬로미터쯤 되는 호수 하나입니다. 옛날 사람들은 큰 호수를 바다라고 불렀다고 합니다. 그 호수 한쪽에 벳새다가 있고, 벳새다에서 호수를 따라 조금 내려가면 가버나움이 있고, 게네사렛이 있고, 디베랴가 있고, 건너편에는 거라사 등이 있는데, 디베랴 사람들은 그 호수를 디베랴 바다라 하고, 벳새다 사람들은 벳새다 바다라고 했던 것입니다. 예수님께서 거기에서 가버나움으로, 벳새다로, 거라사 땅으로 다니셨습니다.

이스라엘에 가 보니까, 제가 그 동안 상상했던 것과 너무 다른 것이 많았습니다. 예수님께서 예루살렘에서 말씀을 전하시고 저녁에 잠잘 데가 없어서 감람산에 가서 주무셨다고 했는데, 산이라고 해서 한국 산을 연상했지만 가서 보니 작고 나지막한 동산이었습니다. '이곳에서 지내시다가 비가 오면 예수님은 어떻게 하셨을까? 옷은 세탁을 하셨을까? 옷은 몇 번이나 갈아 입으셨을까?' 생각해 보니 답이 나오지 않았습니다.

'주님은 분명히 단벌 옷을 입고 계셨기 때문에 세탁도 제대로 못하고, 감람산에서 그 옷 그대로 입고 엎드려 기도하시다가 아침에 성전에 들어가서 가르치고 하셨을 텐데……'

예루살렘 사람들은 그런 주님을 시골에서 살다가 올라온 시골뜨기 예수, 그 정도로밖에 안 보았을 겁니다. '잘생기고 멋지게 차려입은 유대인들이 그런 예수님 앞에 가서 무릎을 꿇었겠나?' 하는 생각이 들었습니다. 이스라엘에 다녀온 후 '나도 예수님보다 훨씬 잘살고 더 나은 위치에 있기 때문에 예수님 앞에 무릎꿇기가 힘들구나' 하는 마음을 강하게 느꼈습니다.

유대인들은 예수님의 외모만 보았지, 예수님 안에 있는 그 귀한 하나님의 것들은 보지 못했습니다. 그런 것들은 우리 눈으로 볼 수 있는 것이 아니기 때문에 사람들은 예수님 안에 있는 거룩함이나 의로움이나 순결이나 지혜나 사랑은 전혀 보지 못하고, 초라한 옷을 입고 시골뜨기 어부들 몇 명 데리고 이 거리 저 거리 다니면서 가르치시는 예수님만 보았던 것입니다. 그 예수님 앞에 그들이 무릎을 꿇는다는 것이 너무 어려웠겠다고 생각되었습니다.

우리가 성경을 읽으면, 표면적으로 나타나는 예수 그리스도 말고 숨겨져 있는 예수 그리스도의 아름다움·거룩·의로움·순결·지혜 등을 발견할 수 있습니다. 만약 여러분이 예수 그리스도에게서 나타나는 그 귀함과 아름다움을 맛보게 되면, 세상의 것에서는 더 이상 맛을 느낄 수 없는 사람이 되어버립니다.

시몬 베드로를 생각해 봅시다. 베드로가 밤새도록 고기를 잡으려고 했지만 잡지 못했습니다. 다음날 아침에 예수님을 만났는데, 예수님이 베드로에게 깊은 데에 그물을 던지라고 말씀하셨습니다. 베드로는 '거기에는 고기가 없을 텐데, 안 될 텐데…….' 하면서도, "선생님, 우리가 밤이 새도록 수고했어도 잡은 것이 없지만 말씀을 의지하여 그물을 내리겠습니다." 하고 예수님의 말씀대로 그물을 내려 고기를 가득 잡았습니다. 그때 베드로는 깜짝 놀랐습니다.

'저 사람이 누구지? 저 사람은 그물 한번 던져 본 적이 없는 것 같은데 어떻게 이런 일이 일어날 수 있지?'

베드로는 예수님의 능력을 경험하고 난 후 배와 그물, 그리고 고기 잡는 일까지 다 버리고 예수님을 따라가버렸습니다. 정말 예수님 속에 있는 능력을 맛본 사람은, 예수님을 만나기 위하여 지붕이라도 뚫고 내려왔습니다. 그런데 그 맛을 모르는 사람들은 예수님 곁에서 그 능력을 보면서도 오히려 예수님을 비난하고 판단했습니다.

우리는 성경 속에서 보화를 발견하는 것입니다. 제가 삶이 복되고 평안하게 살아갈 수 있는 이유는, 물론 하늘나라에 가는 은혜가 한없이 크기 때문이기도 하지만, 1962년에 예수 그리스도를 발견한 그날부터 오늘에 이르기까지 제 생애에 크고 작은 많은 어려움이 있었지만 예수님께서는 그 어려움을 한 번도 외면하지 않으시고 늘 저를 지키고 도와 주셨기 때문입니다. 제 가까이 있는 사람들은, 저에게 어떤 어려움이 닥쳤었고, 주님이 어떻게 도우셨는지를 잘 알고 있습니다. 제 주위에 있는 어떤 사람들은 너무 잘나고 똑똑해서 예수님을 무시하기도 합니다. 그래도 예수님께서는 그들에게 역사하시고 은혜를 베푸십니다. 그런데도 그 은혜를 누리지 못하고 그냥 넘어지고 망하는 사람들을 보면 너무 불쌍하다는 생각이 듭니다.

목사님, 됐습니다!

작년에, 우리 교회에서 사역하던 김지헌 전도사님의 결혼 이야기가 나왔습니다. 선교학교를 마치고 전도지로 나가 일하기 위해 결혼을 해야 하는데, 신부 될 자매의 아버지는 부산 지방 조달청장으로 그 내외분이 결혼을 심하게 반대했습니다. 그 문제로 주님 앞에 기도하다가, '내가 그분들을 한번 만나야겠다'는 마음이 들어 그분과 전화로 약속한 후 부산에서 만났습니다.

그분이 자기 딸이 다니는 우리 교회에 대해서 심문하듯이 꼬치꼬치 물었습니다. 마치 문초받는 듯이 이야기가 진행되어서, 그날 결혼 이야기는 입 밖에 내지도 못했습니다. 저는 인간적인 면으로 이야기할 것은 별로 없는데, 하나님이 우리에게 하신 일은 많다는 사실이 참 감사했습니다. 이야기를 마치고 나오면서 그분에게 '죄 사함 거듭남의 비밀' 책을 한 권 선물했습니다. 그분이 주차장까지 따라나오면서, 저에게 부탁이 하나 있다고 했습니다.

"내 딸이 전도사하고 결혼한다는데 나는 그것을 막고 있습니다. 내 딸은 갑상선 질환이 있어서 약을 먹고 있는데, 약이 너무 독해서 몇 년 동안은 아이를 가지면 기형아가 됩니다. 그리고 언니가 아직 결혼을 안 했는데 동생이 먼저 결혼하면 되겠습니까? 그러니 조금 미뤄 주십시오."

'나도 딸 가진 사람으로서 그 이야기가 이해된다'고 하고 대전으로 돌아왔습니다. 교회에 와서 그 자매를 불러서 물어 보았습니다.

"자매, 갑상선 치료받고 있다면서? 아버지가 약 먹으면서 결혼하면 안 된다고 하시던데."

"목사님, 저에게 갑상선 질환이 있기는 했는데, 제 마음에 그 병이 낫겠다는 믿음이 있어서 약을 끊고 그 일을 아버지에게는 숨기고 있었어요. 그런데 얼마 전에 병원에 가 보니 다 나았다고 했어요."

"그래? 그리고 또 결혼 안 한 언니가 있어서, 아버지가 자매를 언니보다 먼저 결혼시킬 수 없다고 하시던데……."

"괜찮아요. 언니는 지금 군의관과 사귀는 중인데 나중에 결혼하기로 약속했고, 언니가 저보고 먼저 결혼하라고 이야기해 주었어요."

그 자매의 어머니는 예수님과는 아주 상관이 없는 분이었고, 아버지는 전에 신학교를 1년 가량 다니다가 교회의 비리를 보고 신학을 포기하고 다른 학과로 옮겼던 분이었습니다. 하여튼 어려움이 있었지만 결혼이 성사되었습니다. 자매의 아버지가 제가 준 책을 읽고 마음이 열려서 제게 실례했다고 하면서 서로 많이 가까워졌습니다. 그 가족은 자매 동생이고, 언니고, 부모고, 절대로 예수님을 믿을 만한 분들이 아니었습니다. 그런데 얼마 후에 그 어머니가 간암에 걸렸습니다. 세상 사람들은 잘 나가다가도 암이나 부도 같은 어려운 문제를 만나면 정신을 못 차리지요.

저는 인생을 살면서 크고 작은 일들을 겪을 때마다 늘 하나님이 대신해 주셨습니다. 하나님은 화를 복으로, 어려움을 기쁨으로 바꾸지 않으신 적이 한 번도 없었습니다. 그래서 일이 생기면 저는 '하나님이 도대체 또 무슨 복을 주시려고 그러시나?' 싶어 기쁜데, 그분들은 그렇지 못했습니다. 그 아버지가 저에게 이렇게 말했습니다.

"목사님. 저는요, 인생을 살면서 뭐든지 잘 되었습니다. 그래서 이제 좀 아내와 평안히 즐기며 살려고 했는데……."

암에 걸린 아내 앞에서 속수무책인 겁니다. 돈을 써서 해결할 수 있다면 그렇게 하겠는데, 독일이나 미국에 가서 된다면 그렇게 하겠는데, 어떤 것도 안 되는 겁니다. 이전에 간암으로 간을 70% 잘라냈는데 또 재발된 것입니다. 이제는 거의 불가능한 것이지요. 제가 이스라엘에 다녀왔을 때, 그 바쁘신 분이 공항에 저를 마중나왔습니다. 그분 아내의 병이 심하다는 이야기를 듣고, 대전에 내려갔다가 이틀 후쯤 서울에 올라와서 기도해 주겠다고 했습니다. 그런데 대전에 내려가니까 여름 수양회 일이 밀려서 열흘쯤 후에야 서울에 올라갈 수 있었습니다. 영등포 교회에서 주일 저녁 예배를 드리고 월요일 아침에 그 부인에게 복음을 전하려고 했습니다.

그날 밤 그 부인이 간에 염증이 너무 심해 열이 나서 병원에 입원을 했습니다. 마침 주일 낮 설교 시간에 제가 뉴욕 교회의 이춘수 자매가 세상을 떠난 간증을 했는데, 식구들이 인터넷으로 그 말씀을 듣고는 이춘수 자매와 그 부인을 연관시켰습니다. 그것은 전혀 다른 이야기인데도, 이춘수 자매가 죽었다는 이야기에 식구들이 모두 낙심했습니다. 그런데다가 병세가 갑자기 심해지니까, 그 부인은 유언까지 했습니다.

이튿날 아침에 제가 그분 큰딸이 근무하는 국군수도병원으로 갔습니다. 큰딸이 기다리다가 제가 차에서 내리자 "그 자매님 죽었지요? 우리 어머니도……." 하면서 울었습니다. 그 집안에 사망의 그림자가 온통 덮여 있었습니다. 병실에 들어가 복음을 전하려고 하니까, 그 부인도 벌벌 떨면서 자꾸 엉뚱한 이야기만 했습니다.

"목사님, 우리 은아 아빠는 참 좋은 사람입니다. 나 죽거든 우리 은아 아빠 위해서 우리 아이들 괄시 안 할 좋은 사람 마련해 주세요……."

제가 그분을 위해서 어렵게 오전 시간을 냈는데, 그 시간에 복음을 전하지 못해 마음이 너무 안타까웠습니다. 기도하지 않을 수 없었습니다. 그분이 침대에 누워 자꾸 춥다고 하기에, 이분이 잠들면 안 되겠다는 마음이 들어서 복음 전하는 것을 뒤로하고 이런 저런 이야기를 계속 했습니다. 그런데 열 시쯤 되어서 대학교에 다니는 막내딸이 병실 문을 열고 들어왔습니다. 그 아이가 나중에 이야기하기를,

"박 목사님이 오늘 어머니에게 복음을 전하러 오신다는 이야기를 들었는데, 저도 오늘 구원받지 못하면 죽을까봐 두려워서 강의받다가 어머니 복음 들을 때 나도 같이 들어야겠다는 마음이 들어서 얼른 왔어요."

라고 했습니다.

하나님께서 그 딸에게도 복음을 전하게 하시려고 열 시가 되도록 복음을 전하지 못하게 저를 막으셨던 것입니다. 그때까지 춥다고 하며 불안해하던 부인이, 딸이 와서 팔과 어깨를 주물러 주자 마음이 안정되었습니다. 열 시부터 열한 시 삼십 분까지 복음을 전했습니다. 열한 시 반쯤 되어서 그 부인이,

"목사님, 됐습니다! 그런 거군요. 그래요, 내 죄가 그렇게 씻어지는 것이군요!"

하면서 기뻐하는데 저도 눈물겨웠습니다. 그러자 옆에 있던 딸이 "목사님, 저도요!" 하는데, 같이 구원을 받은 겁니다. 나중에 그 아버지가 저에게 이야기했습니다.

"목사님이 오시기 전까지 사망의 그림자가 우리 가족의 마음을 어둡게 눌러 왔습니다. 그런데 하나님의 말씀이 전해지면서 사망의 그림자가 다 떠나가버렸습니다."

그때부터 그 부인이 건강해지기 시작했습니다. 그분이 구원을 받고 나니까 마음이 달라져버렸습니다. 그 후 강릉 집회에 가는 길에

월요일 오전에 병원에 잠깐 들렀는데, 너무 건강해져 있었습니다. 그리고 얼마 후 서울 KBS 88체육관 집회 때, 그분이 큰 성경을 들고 와서는 "목사님, 제가 이런 성경을 들고 목발을 짚고 이렇게 집회에 참석할 수 있을 줄 꿈엔들 생각했겠습니까? 저 이번에 결석 안 하려고 마음먹었습니다." 하였습니다. 그때 날씨가 굉장히 추웠는데, 온 가족이 집회에 와서 앉아 있는 모습을 보며 너무나 감격스러웠습니다.

목회를 하다 보면, 예수님이 우리와 함께 계시면서 일하시는 것이 보입니다. 그래서 저는 늘 우리 교회에 오는 사람들을 눈 사진을 찍습니다. 눈 사진이 어떤 것인지 압니까?

'이 사람이 우리 교회에 처음 올 때의 모습이 이렇다. 두고 보자, 1년 후에 어떻게 변하나. 3년 후에 어떻게 변하나. 5년 후에 어떻게 변하나. 내일 이맘때에 지금과 같은지 보자.'

하는 겁니다. 나중에 보면 다 변해 있습니다.

죄송합니다만, 저는 우리 교회 성도들에게 아주 못된 목사입니다. 제가 방문해 본 성도들 집도 몇 곳 안 됩니다. 우리 교회에서는 아예 저를 내놓았습니다. 그런데 너무 신기한 것이, 교회 성도들이 주님께서 일하시는 것 하나만큼은 똑똑히 보아서 알고 있습니다.

'우리 교회는 하나님이 함께하고 계신다. 하나님은 박 목사님과 함께 일하고 계신다.'

주님이 어떤 일을 어떻게 능력으로 역사하셨는지, 그런 이야기는 밤이 새도록 해도 다 못할 겁니다.

처음에는 마음이 참 높고 예수님과 상관없었던 그 가족을 주님은 1년 사이에 당신 앞으로 다 이끌어 오셨습니다. 한번은 그 자매님이 이런 간증을 했습니다. 그분 시어머니는 절에 아주 열심히 다니시는 분인데, 하루는 아들을 절에 데려가려고 주일날 집에 오셨답니다. 남편이 그것을 알고 먼저 말했답니다.
"어머니 절에 가시렵니까?"
"그래, 절에 간다."
"제가 차로 절까지 모셔다 드리겠습니다. 그리고 우리는 교회에 가겠습니다."
생전에 교회에 가지 않던 사람이 그러니까 시어머니가 너무 놀랐습니다. 시어머니는 교회에 가는 것을 그렇게 말리는 분이 아니었는데 이렇게 말했습니다.
"아니, 딸은 출가외인인데, 딸 하나 전도사 아내로 보내면 그만이지 너까지 딸을 따라 교회에 가느냐? 안 된다. 절에 가자!"
"어머니, 집사람이 암으로 죽어 가고 있는데 아무도 우리를 도울 사람이 없습니다. 집사람을 죽음에서 건질 수 있는 분은 예수님밖에 없습니다. 집사람을 살리려고 예수님을 찾는데, 어머니, 그러지 마시고 절에 그냥 혼자 가십시오."
남편 마음이 예수님께로 크게 이끌렸고, 큰딸도 며칠 전에 복음을 들으려고 휴가를 내어 대전까지 왔습니다.
하나님께서 일을 하시면 너무 신기합니다. 제 앞에 어떤 문제가 닥쳐도 하나님이 계시니까 '하나님이 이 일을 해결해 주시겠다'는 마음이 듭니다. 제가 어려움을 당할 때 하나님은 한 번도 "박 목사, 내가 바빠서 몰랐다." 하시거나 "기억이 안 난다." 하며 외면하시지 않았습니다. 예수님께서 제 안에 살아 일하시는 것을 보는 것이 제 기쁨이고, 감사고, 자랑입니다.

그 주님이 세상에 계실 때, 사람들은 예수님과 같이 다니면서 떡도 얻어먹고, 병 고치는 것도 보고, 하나님의 말씀을 들었습니다. 그런데 '보리떡 다섯 개로 오천 명이 먹을 떡을 만들었구나' 라는 것만 보고 예수님 안에 있는 신비한 세계를 보지 못한 사람들은 다 주님을 떠나가버렸습니다.

우리는 성경 속에서 하나님의 뜻을 발견해야 합니다. 성경은 하나님의 말씀입니다. 이 속에는 하나님의 마음이 들어 있습니다.

"태초에 하나님이 천지를 창조하시니라. 땅이 혼돈하고 공허하며 흑암이 깊음 위에 있고 하나님의 신은 수면에 운행하시니라."(창 1:1,2)

"하나님이 가라사대 '빛이 있으라' 하시매 빛이 있었고, 그 빛이 하나님이 보시기에 좋았더라."(창 1:3,4)

창세기 1장에는, 어두움을 싫어하시고 빛을 좋아하시는 하나님의 마음이 잘 표현되어 있습니다. 우리는 이처럼 성경을 읽으면서, 성경 속에서 우리 마음이 하나님의 마음과 만나는 것입니다. 또 성경을 읽어 보면 성경에는 하나님의 마음만 흐르는 것이 아니라 사단의 마음도 나옵니다.

"뱀이 여자에게 이르시되, 너희가 결코 죽지 아니하리라."(창 3:4)

하나님은 인간에게 선악을 알게 하는 나무의 열매를 따먹으면 '정녕 죽는다' 고 했는데, 뱀은 '결코 죽지 않는다' 고 했습니다. 이것은 사단의 마음입니다. 이처럼 성경 속에는 하나님의 마음이 있고, 사단의 마음이 있습니다.

더 재미있는 것은, 성경 속에 인간이 나옵니다. 인간들 중에는 하나님의 마음을 받아들인 사람도 있고, 사단의 마음을 받아들인 사람도 있습니다. 노아는 하나님의 마음을 받았습니다. 노아는 하나님께서 이 세상을 물로 심판하신다는 사실을 알고 방주를 만들었습니다. 그런데 다른 사람들은 사단의 마음을 받아 놓으니까, 하나님의 말씀을 들어도 "하나님이 그냥 하는 이야기겠지, 홍수가 나기는 뭘 나? 비 좀 오다 말겠지. 노아 저 바보, 산에다 방주를 만들다니!" 하면서 전부 멸망으로 가고 말았습니다.

하나님의 뜻을 잃어버린 엘과 오난

오늘 읽은 창세기 38장에서, 유다가 맏아들 엘을 위해서 다말이라는 며느리를 얻어 같이 살았습니다. 그런데 7절에서 "유다의 장자 엘이 여호와 목전에 악하므로 여호와께서 그를 죽이신지라."고 했습니다. 엘이 여호와 목전에 악해서 그냥 죽였다고 했지, 무슨 악을 행했다는 이야기는 전혀 없습니다. 유다의 장자 엘이 무슨 악을 행했는지 알 수 있습니까? 없습니다.

8절부터 조금 더 읽어 보겠습니다.

"유다가 오난에게 이르되 네 형수에게로 들어가서 남편의 아우의 본분을 행하여 네 형을 위하여 씨가 있게 하라."

유대 나라에서는 형이 결혼해서 아들 없이 죽으면, 그 아내가 다른 데로 시집가는 것이 아니라 동생이 형수와 동침해서 아이를 갖게 해 줍니다. 형수와 동생 사이에서 난 그 아들은 동생의 아들이 아니라 형의 아들이 되는 겁니다. 그렇게 해서 형의 계보를 잇게 되어 있습니다.

유다의 맏아들 엘이 다말과 결혼해서 살다가 자식 없이 죽었으니, 둘째 오난이 형수에게 들어가서 형의 계보를 잇게 해야 했습니다.

그런데 오난이 형수와 동침하면서 가만히 생각해 보았습니다. 형수와 동침해서 아들을 낳으면 그 아들은 형님 아들이 되는데, 오난은 형님 이름보다 자기 이름을 내고 싶었습니다. 형님 집을 세우기 싫었습니다. 그래서 형수와 동침하면서 형수에게 아기를 못 갖게 하려고 땅에다 설정해버렸습니다. 그것 때문에 오난도 죽었습니다.

여기까지의 이야기를 좀더 자세히 생각해 봅시다. '땅에 설정했다, 형수에게 아기를 못 갖게 했다'는 것이 하나님 앞에 저주받을 만큼 그렇게 무서운 죄였습니까? 예, 저주받을 만한 무서운 죄였습니다. 그러면 하나님은 그렇게 행하는 사람들을 다 죽이십니까? 물론 그것은 아닙니다. 왜 그렇습니까? 거기에는 이유가 있습니다.

하나님께서는 인간들을 죄에서 구원하실 그리스도를 이 땅에 태어나게 하려고 하셨습니다. 하나님은 그 예수 그리스도에게 모든 기대를 두시고, 예수 그리스도로 말미암아 당신의 모든 섭리를 이루려고 하셨습니다. 그런데 문제는 인간들이 자기 생각 속에 빠져서 산다는 것입니다. 사단에게 속아서 예수 그리스도가 아닌, 다른 생각에 이끌림받는다는 것입니다.

하나님은 인류를 구원하실 예수 그리스도를 아브라함의 씨에서 태어나게 하시려고, 아브라함을 갈대아 우르에서 가나안 땅으로 불러들였습니다. 아브라함에게는 아들이 없었는데, 하나님께서 그 일을 이루시려고 늙고 경수가 끊어져 아기를 낳을 수 없었던 사라를 통해서 아들을 주셨습니다. 그 아이가 이삭이지요. 그 후 이삭이 리브가와 결혼해서 두 아들을 낳았는데, 하나는 에서이고 하나는 야곱입니다. 에서와 야곱 둘 중에 누가 예수 그리스도의 족보를 이을 사람이었습니까? 이삭은 처음에 에서를 선택했지만, 하나님은 야곱을 선택하셨습니다. 야곱은 모두 열두 명의 아들을 낳았습니다. 야곱의 열두 아들 가운데서 누가 하나님의 아들 예수 그리스도의 족보를 이을 사람이었습니까? 하나님은 유다를 택했습니다.

유다가 결혼해서 엘을 낳고 오난을 낳고 셀라를 낳았으니까, 이제 그 세 아들 중 하나로 말미암아 그리스도의 족보가 이어져야 합니다. 엘과 오난과 셀라는, 장차 이 땅의 모든 인류를 구원하실 그리스도의 족보를 잇는 중대한 위치에 선 것입니다. 그런데 그들은 그 위치를 망각해버리고 자기 생각대로 육신의 욕망과 정욕을 따라 흘러가고 말았습니다.

성경 속에는 항상 하나님의 역사가 일어나는 데에 사단의 역사도 같이 있었습니다. 여러분, 복음의 역사가 일어나는 데에 핍박이나 환난이 없는 것을 보았습니까? 사단은 낮잠을 자다가도 우리가 하나님의 일만 하면 일어나서 핍박하고 대적하고 반대하지 않습니까?

우리가 얼마 전에 충남대학교에서 집회를 했는데, 충남대 CCC 학생들이 우리 집회 장소 앞에 플래카드를 들고 와서 기도회를 하며 소란을 피웠습니다. 집회 장소가 좌석이 1,800석 정도 되는 강당인데, 강사가 들어가는 문이 따로 있어서 그때는 그 장면을 못 보고 나중에야 촬영해 놓은 비디오를 보고서 알았습니다. 제가 너무 안타까워서 우리 학생들에게 "그래, 너희들 가만히 있었냐? 'CCC의 빌 브라이트에게 한번 물어 봐라. 우리가 이단인가?' 하지." 했습니다. 우리가 거듭나는 것이 빌 브라이트나 디엘 무디 같은 분들의 신앙과 똑같은데, 사단은 CCC 사람들을 속여 조금씩 조금씩 바꾸어서 이 진리를 대적하는 위치에 서게 한 것입니다. 빌 브라이트가 살아 있는지 죽었는지 제가 잘 모르겠는데, 우리 학생들에게 그랬어요.

"너, 그 학생들에게 미국에 전화 한번 해 봐라고 해라. 우리가 잘 못되었는가? 아니면 영문으로 번역된 '죄 사함 거듭남의 비밀' 책을 한번 줘 봐라. 틀린 것이 있나 보라고."

CCC가 우리 복음을 막는다는 사실을 빌 브라이트가 알았으면 아마 통곡했을 것이라는 마음이 듭니다.

사단이 여러분에게 죄를 짓게 할 때 어떻게 합니까? 그냥 "너, 도둑질해라. 살인해라. 간음해라." 합니까? 그렇게 해서 사단 말을 들을 사람은 아무도 없습니다. "너무 어려운데 이번에 도둑질 한 번만 하면 모든 것이 해결될 거야." 하며 속입니다. "이것 별 것 아니야." 라고 해서 우리로 하여금 양심에 가책도 느끼지 못하게 만들어버립니다.

하나님은 엘에게 기대와 계획을 두고 계셨습니다. 무슨 계획입니까? 그 계보를 통해 그리스도가 태어나서 온 인류를 구원으로 이끌 놀라운 계획이었습니다. 엘은 그 계획, 즉 하나님의 뜻을 망각했습니다. 엘은 마땅히 하나님의 뜻을 따라 다말을 불러서 이렇게 해야 했습니다.

"여보, 우리는 다른 사람들하고 달라. 우리 고조 할머니가 아기를 못 낳은 채 90살이 되어 경수가 끊어졌는데, 어느 날 하나님의 천사가 나타나서 아기를 낳는다고 이야기했어. 90살 된 할머니와 100살 된 할아버지가 아기를 낳는다고 하면 누가 믿겠어? 안 믿었어. 그런데……."

사실 90살 된 할머니가 아기를 가져도 고민이지요. 해산하는 것이 쉽습니까? 젊고 힘 좋은 20대, 30대 여자들도 아기를 낳을 때면 생명을 거는데……. 히스기야는 '임산은 했는데 해산할 힘이 없다'고 이야기했지요. 아기 낳을 힘이 없으면, 힘이 부치면 굉장히 어렵다고 합니다. 그런데 90살 난 할머니가 아기를 가져봐요. 아기 낳으려다가 자기가 먼저 죽지요.

"그런데 여보, 그 할머니가 아기를 낳았어. 그래서 증조 할아버지 이삭이 태어났어. 증조 할아버지는 마흔 살에 결혼했는데, 예순이 될 때까지 아기를 못 낳다가 기도해서 우리 할아버지 야곱과 에서를 낳으신 거야. 그리고 야곱 할아버지가 열두 아들을 낳았는데, 하나님께서 그 아들들 가운데서 우리 아버지 유다에게 약속을 주셨어. '홀이 유다를 떠나지 아니하며 치리자의 지팡이가 그 발 사이에서 떠나지 아니하시기를 실로가 오시기까지 미치리니……' (창 49:10) 그러니까 우리는 메시야를 낳는 가정이야. 우리는 세상 젊은 남녀들처럼 그냥 좋아서 결혼한 것이 아니라, 하나님께서 당신과 나 사이에서 그리스도의 족보를 잇는 아이를 태어나게 하시려고 우리를 결혼하게 하셨어. 우리는 거룩한 하나님의 뜻 안에 있는 사람들이야."

엘이 그런 생각을 가지고 있었다면 악한 일을 행했겠습니까? 엘이 그런 마음을 가졌는데도 하나님께서 그를 죽이셨겠습니까? 아닙니다. 그런 뜻을 망각해버리고 자기 육신의 평안·정욕·욕망을 따라 살았기에, 그것이 악해서 하나님께서 엘을 죽이셨습니다.

엘이 죽었으니까 하나님은 이제 오난과 다말 사이에서 태어난 자식을 통해서 그리스도의 족보를 이으려고 하셨습니다. 그런데 보십시오. 사단은 계속해서 하나님의 역사를 방해합니다. 하나님의 역사에 쓰임받을 인간의 생각을 자꾸 다른 쪽으로 돌아가게 만듭니다.

유다가 오난에게 말했습니다.

"오난아, 너 형이 죽어서 얼마나 슬프냐?"
"예, 아버지. 형님이 살았으면 좋았을 텐데, 형님이 죽었어요."
"그래, 우리가 슬퍼만 해서 되겠느냐? 형이 아들 없이 죽었으니까, 네 형의 가문을 잇기 위해서 네가 오늘밤에는 형수에게 들어가서 형수를 위로해라. 그래서 형수가 아기를 가져 형의 이름으로 그리스도의 대를 이어야 한다."
"아버지, 그렇습니까? 예, 아버지 분부대로 하겠습니다."
그러면서 오난이 형수에게 들어가서 형수가 아기를 가지면 얼마나 좋았겠습니까? 그런데 사단이 오난의 마음에 생각을 하나 넣어버렸습니다.

'내가 오늘 밤 형수와 동침하면 형수가 아기를 갖겠지. 그래서 아이를 낳으면 내 아들이 안 되고 형님 아들이 되는데, 내 아들이 잘돼야지 형님 아들이 잘돼서는 안 되지. 우리 가문에 내려오는 유업은 거의 다 큰아들이 가져가니까, 내가 나중에 아들을 낳아 봐야 그 아들이 유업을 못 받겠는데……. 음, 좋은 수가 있다. 형수하고 동침하는 척하고서 형수에게 아이를 못 갖게 해야겠다. 그리고 내가 결혼해서 아이를 낳아 내 아들이 맏이가 되어서 유업을 잇게 해야겠다.'

오난에게 그 생각 하나가 들어갔습니다. 오난은 그 생각이 하나님의 섭리와 계획을 거스르게 될 줄은 꿈에도 몰랐습니다. 그냥 자기에게 유익하게 보이는 생각에 매여서, 형수와 동침해도 아이를 갖지 못하게 해야겠다고 생각했습니다. 그래서 씨를 형수에게 주지 않고 그냥 땅에 설정해버렸습니다. 만약 하나님께서 그처럼 행한 사람을 다 죽이신다면 많은 사람이 죽을 것입니다. 그러나 사실 그렇지는 않습니다. 오난이 행한 악은 다른 것이 아니라, 아들을 낳아 그리스도의 대를 잇는 일을 막기 위한 사단의 계획에 말려든 것입니다. 그것이 악한 것입니다.

오늘 이 시대에도 그렇습니다. 하나님은 도덕주의자가 아닙니다. 여러분이 교회에 다니면서 도덕적으로 별 흠이 없으면 '하나님이 나를 괜찮게 보시겠지' 할지 모르겠지만, 천만에요. 나중에 나오지만, 다말은 시아버지와 관계를 가졌습니다. 그것도 창녀로 변장해서 시아버지를 유혹했습니다. 다말 자신에게도 있을 수 없고 생각할 수도 없는 일이었습니다. 그 다말이 복을 받았습니다. 마태복음 1장에 보면 다말은 여자로서 예수 그리스도의 족보에 올라가 있지 않습니까? 다말은 하나님의 뜻을 알았고, 그 뜻을 이루려고 그렇게 했던 것입니다.

살인하고, 간음하고, 강도짓하고, 도둑질하는 것은 물론 큰 죄입니다. 그러나 어떤 경우에는, 하나님의 뜻과 다른 사단의 뜻에 이끌림받는, 큰 죄가 아닌 것처럼 여겨지는 죄로 인해 죽임을 당하는 사람이 있습니다.

도덕적인 관점에서 보면 다말은 얼마나 더러운 여자입니까? 저는 처음에 이 성경을 읽으면서 다말이 정말 음란한 여자인 줄 알았습니다. 그런데 성경을 면밀히 보니까 다말은 음란한 여자가 아니었습니다. 음란해서 성적 욕구를 충족시키기 위해서 그랬다면, 젊은 남자를 만나 재혼해서 살지 무엇 때문에 늙은 시아버지를 유혹했겠습니까? 다말은 얼마든지 젊은 남자와 재혼할 수 있었는데도 그것을 마다하고, 유다 집의 대를 이어서 예수 그리스도가 태어나는 귀한 일에 참예하려고 했던 것입니다.

목사님 저는 너무 지쳤습니다

엘이 죽고 또 오난이 죽었습니다. 유다가 생각하니, 며느리라고 하나 들어왔는데 아들들이 그 며느리와 잠만 자면 다 죽는 겁니다. 겁이 났겠습니까, 안 났겠습니까? 그러면 여러분도 겁이 날 겁니다. 이제 셋째 아들 셀라가 다말과 동침해서 아이를 낳아야 하는데 유다 마음에 겁이 덜컥 났습니다. 하나님의 뜻을 따라 아이를 낳으면 좋긴 하지만, 그 여자와 잠만 자면 아들이 죽으니까 남은 셀라마저 죽을까봐 겁이 나는 겁니다. 유다가 어떻게 했습니까? 11절을 보겠습니다.

"유다가 그 며느리 다말에게 이르되 '수절하고 네 아비 집에 있어서 내 아들 셀라가 장성하기를 기다리라.' 하니 셀라도 그 형들같이 죽을까 염려함이라. 다말이 가서 그 아비 집에 있으니라."

엘과 오난이 아이를 낳지 못하고 죽자, 다말은 셀라에게 기대를 두었습니다. 하지만 유다는 셀라도 죽을까봐 두려워서 다말을 친정으로 내쫓아버렸습니다. 이제 다말은 유다 집의 씨를 받는 것이 불가능해졌습니다. 누가 일을 그렇게 만듭니까? 사단이 그런 형편이나 일을 만들어서 하나님의 일을 방해하는 것입니다. 사단이 사람들 마음에 생각을 집어넣어서 하나님의 일을 거스르도록 이끌어 가는 것입니다.

사단이 엘을 통해 아들 낳는 것을 막는 데 성공했습니다. 오난에게도 '아들을 낳아도 내 아들이 되지 않는데……' 라는 생각을 넣어서, 오난도 죽게 만들었습니다. 셀라를 통해서도 아들을 낳지 못하게 하려고, 유다에게 '저 여자와 자기만 하면 죽는다' 는 생각을 넣어서 다말을 친정으로 내쫓게 했습니다.

문제는 오늘 우리들도 그렇다는 것입니다. 여러분들은 살인 안 하고, 간음 안 하고, 도둑질 안 하고, 큰 죄 안 지으면 자신이 괜찮다고 생각할지 모릅니다. 그러나 사단은 우리 생각을 하나님의 계획과 전혀 다른 데로 빙 돌려서, 정반대 편에 가 있도록 만들어버립니다. 하나님은 모든 사람이 죄 사함을 받아서 하나님과 인간 사이에 가로막힌 죄의 담이 헐리고 뜨거운 교제가 흐르기를 원하십니다. 그래서 하나님께 있는 복과 능력과 은혜가 우리 마음에 흐르도록 하려고 하나님은 역사하십니다. 그런데 사단은 오늘날 사람들을 단순한 교인으로만 만들고 있습니다.

'어쩌다가 거짓말 한두 번 했지만, 나는 나쁜 짓 별로 안 하고 남에게 못할 짓은 안 했다. 그래도 나름대로 선하게 살았다. 나는 주일 잘 지키고 십일조 냈다. 이러면 하늘나라 갈 거야.'

사람들은 이렇게 생각하면서 하나님의 뜻을 쳐다볼 생각도 하지 않습니다. 자기 나름대로 교인으로서 별 손색이 없다고 여겨지면 '내가 이러면 하늘나라 가겠지' 하고 생각합니다. 사단은 인간들을 이렇게 속여서, 교회에 10년, 20년을 다녀도 거듭나는 것이 뭔지도 모른 채 죄 사함을 받지 못한 삶 속에 머물러 있게 합니다.

작년에 LA에서 집회를 가졌을 때입니다. 첫날 저녁 설교를 마친 후 사람들이 둘씩 셋씩 모여 군데군데에서 신앙 상담을 하고 있는데, 한 중년 부인이 뒤쪽 의자에 힘없이 처량하게 앉아 있는 것이 보였습니다. 그 부인에게 가서 말을 걸었습니다.

"아주머니, 신앙 생활 만족하게 하십니까?"

그 아주머니가 크게 한숨을 쉬면서 대답했습니다.

"목사님, 저는 너무너무 지쳤습니다. 한계에 도달했습니다."

저는 그 이야기를 들었을 때, '이 아주머니는 마음밭이 참 좋다'는 마음이 들었습니다. 지치고 한계에 도달했다는 말의 의미가 뭡니까? 신앙생활을 자기가 하니까 지치고 한계에 도달하지, 예수님이 하시면 왜 지칩니까? 여러분의 문제를 여러분이 쥐고 있으니까 마약 끊고 술 끊는 것이 어렵고, 담배 끊고 신앙 생활 하는 것이 어렵지, 주님이 하게 해 주시면 얼마나 쉬운지 모릅니다. 한마디로, 그 부인은 주님을 믿었던 것이 아니라 예수님이 해야 할 일을 자기가 대신 하고 있었던 것입니다. 앉아서 그분과 이야기를 좀 나누었습니다. 그 옆에 몇 분이 더 앉아 있었는데, 그분 혼자 온 것이 아니라 남편과 함께 왔습니다. 알고 보니 그분 남편은 목사님이었습니다.

그 부인은 박정수 목사님의 이야기를 듣고 집회에 참석한 것이었습니다. 제가 전에 박정수 목사님에게 '페루의 이용재 선교사님이 한국에 나오려고 하는데 비행기 표 하나 사 달라' 고 부탁한 적이 있었습니다. 그때 박 목사님이 비행기 표를 구하러 여행사에 갔다가 근무하는 여자 분과 이야기가 되었습니다.

"목사님이십니까?"

"예, 그렇습니다."

"어느 교회 목사님이십니까?"

"기쁜소식중앙교회 목사입니다."

이야기를 나누던 중에, 박 목사님이 '우리 교회에서 집회를 하는데 한번 오라' 고 초청을 했습니다. 그 여자 직원이 바로 저와 이야기를 나눈 사모님이었습니다. 그분이 박정수 목사님과 이야기를 나눈 후 집에 돌아가서 남편에게 '비행기 표를 사러 온 목사님 교회에서 한국의 박옥수 목사님을 초청하여 집회를 하는데 한번 가 보자'고 부탁을 했습니다. 그 목사님이 집회에 오고는 싶은데 부담이 되어서, 자기 친구 목사님 내외를 불러 모두 네 명이 함께 왔습니다.

그분들과 이야기를 나누었습니다. 목사님들과 이야기하면 참 좋은 것이, 일반 교인들은 성경을 잘 모르니까 조금만 이해가 안 되는 이야기를 하면 이단이라고 하는데, 목사님들은 그것이 성경적인 이야기인지는 압니다. 그 목사님들은 정말 목회에 지친 분들로 저에게 이런 이야기를 했습니다.

"목사님, 우리 목사들이 하는 설교는 들을 것이 없습니다. 창세기를 펴놓고 이야기하든 요한복음을 펴놓고 이야기하든 결론은 하나뿐입니다. 잘해라. 열심히 해라. 충성해라. 우리는 설교를 마치고 서로 전화해서 '오늘 무슨 사기를 쳤지?' 그럽니다. 사기지요. 저도 못하는 일을 하라고 하니까 사기 아닙니까?"

그분들은 지쳐 있었습니다. 죄 사함에 대한 이야기를 좀 나누었습니다. 그분들은 요한일서 1장 9절의 "만일 우리가 우리 죄를 자백하면 저는 미쁘시고 의로우사 우리 죄를 사하시며 모든 불의에서 우리를 깨끗케 하실 것이요"라는 말씀대로 자백해서 죄 사함을 받는다고 했습니다. 제가 한마디로 이야기했습니다.

"이단들은 항상 성경 한 구절만 가지고 이야기합니다. 죄 사함 받는 이야기가 성경에 얼마나 많은데, 다 놔두고 요한일서 1장 9절 하나만 가지고 그럽니까? 그것 이단 방식 아닙니까?"

여러분 창세기에 죄 사함 받는 이야기가 얼마나 많이 나옵니까? 또 레위기의 속죄제사……. 그래서 제가 물었습니다.

"출애굽기 25장에 속죄소라는 곳이 나오는데, 속죄소를 압니까?"
"예, 죄를 사함 받는 장소지요."
"거기서 어떻게 죄를 사함받는지 압니까?"
그분들이 전혀 몰랐습니다. 그래서 또 물어 보았습니다.
"다윗이 우리야의 아내와 간음한 이야기를 압니까?"
"잘 압니다."
"하나 더 물어 보겠는데, 다윗이 그 간음한 죄를 어떻게 용서받았는지 압니까?"
"모릅니다."

오늘 비행기를 타고 오면서 기내에서 '동물의 왕국'이라는 영화를 보았습니다. 케냐 나쿠르의 플라밍고 새들이 나오고, 새매가 플라밍고를 잡아먹는 장면이 나왔습니다. 그 곳은 제가 전에 가 본 곳이었습니다. 제가 보았던 그 동산, 그 호수, 그 산 그대로였습니다. 저는 첫눈에 나쿠르라는 것을 알았는데, 제 아내는 그 영화를 함께 봐도 나쿠르에 한 번도 가 보지 않아서 그 곳을 몰랐습니다.

죄를 지어 본 사람이 성경을 읽으면, '아, 이것은 죄를 짓는 이야기다' 하고 압니다. 그리고 죄를 사함받은 사람이 성경을 읽으면, '아, 이것은 죄 사함 받는 이야기다' 하고 압니다. 너무 재미있는 것은, 죄 사함 받지 못한 사람은 성경을 읽어도 죄 사함 받는 이야기가 안 보입니다.

하나님께서 다윗이 죄 사함 받는 이야기를 왜 기록하셨는지 압니까? 다윗이 우리야의 아내와 범죄한 이야기는 음란한 사람들 듣기 좋으라고 기록한 것이 아닙니다. 하나님은 우리에게 어떻게 하면 죄 사함 받는지 그것을 가르쳐 주고 싶은 것입니다. 죄 사함 받는 이야기만 하면 이해가 잘 안 갈까봐, 죄를 짓는 과정부터 시작해서 죄를 숨기려고 하다가 드러나 나중에 죄 사함 받는 이야기까지 자세히 보여 주고 있는 것입니다.

참 재미있는 사실은, 그분들은 다윗이 죄를 짓는 과정은 정확하게 아는데, 죄 사함 받는 과정은 전혀 모르는 겁니다. 성경에 다 기록되어 있는데 왜 그렇습니까? 사단에게 이끌림 받아서 성경이 바로 보이지 않기 때문입니다. 엘이나 오난이 사단에게 이끌림받으니까, 다른 생각이 그 속에 머물러서 자기가 하나님을 거스르는 줄도 모른 채 하나님을 거스르고 악을 저지르다가 멸망당하고 말더라는 것입니다.

물론 엘과 오난도 하나님을 알았을 겁니다. 하지만 사단이 너무 지혜롭게 일을 이끌어 갔습니다. 그래서 엘은 아들 없이 죽게 했고, 오난에게는 생각을 집어넣어서 죽게 했습니다. 그래도 셀라를 통해서 아들을 낳을 수 있는데, 유다에게 '저 여자와 잠을 자면 아들이 죽는다' 는 두려운 마음을 주어서 길을 막아버렸습니다. 그렇게 셀라를 통해서 아들을 낳을 기회도 다 무너져버리니까, 다말에게는 유다 가문의 씨를 얻는 것이 불가능한 일이 되어버렸습니다.

198번이나 나오는 의인이란 말을 두고

하나님이 역사하시는 데에는 항상 사단도 같이 역사합니다. 그래서 성경은 우리에게, '사단의 역사 속에 빠지면 멸망당하고 하나님의 역사 속에 들어오면 은혜를 입는다' 는 사실을 보여주고 있습니다. 사단은 오늘날 이 땅의 모든 사람들에게 교회에 나가게 하고, 십일조도 내고, 주일도 지키고, 예배도 드리고, 금식 기도도 하고, 다

하게 합니다. 다만, 죄 사함 받고 거듭나는 것은 못 하게 합니다. 그러니까 목사인데도 죄 사함을 받지 못해서 고통 속에 지쳐 있더라는 것입니다. 저는 죄 사함 받지 못한 많은 목사님들에게 죄 사함 받는 이야기를 했습니다. 제가 인도하는 성경 공부에 참석해서 거듭나고 죄 사함 받은 목사님들이 많습니다.

"어떻게, 다윗이 범죄한 것은 아는데 그 후에 죄 사함 받는 것은 모릅니까?"

제가 이렇게 이야기한 후 그분들에게 로마서를 한 장 읽어 주었습니다.

"일한 것이 없이 하나님께 의로 여기심을 받는 사람의 행복에 대하여 다윗의 말한 바, '그 불법을 사하심을 받고 그 죄를 가리우심을 받는 자는 복이 있고, 주께서 그 죄를 인정치 아니하실 사람은 복이 있도다.' 함과 같으니라."(롬 4:6~8)

다윗이 뭐라고 했습니까? '불법을 사하심 받은 사람은 복이 있다. 그 죄를 가리우심 받는 자가 복이 있다. 주께서 그 죄를 인정치 아니할 사람이 복이 있다'고 노래했습니다. 왜 그랬습니까? 다윗은 우리야의 아내와 간음하는 죄를 짓고 난 후에, 정말 그 불법을 사하심 받고 가리우심 받고, 하나님이 그 죄를 인정치 않는 복을 받았기 때문이 아닙니까?

수요일에는 목사님 한 분이 아예 교회 예배에 빠지고 집회에 참석했습니다. 또 한 분은 빨리 예배를 드리고 왔습니다. 그 목사님은 "목사님, 큰일났습니다. 지금까지 해왔던 잘못된 제 방법으로 설교할 수 없어서 목사님 방법으로 하려고 하니까 설교가 안 됩니다." 했습니다. 마지막 날 그 네 사람이 다 구원을 받고 얼마나 감사해 하던지…….

참 이상한 것이, 다윗이 죄 사함 받는 이야기, 고넬료가 거듭나는 이야기, 사도 바울이 거듭나는 이야기, 구스 내시가 거듭나는 이야기, 그 외에도 죄 사함 받는 이야기가 성경에 얼마나 많이 있습니까? 성경에 죄 사함 받는 이야기가 그렇게 많이 있는데도, 그 모든 성경을 덮어놓고 요한일서 1장 9절 한 구절 안에서만 죄 사함을 풀려고 하니까 이해가 안 가는 것입니다.

목사님들에게 이런 이야기를 하면 입을 딱 다뭅니다.

"이단들이 항상 성경 한 구절만 가지고 이야기하지 않습니까? 한 구절만 보면 다르게 보일 수 있기 때문에 성경 전체를 다 섞어서 짝을 지어 같이 보아야 정확하게 볼 수 있지 않습니까? 그래서 4복음서도 똑같은 예수님의 생애지만 마태가 본 것, 마가가 본 것, 누가가 본 것, 요한이 본 것을 따로 기록해서 좀더 정확하게 보여주는 것이지요. 그런데 죄 사함 받는 그 중요한 이야기를 꼭 요한일서 1장 9절 말씀 하나만 가지고 이야기합니까?"

제가 충남대학교에서 집회할 때, 요한일서 1장 9절에 대해서 말씀을 전했습니다. 한번 찾아보겠습니다.

"만일 우리가 우리 죄를 자백하면 저는 미쁘시고 의로우사 우리 죄를 사하시며 모든 불의에서 우리를 깨끗케 하실 것이요" (요일 1:9)

여기에 '만일 우리가 우리 죄를 자백하면, 저는 우리 죄를 사하신다' 고 되어 있습니다. 그런데 제가 충남대 학생들에게 '왜 요한일서 1장 9절만 보느냐? 7절은 성경 말씀이 아니냐?' 고 했습니다. 7절을 한번 봅시다.

"저가 빛 가운데 계신 것같이 우리도 빛 가운데 행하면 우리가 서로 사귐

이 있고, 그 아들 예수의 피가 우리를 모든 죄에서 깨끗하게 하실 것이요"
(요일 1:7)
사람들에게는 7절의 이 말씀은 안 보이고 9절만 보이는 것입니다. "그 아들 예수의 피가 우리를 모든 죄에서 깨끗하게 하실 것이요"라는 비밀을 모르는 겁니다. 충남대 집회 때는 설교 후에 대학생들에게 무선 마이크를 주어 질문을 받았습니다. 몇몇 학생들이 질문했는데, 제가 설명해 주니까 학생들이 다 마음을 열었습니다.

오늘날 교회가 왜 사람들에게 죄 사함, 곧 '우리 모든 죄를 깨끗케 하신 아들의 피'에 대해서는 전혀 이야기하지 않고 죄를 고백하도록만 가르쳐 놓았습니까? 이런 일은 사단 아니면 할 수 없습니다. 오늘날 이 땅에 얼마나 많은 사람들이 신·구약 성경 66권에 나오는 죄 사함에 대한 많은 이야기를 읽습니까? 그런데도 사람들 눈에는 그것이 다 가려져 있다는 것입니다. 누가 그렇게 합니까? 사단이. 고린도후서에 보면, "만일 우리 복음이 가리웠으면 망하는 자들에게 가리운 것이라. 그 중에 이 세상 신이 믿지 아니하는 자들의 마음을 혼미케 하여 그리스도의 영광의 복음의 광채가 비취지 못하게 함이니……"(고후 4:3,4)라고 했습니다. 사단이 죄 사함 받는 이야기는 다 가려 놓아서, 사람들이 성경을 읽어도 "의인은 없나니 하나도 없으며"(롬 3:10)라는 말씀만 알고 있습니다. 이런 일은 사단 아니고는 절대 할 수 없습니다.

제가 저희 집 컴퓨터에서 성경에 나오는 '의인'이라는 단어를 한번 검색해 보았습니다. 우리 집 컴퓨터는 신·구약성경 66권을 6초 만에 다 읽어내는데, 저도 그렇게 빨리 읽을 수 있으면 좋겠습니다. 성경 속에 나오는 '의인'이라는 단어를 컴퓨터에서 검색해 보니까 198번인가 나왔습니다. 그런데 사람들이 198번이나 나오는 의인이

란 말을 다 두고 "의인은 없나니 하나도 없으며"라는 구절 하나만 기억하는 것을 보면, 마귀 아니면 그렇게 할 수 없다는 것입니다.

"노아는 의인이요"
"의인은 믿음으로 말미암아 살리라."
"의인의 간구는 역사하는 힘이 많으니라."
……

성경에 의인이 이렇게 많은데, 사람들은 "의인은 없나니 하나도 없으며" 하고 있습니다. 자기가 죄인이어서 그렇습니다. 의인이 없다고 해야 자기가 편하거든요. '죽을 때까지 죄인임을 밝혀 두는 바이다' 하는 목사들도 많습니다. 우리 선교회 홈페이지에 우리를 비방하는 글을 올린 어떤 사람은, '우리가 다 죄인이지 어떻게 의인이 될 수 있느냐?'고 했습니다. 저도 전에는 그 사람처럼 눈이 감겨 있었습니다. 그러나 누구라도 이 말씀으로 죄 사함을 받아 눈이 뜨이면, 성경이 다르게 보입니다. 지금도 눈이 가려진 사람에게는 자기 생각이 옳을 뿐입니다.

사랑하는 여러분, 엘과 오난이 다른 악을 행한 것이 아니라 마귀가 주는 욕망을 따라가 하나님의 섭리에서 떠났습니다. 마귀는 우리에게 욕망을 주어서 그 길로 가면 성공하고 잘되고 부자가 될 것처럼 속입니다. 마귀는 또 사람들이 성경을 모르니까 살인이나 강도짓 안 하면 괜찮고, 주일날 교회만 나가면 되는 줄로 속여서 사람들을 종교인으로 만들어 놓았습니다. 성경을 다 가려서 죄 사함 받고 거듭나지 못하게 해 놓았습니다.

만일 엘이나 오난 마음에 하나님의 섭리가 있었다면, 그런 죄를 짓거나 죽임을 당하지 않았을 것입니다. 그들은 하나님의 섭리를 몰랐기 때문에 불쌍하게 생을 마쳤습니다.

  사랑하는 여러분, 여러분은 정말 여러분의 욕망을 따라 행하지 않고, 생각을 버리고 하나님의 인도를 받고 싶지 않습니까? 형식적인 종교인 말고, 죄 사함을 받고 거듭나서 마음 눈이 밝히 뜨여져 순간순간 하나님의 인도를 받으며 하나님과 더불어 살고 싶지 않습니까? 우리는 모두 사단에게 속아서 엘과 오난처럼 멸망의 길로 갈 수밖에 없는 사람들입니다. 그 멸망의 길에서 회개하고 예수 그리스도 앞에 나아가 죄 사함 받고 예수님께 이끌림을 받는 여러분이 되기를 바랍니다.

2. 은혜를 입을 수 있는 법칙

2. 은혜를 입을 수 있는 법칙

구약성경 에스더 3장 1절 말씀부터 읽겠습니다.
"그 후에 아하수에로 왕이 아각 사람 함므다다의 아들 하만의 지위를 높이 올려 모든 함께 있는 대신 위에 두니, 대궐 문에 있는 왕의 모든 신복이 다 왕의 명대로 하만에게 꿇어 절하되 모르드개는 꿇지도 아니하고 절하지도 아니하니 대궐 문에 있는 왕의 신복이 모르드개에게 이르되 너는 '어찌하여 왕의 명령을 거역하느냐?' 하고 날마다 권하되 모르드개가 듣지 아니하고 자기는 유다인임을 고하였더니, 저희가 모르드개의 일이 어찌되나 보고자 하여 하만에게 고하였더라. 하만이 모르드개가 꿇지도 아니하고 절하지도 아니함을 보고 심히 노하더니, 저희가 모르드개의 민족을 하만에게 고한 고로 하만이 '모르드개만 죽이는 것이 경하다' 하고 아하수에로의 온 나라에 있는 유다인 곧 모르드개의 민족을 다 멸하고자 하더라. 아하수에로 왕 십이 년 정월 곧 니산월에 무리가 하만 앞에서 날과 달에 대하여 부르 곧 제비를 뽑아 십이 월 곧 아달월을 얻은지라. 하만이 아하수에로 왕에게 아뢰되 '한 민족이 왕의 나라 각 도 백성 중에 흩어져 거하는데 그 법률이 만민보다 달라서 왕의 법률을 지키지 아니하오니 용납하는 것이 왕에게 무익하니이다. 왕이 옳게 여기시거든 조서를 내려 저희를 진멸하소서. 내가 은 일만 달란트를 왕의 일을 맡은 자의 손에 부쳐 왕의 부고에 드리리이다.' 왕이 반지를 손에서 빼어 유다인의 대적 곧 아각 사람 함므다다의 아들 하만에게 주며 이르되 '그 은을 네게 주고 그 백성도 그리하노니 너는 소견에 좋을 대로 행하라.' 하더라."(에 3:1~11)

한 군데 더 읽겠습니다. 창세기 38장 11절입니다.

"유다가 그 며느리 다말에게 이르되 '수절하고 네 아비 집에 있어서 내 아들 셀라가 장성하기를 기다리라.' 하니, 셀라도 그 형들같이 죽을까 염려함이라. 다말이 가서 그 아비 집에 있으니라. 얼마 후에 유다의 아내 수아의 딸이 죽은지라. 유다가 위로를 받은 후에 그 친구 아둘람 사람 히라와 함께 딤나로 올라가서 자기 양털 깎는 자에게 이르렀더니"

12절 말씀까지 읽었습니다.

쫓겨난 다말

우리는 어제 저녁부터 다말에 대한 이야기를 하고 있습니다. 성경에 몇몇 아름다운 여자들이 나옵니다. 예를 들면 에스더도 아름답고, 리브가도 아름답습니다. 하지만 믿음의 세계 안에서 다말만큼 아름다운 여자를 찾아보기란 쉽지 않습니다.

어제 저녁에도 이야기했듯이 다말이 유다의 아들 엘과 결혼해서 살게 되었습니다. 처음에는 몰랐는데, 시집가서 보니까 그 집안이 보통 집안이 아니었습니다. 다말은 그 집안이 하나님의 뜻과 계획 가운데 있다는 사실을 알고서, 하나님의 섭리대로 아들을 낳고 싶었습니다. 그 아들로 말미암아 하나님의 뜻이 이루어지는 일에 자신이 쓰임받고 싶은 마음이 일어났습니다. 다말은 자기 원함대로 엘의 아이를 잉태해서 멋진 아들을 낳고, 그 아들이 자라서 그리스도의 대를 잇게 되기를 바랐습니다.

그런데 엘이 악을 행해서 하나님께서 그를 죽이셨습니다. 비록 엘은 죽었지만 다말에게는 다른 길이 있었습니다. 다말은 '엘은 죽었지만 오난도 유다의 자손이니까 오난을 통해서 아들을 얻으면 되겠다'는 기대를 가졌을 것입니다. 그런데 오난이 자기 생각을 따라 다말에게 아이를 낳게 해주지 않으려고 땅에 설정함으로 하나님께서 그도 죽이셨습니다. 엘과 오난이 죽고, 다말은 마지막으로 남은 셀라를 기대할 수밖에 없었습니다. 다말은 '셀라를 통해서 아들을 낳으면 되겠다' 하고 기다렸습니다.

우리가 하나님의 뜻을 이루려고 할 때 순순히 되는 일은 하나도 없습니다. 순리적으로 보면 엘을 통해서, 아니면 오난을 통해서 아들을 낳아야 하는데 그 길이 다 막혔습니다. 그리고 셀라를 통해서 아들을 낳을 수 있는 마지막 길까지 막혀버렸습니다.

유다가 볼 때 그 집안에 다말이라는 여자가 들어오고 나서 아들들이 그 여자와 잠만 자면 죽으니까, '혹시 셀라도 죽으면 어쩌지?' 하는 두려움이 생겼던 것입니다. 여러분 같으면 그런 생각이 안 들겠습니까? 그래서 셀라를 다말에게 주지 않으려고 마음먹고 "셀라는 아직 어려서 결혼할 나이가 안 되니까 장성할 때까지 너는 친정에 가서 기다려라." 하면서 다말을 친정으로 쫓아버렸습니다. 같이 있기도 부담스러웠던 것입니다. 결국 다말은 엘이나 오난이나 셀라에게서 아들을 낳을 수 있는 길을 다 잃어버렸습니다. 엘과 오난은 죽었고, 셀라는 유다가 주지 않으려고 마음먹었으니, 어느 면으로 봐도 유다 집에서 자식을 얻는다는 게 불가능하다는 생각이 다말 마음에 들어왔습니다. 성경에서는 그러할 때부터 하나님의 역사가 시작됩니다.

미리 넘겨볼 수 있었다면

오늘 에스더 성경을 읽었는데, 저는 근래에 에스더에 관한 말씀을 자주 전했습니다. 한번은 우리 교회 부인회 모임 때 에스더 3장을 읽었습니다. 우리 교회에서는 매주 화요일과 금요일 오전에 부인회 모임을 갖는데, 한국 부인들은 대부분 직장 생활을 하지 않기 때문에 꽤 많은 사람들이 모입니다. 말씀을 다 읽고 나서, 제가 부인 자매들에게 "여러분 가운데 에스더 성경을 읽어본 사람은 손들어 보세요." 했더니 다 손을 들었습니다. 제가 다시 "히브리서 10장에 보면 주님은 우리 죄와 우리 불법을 기억지 아니하시는데, 여러분도 오늘 성경공부 하는 동안만 에스더에 대해서 알고 있는 것을 다 잊어버리세요." 했더니 모두 그러겠다고 했습니다. 그러고 나서 제가 "여러분, 에스더 이야기 알아요?" 하니까 다 모른다고 대답했습니다. 그렇게 한 후에 에스더 3장 이야기를 했습니다.

우리는 성경을 읽을 때 현재 읽고 있는 내용 다음에 일어날 이야기를 몇 장만 넘겨보면 금방 알 수 있습니다. 에스더 3장, 4장, 5장, 6장, 7장, 8장을 읽는 데에 시간이 얼마나 걸리겠습니까? 10분이면 충분할 겁니다. 천천히 읽는 사람이라도 20분 정도면 충분합니다. 우리가 모르드개나 에스더 위치에 있다면, 그리고 그 다음에 무슨 일이 일어날지 안다면 어떻게 하겠습니까? "어, 하만이 목매어 달리겠구나." 할 겁니다. 하만이 목매달려 죽게 된다는 사실을 미리 알면, 시험들거나 믿음으로 살지 않을 사람은 아무도 없을 것입니다.

우리가 성경을 펴서 다윗에 관한 이야기를 보아도, 다윗이 사울에게 쫓겨다녔는데, 그 뒤를 넘겨보면 다윗이 곧 왕이 됩니다. 많은 사람들이 다윗을 따라다녔는데, 아말렉에 의해서 시글락이 불타고 그들의 가족들이 전부 사로잡혀 갔을 때 그들이 뭐라고 했습니까? "다윗을 따라다녀도 좋은 것 하나도 없다. 이러다 다 죽겠다. 처자 빼앗기고 무슨 낙으로 사냐? 다윗을 때려 죽이자." 했습니다. 그런데 바로 뒤에 무슨 일이 일어납니까? 다윗이 이스라엘 왕이 되는 이야기가 나옵니다. 만약 그들이 책장을 미리 넘겨볼 수 있었다면, 다윗을 돌로 때려 죽이려고 했겠습니까?

더 좋은 예가 미갈 이야기입니다. 미갈은 남편 다윗이 쫓겨다니며 돌아오지 않아 늘 혼자서 빈방을 지키며 다윗을 기다리다 보니 '하나님께서 이미 다윗에게 기름을 부어서 곧 왕이 된다'는 사실을 알았지만 마음이 흔들렸습니다. '왕이 되긴 뭐가 돼? 차라리 다른 남자에게 시집가야겠다'는 마음이 들었던 것입니다. 성경을 몇 장만 넘겨보면, 그 뒤에 다윗이 왕이 됩니까, 안 됩니까? 뒤를 넘겨볼 수만 있었다면, 미갈이 그렇게 했겠습니까? 그럴 수 없지요. 이처럼 우리 신앙은 '얼마나 멀리 볼 수 있느냐?'에 따라서 달라집니다.

우리 교회 부인 자매들에게 물어 보았습니다.

"자매님들이 에스더 이야기를 다 잊어버렸다고 합시다. 그리고 여러분이 모르드개와 에스더라고 했을 때, 3장만 읽고 나면 실망하겠어지요? '하나님을 믿지 않는 하만은 총리가 되고 저렇게 잘되는데, 하나님을 믿는 우리는 뭐야? 포로로 잡혀 종살이하는 것도 억울한데 이제 진멸당하게 되었으니 하나님을 믿어도 아무 유익이 없다' 하지 않겠습니까?"

급성 백혈병

제가 지난 수요일에 대구에 갔습니다. 우리 교회 자매의 친척이 급성 백혈병에 걸려서 경북대학병원 무균실에 입원해 있었는데, 그 가족이 저에게 와서 기도해 주기를 원했습니다. 그 환자는 몇 년 전에 저와 신앙 이야기를 나눈 적이 있는 자매였습니다. 그 병원에서는 목요일 한 시 반에서 두 시까지 30분만 면회가 허락되었지만, 제가 목요일에 방송 녹화 계획이 있어서 '어려운데 수요일에 가면 어떻겠느냐?'고 했더니 그분들이 병원 측에 부탁해서 허락을 받았습니다. 가서 30분 동안 기도도 하고 교제도 해야 하니 시간이 너무 촉박했습니다.

병이 급성이라서 얼마나 빨리 진행되었는지, 백혈구 수가 $1mm^3$에 7만 마리나 되었습니다. 그 수치가 조금만 더 올라가면 혈관이 터져서 죽는다고 했습니다. 어느 부분이 터질지도 모르고, 의사들 말로는 산 사람이 아니라고 했습니다.

집에서 좀 여유있게 아침 일찍 나섰더니 12시 반이 안 되어서 병원에 도착했습니다. 주차를 하고 차 안에서 기도하고 쉬다가 한 시쯤에 나가니까 병원 입구에 자매 남편이 기다리고 있었습니다. 그분과 잠시 같이 있다가 병실로 갔습니다. 그 병실은 무균실이어서 머리에 비닐 같은 것을 쓰고, 옷에 묻은 먼지를 다 털어내고 소독하는 과정을 지나서야 그 자매를 면회하러 병실에 들어갈 수 있었습니다.

자매도 마스크를 하고 머리에 비닐 모자를 쓰고 있었습니다.

　자매 간증을 들어 보니, 작년 여름 학생 수양회에 교사로 참석하여 학생들과 함께 지내는 동안 너무 기쁘고 감사했다고 합니다. 그런데 그 후에 쟁쟁한 시댁의 모습이 눈에 들어오면서 거기에 비해 자기는 너무 초라하게 보였답니다. 저는 그런 이야기를 들으면 이해가 안 갑니다. '부부가 서로 맞으니까 결혼했지. 어떤 면이 초라하면 잘난 다른 면이 있겠지.' 저는 늘 그렇게 생각합니다. 그런데 그 자매는 어찌하든지 시집에 뒤쳐지지 않으려고 온 마음을 기울였습니다. 교사인데 학교에서는 일등 교사가 되어야겠다는 마음이 있었습니다. 거기에다 '저 며느리가 들어와서 우리가 더 부자 되었다'는 소리를 듣는 것이 시집에서 인정받는 길이라는 생각이 들었답니다. 그러고 나서 자기 형편을 보니까, '교회에 다니면 건축 연보, 교회 개척, 선교 지원…… 등을 해야 한다'고 생각하니 '이 교회에 있다가는 돈 모으기 틀렸다' 싶었던 것입니다.

　시집 식구들이 다 구원받은 사람들이어서 믿음이 좋아야 시집에서 좋아할 텐데, 그 자매는 돈을 모아야겠다는 생각에 잡혀 교회에 안 나가기 시작했습니다. 갑자기 빠지면 시험들었다고 교회에서 찾아올까봐, 한 달에 한 번 빠지고, 그러다가 두 번 빠지고……. 아주 계획적으로 했습니다. 혹시 여기에도 그런 분 계실지 모르겠는데, 자매는 그렇게 해서 교회에 안 나갔습니다. 지난 여름 학생 수양회 이후 8월쯤에 계획을 세워 교회를 빠지기 시작하다가 10월쯤에 발을 아예 끊었습니다. 그러면서 '이제는 돈 벌었다' 싶어서 너무 좋았다는 겁니다.

　그런데 11월 들어 몸이 자꾸 이상해서 '내가 고단해서 그런가, 과로해서 그런가' 싶어 병원에 가서 진찰을 받아 보았는데, 급성백혈병이었습니다. 자매가 눈물을 흘리면서 "세상에 제가 얼마나 어리석었는지……." 하며, 자기가 너무 어리석었다고 했습니다.

　제가 그 자매에게 안수기도를 하기 전에, 먼저 그 마음에 믿음이 오기를 바랐습니다. 제 마음에 '이건 하나님의 섭리인데, 이 자매가 병든 자기 몸을 주님에게 맡기기만 하면 주님이 틀림없이 고쳐 주시겠다' 는 믿음이 일어났습니다. 그래서 자매에게 '병을 주님께 맡기고, 지금까지 살았던 삶의 방법이 정말 어리석었다는 사실을 깨닫고 그걸 버릴 마음이 있느냐?'고 물으니까, 그렇다고 했습니다. 그러다 보니 30분이 금방 지나가버려서 안수기도 하고 부랴부랴 나왔습니다. 자매 마음을 바꿔 주신 주님께 참 감사했고, 그 병이 낫겠다는 마음이 들었습니다.

나는 안 돼

　많은 사람들이 주님을 섬기는데, 문제는 '오늘부터 예수님을 믿자. 교회에 나가자. 그러면 하나님이 날 도와서 내가 죄도 안 짓고 착하게 살 수 있겠지. 앞으로 신앙 생활 잘해서 복도 받고 하늘나라에도 가야지.'라고 생각하며 실제로 그렇게 될 줄로 알고 있다는 것입니다. 그러나 성경을 읽어 보면, 자기가 원하는 대로 이루어진 이야기는 어디에도 없습니다. 성경을 읽어 보면 너무 재미있는 것이, '우리가 이렇게 믿으면 되겠다' 하고 그 방법으로 나아가면, 정성을 다해 하나님을 섬기는데도 하나님이 그것을 다 깨뜨려버립니다. '나는 정말 안 되겠구나' 하고 자기 방법을 포기할 때까지 하나님은 그 생각을 깨뜨리는 일을 계속하십시오.

저도 구원받기 전에 장로교회에 다녔는데, 마음을 다해서 하나님을 믿고, 죄 안 짓고, 율법을 지키고 착하게 살면 신앙생활이 잘될 줄로 알았습니다. '주일 지키고, 기도하고, 십일조 내고 하면 되지, 안 될 거 있나?' 그렇게 생각했습니다. 그런데 그렇게 잘 안 되었습니다. 그때 저는 하나님 앞에 기도를 참 많이 했습니다.

"하나님 오늘 제가 죄를 짓지 않게 해 주십시오. 저는 정말 주님을 잘 섬기고 싶습니다. 신앙생활 잘하고 싶습니다. 죄 짓지 않고 믿음생활 잘할 수 있도록 해 주십시오."

하고 마음으로 기도를 드렸습니다. 그렇게 해도 그 이튿날 새벽에 교회에 가서 고개를 숙이면 전날 지었던 죄가 생각나서 너무나 고통스러웠습니다.

그래서 목사님을 찾아가 "목사님, 어떻게 하면 죄 사함을 받습니까?" 하고 물었더니, '죄를 회개하라' 고 했습니다. '그렇게 했는데도 안 된다' 고 하니까 '회개의 열매를 맺으라' 고 했습니다. "그러면 회개의 열매는 어떻게 맺습니까?" 하고 물으니까 '죄 지었던 사람들에게 다 찾아가서 사과하고 용서를 받으라' 는 겁니다. '아, 그렇다면 나는 안 되겠구나. 나는 지옥에 갈 수밖에 없구나' 하는 마음이 들었습니다.

그래도 한번 해보려고, 제가 친구에게 거짓말했던 일을 사과하려고 마음을 단단히 먹었습니다. 밝은 낮에는 얼굴을 쳐다보면서 미안하다고 말할 자신이 없어서, 저녁을 먹고 어둑어둑할 때 그 친구를 불러냈습니다. 제가 심각하게 '이야기 좀 하자' 면서 불빛이 없는 어두운 데로 데리고 갔더니, 친구가 바짝 긴장해서 따라오지 않으려고 했습니다.
"무슨 얘기냐? 그냥 여기서 얘기해라. 그러면 되잖아."
"진짜 중요한 얘기인데 한 마디만 할게. 좀 따라와 봐."
"뭔데?"
"어제 너한테 거짓말한 거 용서해 주라."
"이 병신 같은 자식. 그 이야기하려고 그랬냐?"
"……."

얼마나 부끄럽던지, 그 짓도 못 하겠더라고요. 성경을 제대로 모르니까, 내 각오로 십일조를 내고, 주일을 지키고, 죄를 안 짓고, 믿음으로 살아 보려고 했던 것입니다. 나름대로 성경 말씀대로 살아 보려고 이를 악물고 하나님께 간절히 기도했습니다. 하나님은 그 기도를 듣지 않으시고, 자꾸 죄 속에 빠지도록 나를 놓아두셨습니다. 그래서 구원받을 즈음에 제 마음에 생각이 하나 들어왔습니다.

'나는 안 돼. 이래 가지고는 신앙 생활이 안 된다. 나는 하늘나라 못 가겠구나.'

신앙에 포기가 와버렸습니다. 내 모습 어디를 봐도 신앙생활 잘하기는 틀렸다 싶어서 '이놈의 신앙 때려치워버리자. 기왕 지옥 갈 바에야 까짓 것 술이나 먹고, 싸움이나 하고, 죄나 실컷 짓자' 하는 마음까지 들었습니다. 그런데 막상 그렇게 살려니까 두려워서 그렇게 할 수도 없었습니다. 그렇게 갈등하다가 얼마 후에 구원을 받았습니다. 그때까지 잘 믿으려고 애썼던 모든 것이 다 포기되고 놓아지니까, 요즘처럼 죄 사함에 관한 집회를 하거나 책을 전해 주거나 그런 이야기를 해 주는 사람도 없었는데, 성령께서 저를 거듭나고 변화되는 새로운 길로 인도해 주셨습니다. 성경에 이런 법칙이 기록되어 있는 것이 저는 너무 감사합니다.

성경의 법칙

제가 오늘 아침에 주차장에서 1,000달러를 주웠다고 한번 가정해 봅시다. 제가 1,000달러를 주운 것은 우연히 일어난 일입니다. 길에서 돈 줍는 것은 어떤 법칙에 의해서 정확하게 일어나는 일이 아닙니다. 제가 매일 거기에 갈 때마다 1,000달러가 떨어져 있다면 법칙이 될 수도 있지만, 그런 일은 우연히 일어나는 일입니다. 하나님은 성경에서 우연히 되어진 일을 말하는 것이 아니라 하나님의 법칙을 말하고 있습니다.

누가복음 10장에 보면, 어떤 사람이 예루살렘에서 여리고로 내려가다가 강도를 만났습니다. 그 사람은 여리고로 내려갈 때, 강도를 만나기 전까지만 해도 꿈도 있고 포부도 있었을 것입니다. '여리고로 내려가서 돈을 벌어 잘살고, 예쁜 여자와 결혼도 하고, 아름다운 집을 짓고 행복하게 살아야지' 하는 기대와 꿈을 품고 내려가다가 강도를 만난 것입니다. 강도가 무엇을 빼앗아 갔습니까? 돈을 빼앗아 가고, 옷을 빼앗아 갔습니다. 그리고 꿈도 빼앗기고 건강도 빼앗겨버려서, 이제는 그대로 놔두면 죽을 수밖에 없는 형편이 되어버렸습니다.

제가 이스라엘에 갔을 때, 예루살렘에서 여리고까지 이어진 길을 멋진 볼보 버스를 타고서 여행했습니다. 버스 안에는 에어컨 바람이 시원하게 나오는데, 버스에서 내리니까 햇볕이 얼마나 뜨거운지 1분도 제대로 서 있을 수 없었습니다. 예루살렘은 해발 800m에 있고 여리고는 해발 마이너스 250m 정도에 위치해 있는데, 예루살렘에서 여리고로 내려가는 길에는 나무가 전혀 없었습니다. 산에도 나무가 없었습니다. 예전에 그림책에서 볼 때는 강도들이 숲속에서 나타나는 걸로 되어 있던데, 숲도 없는 벌건 민둥산이었습니다. 그런 곳에 놔두면 성한 사람이라도 햇볕에 타 죽고 말 것입니다.

그런데 매를 맞아서 걷지도 못하고 움직일 수도 없는 거반 죽은 사람을 버리고 갔으니, 그대로 놔두면 죽을 수밖에 없는 것입니다. 얼마 후 한 제사장이 그 길로 내려왔습니다. 그는 강도 만난 사람을 보고는 그냥 지나가버렸습니다. 레위인도 그냥 지나가버렸습니다. 강도 만난 자는 자기 생명에 대한 기대와 소망이 다 무너져버렸습니다. '이러면 되겠다. 저러면 좋겠다' 하는 자기 생각과 방법이 다 무너져버렸습니다. 그리고 나서 사마리아인이 왔을 때 구원을 받았습니다. 이것이 하나님이 일하시는 방법입니다.

어느 날 하나님이 아브라함에게 말했습니다.

"너는 본토, 친척, 아비 집을 떠나서 내가 네게 지시할 땅으로 가라. 내가 너로 큰 민족을 이루고 너를 복의 근원이 되게 하리니, 너를 축복하는 자는 복을 받고 너를 저주하는 자는 저주를 받으리니 너는 복의 근원이 될지라."

후손이 하늘의 별처럼 바다의 모래처럼 많아지려면 우선 아브라함이 아들을 낳아야 하는데, 그 아내 사라는 아이를 못 낳았습니다. 결국엔 너무 늦어서 그 부부 마음에 '우리는 이제 아들을 낳을 수 없구나' 하고 전적으로 포기가 왔습니다. 그때 하나님께서 아브라함에게 '네 아내 사라에게 아들이 있으리라'고 하셨습니다. 정말 90살 먹은 할머니는 아기를 가질까봐 겁납니다. 그렇지 않습니까? 아브라함도 웃고 사라도 웃었습니다. '그건 정말 말이 안 돼. 이해가 안 돼.' 그런데 하나님께서 아브라함에게 아들을 주셨습니까, 안 주셨습니까? 아들을 주셨습니다. 그러니까 그것은 우연히 되어진 일이 아닙니다. 하나님의 역사는 항상 이런 법칙에 의해서 이루어집니다.

　에스더 이야기에서는, 하만이 모르드개와 유대인을 모두 죽이려고 했습니다. 하만은 그 일에 드는 돈을 자기가 대겠다면서 은 일만 달란트를 왕에게 바쳤습니다. 한 달란트는 45kg쯤 되니까 하만이 45만kg이나 되는 많은 은을 왕에게 바치면서 유대인을 다 멸하고자 했습니다. 왕의 인장 반지로 도장을 찍으면 아무도 그 명령을 취소할 수 없는데, 왕이 인장 반지를 유대인의 대적 하만에게 주었습니다. 하만이 12월 13일에 모든 유대인을 멸하기로 작정하고, 조서를 쓴 후 왕의 인장 반지로 도장을 찍었습니다. 이제 유대인들은 모두 죽게 되었고, 기대할 만한 것이 하나도 없었습니다. 바로 그때부터 하나님께서 일을 시작하셨습니다.

　성경에서 예를 하나 더 들면, 나사로가 병들었을 때 마리아와 마르다가 사람을 보내 예수님에게 그 소식을 전했습니다. 예수님은 '이 병은 죽을병이 아니라 하나님의 영광을 위한 병이다' 라고 말씀하셨습니다. 그들은 '그렇다면 우리 오빠가 죽지 않겠구나' 하고 생각했는데, 나사로가 죽어버렸습니다. 마리아와 마르다 마음에서 나사로에 대한 기대가 다 무너져버렸습니다. '아, 우리 오빠가 죽었다. 이제 끝났다.' 그때부터 예수님께서 일을 시작하셨습니다. 예수님이 나사로가 병들었다는 이야기를 듣고 어떻게 했습니까? 나사로가 죽을 때까지 기다렸습니다. 나사로가 죽은 후에야 예수님은 '우리 친구 나사로가 잠들었도다. 내가 깨우러 가노라' 하셨습니다. 나사로가 죽어버렸을 때, 마리아와 마르다 마음에서 모든 것이 포기되었을 때, 그때부터 주님이 일을 시작했던 것입니다.

다말 이야기 역시, 다말이 유다 집에 시집가서 처음에는 젊으니까 아이를 낳을 수 있으리라고 생각했을 것입니다. 그 집안이 하나님의 축복 가운데 있고 그리스도의 대를 이을 귀한 집안이라는 사실을 알고서, 다말은 정말 그리스도의 대를 이을 아들을 낳고 싶었습니다. 그리고 자기 남편이 젊고 튼튼했기 때문에 얼마든지 아이를 낳을 수 있으리라는 느긋한 마음을 가지고 있었습니다. 그런데 어느 날, 잉태하기도 전에 남편이 하나님 앞에 악을 행해서 덜컥 죽어버렸습니다. 그래서 시동생 오난과 동침하였는데, 오난도 하나님 앞에 악해서 죽어버렸습니다. 엘이 죽고, 오난도 죽고, 마지막으로 어린 시동생 셀라가 있었습니다. 다말은 '셀라를 통해서 아들을 낳으면 되겠구나' 하고 생각했습니다. 그런데 유다가 볼 때 다말과 동침하는 자식마다 죽으니까, 셀라는 다말에게 주지 않으려고 마음을 정했습니다. 다말이 아이를 낳을 수 있는 길이 다 막혀버린 것입니다.

하나님은 일을 하실 때 인간의 마음을 더해서 일하시지 않습니다. 인간의 생각이 보태지면 하나님의 일을 망치기 때문에, 하나님은 먼저 우리가 가졌던 모든 기대와 자기를 위하고 높이는 생각을 다 무너뜨리십니다. 그것들이 모두 무너질 때까지 하나님은 아무 일도 하지 않고 구경만 하십니다.

다말은 아들을 낳아서 그리스도의 계보를 이으려는 복된 생각을 가지고 있었습니다. 그러나 엘에게 두었던 기대가 무너지고, 오난에게 두었던 기대도 무너지고, 셀라에게 두었던 기대마저 다 무너져버렸습니다. 다말 마음속에 있던 '아들을 낳아서 그리스도의 대를 잇겠다'는 생각이 다 무너져버린 것입니다. 셀라에게 두었던 마지막

기대까지 막히니까, 다말은 '난 안 되겠구나. 이 집안의 씨를 받지 못하겠구나. 자식을 낳지 못하겠구나. 이제 나는 그런 복을 받지 못하겠구나' 하면서 자기 자신에 대해 포기가 왔습니다.

그 뒤에 이어지는 이야기가 오늘 읽은 창세기 38장 11절입니다.

"유다가 그 며느리 다말에게 이르되 '수절하고 네 아비 집에 있어서 내 아들 셀라가 장성하기를 기다리라' 하니 셀라도 그 형들같이 죽을까 염려함이라. 다말이 가서 그 아비 집에 있으니라."

이 말씀을 보면, 모든 부분에 있어서 다말에게 포기가 왔습니다.

그저 비행기 표값만 주십시오

"얼마 후에 유다의 아내 수아의 딸이 죽은지라"(창 38:12)

유다의 아내가 왜 죽었습니까? 이제 하나님께서 다말에게 다른 길을 여시는 겁니다. 다말은 인간적으로 모든 것이 포기되었는데, 하나님께서 그에게 기회를 주셨습니다. 엘도, 오난도, 셀라도 아닌 유다에게서 직접 씨를 얻을 수 있도록 말입니다. 여러분, 그것은 자기 계획이 포기되지 않은 사람에게는 절대로 받아들여질 수 없는 일입니다. 생각해 보세요. 다말은 시아버지와 동침해서 씨를 얻는 일을 정말 인정하기 싫었습니다. 그러나 모든 길은 막혔고 방법이 없으니까, 자기 마음에 들지 않아도 이제 하나님께서 주신 그 길을 따라갈 수밖에 없었습니다. 하나님께서 그렇게 하셨습니다.

사람들이 왜 구원을 못 받습니까? 왜 예수 그리스도의 은혜를 입지 못합니까? 왜 그 사랑을 받아들이지 못합니까? 이유는 간단합니다. 만약 제가 한국에 가고 싶은데 비행기 표 살 돈이 없다고 해봅시다. 그러면 돈을 구해 보려고 애를 쓰겠지요. 급한 일이 아니면, 돈을 구하다가 안 되면 '다음에 가면 되지 뭐' 하고 그만둘 것입니다. 그러나 열흘 내에 한국에 가지 않으면 죽을 일이 생긴다고 해봅시다. 그래서 제가 김창규 목사님에게 "김 목사님, 죄송하지만 돈 좀 빌려 주세요." 하고 부탁했는데, 김 목사님이 돈을 빌려주지 않으려고 합니다. 김 목사님 아니라도 돈을 구할 다른 길들이 있다면, 몇 번 부탁해 보다가 다른 방법을 쓸 겁니다. 그러나 김창규 목사님밖에 다른 길이 없다면, 상상할 수 없는 창피한 일을 당한다고 해도 그 길을 따를 수밖에 없습니다. 김창규 목사님이 저를 무시하고, 욕하고, 침 뱉고, 발길로 차도, "목사님. 무슨 일이라도 당하겠습니다. 그저 비행기 표 값만 주십시오." 하게 된다는 것입니다. 죄 사함을 받는 데에 있어서 문제는 우리 마음의 위치가 거기에 도달하지 않는다는 것입니다.

한번은 제가 어느 집회에서 설교를 마친 후였는데, 한 젊은 전도사님이 아주 거만한 태도로 말을 건네왔습니다.

"저는 ○○교회 전도사인데, 죄 사함에 대한 이야기 한번 들어 봅시다."

"아, 그러세요? 전도사님은 죄 사함을 받았습니까, 못 받았습니까?"

"받았지요."

"아니, 전도사님. 죄 사함을 받았는데, 왜 또 죄 사함에 관한 이야기를 들으려고 합니까?"

"한번 들어 보고 박 목사님이 하는 것이 옳으면 그것을 취하려고 그럽니다."

그래서 제가 그 이야기를 안 하겠다고 했습니다. 그러자 그분이 "죄 사함 받는 길을 모르니까 안 하겠다고 하는 거지요?" 하길래, "그렇게 한다고 내가 이야기할 것 같아요?" 하고 대답해 주었습니다. 그분 속에 죄 사함 받고 싶은 마음은 분명히 있었습니다. 하지만 자존심과 체면이 있어서 '나는 죄 사함을 못 받은 죄인이다'는 소리를 하고 싶지는 않았던 것입니다.

죄 사함은 누구나 받을 수 있지만, 아무나 받을 수 있는 것도 아닙니다. 마음의 자세가 갖춰진 사람들은 누구라도 받을 수 있지만, 마음의 자세가 갖춰지지 않은 사람들은 받을 수 없습니다. 창세기 38장에서는 단순하게 다말의 사건만 이야기하는 것이 아닙니다. 하나님은 당신의 뜻을 이루시기 전에 반드시 인간 속에서 일어나는 생각을 먼저 무너뜨리는 일을 하십니다.

사단이 엘과 오난과 유다의 마음에 역사해서 하나님의 길을 방해하려고 했습니다. 그러나 하나님은 그 일들을 통해 '이렇게 해서 아들을 낳으면 되겠다'는 다말의 마음을 다 무너뜨렸던 것입니다. 만약 다말이 엘의 아들을 낳을 수 있었다면, 창녀 노릇 해서 유다의 씨를 받아 아이를 낳았겠습니까? 말이 안 되는 이야기입니다. 아니면 엘이 죽은 후에 오난과 동침해서 아들을 낳을 수 있는데도 창녀 노릇 했겠습니까? 엘과 오난이 죽었어도 셀라를 통해 아들을 낳을 가능성이 있었다면 다말은 절대 그렇게 하지 않았을 것입니다. 다말은 정말 깊이 생각하고 고민했을 것입니다. '정말 이렇게까지 해서 씨를 얻어야 하나? 시아버지에게 들어가면서까지 자식을 얻어야 하나?' 유다가 자기 며느리인 줄 알면 다말과 동침하겠습니까? 그건 말이 안 되는 이야기입니다. 그러면 유다의 씨를 얻으려면 어떻게 해야 합니까? 창녀 노릇을 해야만 유다로부터 씨를 얻을 수 있었습니다. 설령 그렇게 해서 다말이 아이를 가져도 문제가 되는 것이, 결혼한 상태가 아닌데 임신해서 배가 불러오면 돌에 맞아 죽거나 불에 태워 죽임을 당하게 될 것이었습니다.

그러니까 복음 안으로 들어가는 데 있어서는, 다른 길이 다 무너져버렸다면 아무리 어렵고 힘들어도 그 길을 갈 수밖에 없다는 것입니다. 구원 자체는 너무 쉬운데도 자기 생각이나 길들이 남아 있으면 구원을 받지 못합니다. 사단은 우리가 구원받지 못하도록 우리 마음 세계를 형성해 놓았습니다. 결국 자기 생각과 방법 때문에 오늘날 많은 사람들이 지옥으로, 멸망으로 내려갈 수밖에 없습니다.

키가 작고 입이 큰 목사님

창세기 38장 12절부터 보겠습니다.
"유다가 위로를 받은 후에 그 친구 아둘람 사람 히라와 함께 딤나로 올라가서 자기 양털 깎는 자에게 이르렀더니, 혹이 다말에게 고하되 '네 시부가 자기 양털을 깎으려고 딤나에 올라왔다' 한지라. 그가 그 과부의 의복을 벗고 면박으로 얼굴을 가리고 몸을 휩싸고 딤나 길 곁 에나임 문에 앉으니, 이는 셀라가 장성함을 보았어도 자기를 그의 아내로 주지 않음을 인함이라."(창 38:12~14)
다말이 행한 이러한 일은 정상적인 여자로서 도저히 용납할 수 없는 일입니다. 또 자기 생명을 위협받는 정말 위험한 일입니다.

제가 사람들과 만나서 개인적으로 신앙 상담을 해보면, 자기 마음을 전혀 상하게 하지 않고서, 자기 마음에 딱 맞는 구원을 요구하는 사람들이 너무 많습니다. 그런 사람들에게는 구원이 이루어지지 않습니다.

예를 들어, 열왕기하 5장에 나오는 나아만 장군의 경우는 어떻습니까? 문둥병은 죄를 가리키는데, 문둥병에서 나음을 받는다는 것은 바로 구원에 관한 이야기입니다. 문둥병을 고치러 이스라엘에 온 나아만 장군에게 하나님의 선지자가, "너는 요단강에 가서 일곱 번 씻어라."고 했습니다. 선지자가 나아만에게 요단강에서 일곱 번 목욕하라고 하니까 그가 뭐라고 했습니까?

"내 생각에는 저가 내게로 나아와 서서 그 하나님 여호와의 이름을 부르고 당처 위에 손을 흔들어 문둥병을 고칠까 하였도다."(왕하 5:11)

저는 수십 년 동안 '죄 사함 거듭남의 비밀'에 대해서 이야기해 왔습니다. 구원받는 이야기를 해 왔습니다. 참 많은 사람들을 만나서 신앙 상담을 할 때마다 그 이야기를 했는데, 사람들은 자기에게 맞는 구원에 대한 관념을 가지고 있었습니다. 그래서 실제로 구원받는 길이 자기가 가지고 있는 관념이나 길과 다르니까, 예수님이 십자가에 못박혀 죽었다는 사실을 알아도 그 마음에 믿음이 임하지 않는 것을 많이 보았습니다. 하나님께서 구원받을 수 있는 쉬운 길을 예비해 놓았지만, 마귀는 다른 모양의 구원을 사람들 마음에 넣어 주었습니다. 그것을 기대하도록 해서 구원의 참 길이 와도 받지 못하게 하고 있습니다.

한번은 나환자촌에 초청을 받아 집회를 했는데, 제 아내가 간증을 하기 위해 저보다 먼저 갔습니다. 제 아내가 간증하면서 '우리 목사님은 키가 조그맣고 입이 커다랗다'고 이야기했습니다. 집회 시작일이 되어 제가 가방을 들고 거기에 갔는데, 아무도 저를 거들떠보지 않았습니다. 제 아내가 제 입을 얼마나 크다고 얘기했는지 몰라도……, 또 제 키가 작다고 하니까 한 50cm쯤 되는 줄 알았던 모양입니다. 제가 그 교회에 들어갔는데도 사람들이 모여 있으면서 본 척도 안 했습니다. 적어도 낯선 사람이 오면 '혹시 강사가 아닐까?' 생각하기 마련인데, 아예 '아니다' 하고서 자기들 마음에 그려 놓은 박옥수 목사를 기다리고 있었던 것입니다. 그래서 제가 물어 보았습니다.

"집회에 왔는데 어디로 가야 합니까?"
"어디서 오셨습니까?"
"대구에서 왔습니다만."
"어떻게 오셨습니까? 집회에 참석하러 오셨습니까?"
"아니요, 집회 강사로 왔는데요."
"혹시 박옥수 목사님이세요?"
"예, 그렇습니다."

그제야 사람들이, "입이 크긴 크지만 그렇게 안 크네. 키도 그렇게 안 작네." 하면서 들어오라고 했습니다. 우스운 이야기 같지만 그들이 생각한 박옥수 목사는 저와 다른 사람이었습니다. 그러니까 제가 거기에 가 있어도, 함께 이야기하면서도, 저를 기다리고 있으면서도 몰랐던 것입니다.

여러분, 사람들이 구원을 받지 못하는 것은 구원 자체가 어렵거나 힘들기 때문이 아니고, 실력이나 다른 무엇이 모자라서도 아닙니다. 예수님이 제시하는 구원과 우리가 생각하는 구원이 다르기 때문입니다. 하나님께서 구원을 주셨는데도, 우리는 자꾸 다른 것을 기다리느라고 구원을 마음에 받아들이지 못하는 것입니다. 그래서 하나님은 우리의 생각을 무너뜨리는 일을 계속 하시는 것입니다.

탕자도 자기 방법이 다 무너지고서야 아버지 집에 돌아갈 수 있었고, 강도 만난 자도 그랬습니다. 아브라함도 아들을 낳을 수 있다는 기대가 다 무너지고 난 뒤에 이삭을 얻었고, 다윗을 따라갔던 사람들도 다윗에 대한 기대가 다 무너졌을 때 다윗이 왕이 되는 것을 보았습니다. 이것이 바로 성경에 나타난 법칙입니다. 하나님께서 성경을 통해 우리에게 이 법칙을 보여 주셨습니다.

이미 있던 성이 무너져야 새 성을 쌓을 수 있습니다. 성 위에다가 다시 성을 쌓을 수는 없습니다. 그것처럼 하나님은 우리 안에 당신의 뜻을 세우기 위해서 '이렇게 하면 구원받고……' 하는 우리 생각을 다 무너뜨려버리는 것입니다.

다말이 처음에 '이렇게 이렇게 해서 아들을 낳으면 되겠구나' 하고 생각했지만, 하나님께서 그 생각을 다 무너뜨렸습니다. 아이를 낳을 수 있다는 기대가 다 끊어진 뒤에, 하나님께서 다말이 생각지도 못했던 다른 방법으로 길을 열어 주셨습니다. 하나님이 길을 열어 주셔도 다말이 자기 기준이나 체면을 생각한다면 아이를 못 얻습니다. 유다를 통해서 아이를 낳는 일은, 자기 생각만 버리면 되는 것이 아니라 기준, 체면, 생명까지 미련없이 버려야만 했습니다. 하나님은 그런 방법으로 다말을 이끄셨습니다.

의에 주리고 목마른 자

창세기 38장은 하나님이 우리에게 그냥 이야기하기 위해서 기록한 말씀이 아닙니다. 하나님은 창세기 38장을 통해서 우리가 어떻게 하나님 앞에 나아가 구원을 받고, 은혜를 입으며, 당신이 우리 속에 어떻게 역사하시는지 명확하게 알려주고 있습니다. 하나님은 우리 기대와 소망이 다 무너진 그때부터 당신의 일을 시작하신다는 것입니다.

누구나 신앙생활을 시작할 때는 자기가 열심히 기도하고, 착한 일 하고, 전도하고, 연보하고, 술 끊고, 주일 지키고, 십계명 지키고 하면 잘될 줄로 생각합니다. 그러나 아직까지도 그런 생각을 가지고 있다면 그 사람은 신앙생활을 한 것이 아닙니다. 그 생각은 다 무너져버려야 합니다. 내가 기도할 수 있다는 생각, 술을 끊으면 끊을 수 있고 담배를 끊으면 끊을 수 있다는 생각, 그것도 무너져야 합니다. 하나님은 '내가 마음먹고 하면 되지' 하는 그 마음을 무너뜨립니다.

마태복음 5장에 나오는 산상보훈에서, 예수님은 '의(義) 사모하기를 주리고 목마른 자처럼 하는 자는 복이 있나니, 저희가 배부를 것이다'라고 말씀하셨습니다. 주린다는 게 뭡니까? 그냥 배고픈 상태를 주린다고 말하지 않습니다. 한두 끼 굶는 것은 주리는 것이 아닙니다. 하루 정도 굶어도, 몸 안에 축적된 영양분이 있기 때문에 그냥 생활할 수 있습니다. 주린다는 것은 우리 몸 안에 저축되어 있던 영양분이 다 빠져나간 상태를 말합니다. 예수님의 말씀에서는, 양식에 주리는 것이 아니라 의에 주리고 목마른 자라고 했습니다. '내 속에는 의가 하나도 없다. 나는 의를 행할 수 없다. 나는 선을 행할 수 없다. 나는 하나님 말씀대로 살 수가 없다' 하는 의미입니다. 자기 의지로 신앙생활을 하다 보면, 어느 날 우리에게 그런 마음이 찾아옵니다. 그 마음이 찾아오기 전에는 자기가 율법을 지키면 지킬 수 있을 것처럼 생각하고, 성경 말씀대로 살면 살 수 있을 것처럼 생각합니다. 뭐든지 잘될 것처럼 여기지만, 실제로 율법을 지키려고 해

보면 '아, 나는 율법을 지킬 수 없구나. 나는 정말 하나님을 기쁘시게 할 수 없구나. 나는 정말 죄를 안 지을 수 없구나' 하는 사실을 알게 됩니다. 자신에게 의(義)나 선(善)이 하나도 없다는 사실을 깨닫게 되는데, 성경은 그러한 상태에 있는 사람을 가리켜 '의에 주리고 목마른 자'라고 이야기합니다.

갈릴리 가나 혼인 잔칫집에서 인간이 준비한 포도주가 떨어졌을 때 예수님이 준비한 새로운 포도주를 맛보았듯이, 자기 의가 다 무너져버렸을 때 우리는 예수 그리스도로부터 오는 의를 얻게 됩니다. 베드로가 밤새도록 그물을 던졌지만 잡은 것이 하나도 없어 자기 방법이 바닥났을 때 예수님의 방법이 쓰여졌습니다. 성경은 이러한 법칙을 담고 있습니다.

다말이 유다 집의 아이를 낳을 수 있다는 기대가 다 무너져버리니까, 시아버지를 대하기도 부담스럽고 송구스러웠을 것입니다. '하나님께서 왜 내게 이런 일을 허락하셨는가? 왜 이런 일을 당케 하셨는가?' 하면서 다말은 갈등이 일어나고 실망이 되었을 것입니다. 남편도 원망해 보고, 시아버지도 원망해 보고, 하나님도 원망해 보고, 그러면서 자기 자신이 점점 무너져 내렸습니다. 결국 모든 것이 포기되었을 때, 하나님께서 다말이 생각할 수 없었던 방법으로 길을 여셨습니다.

지금도 여러분에게 구원의 길이 없는 것이 아니고, 방법이 없는 것이 아니고, 역사가 없는 것이 아닙니다. 여러분에게 나름대로 생각이 있기 때문에 하나님의 방법이나 길을 가지 못하는 것입니다. 내 생각에 맞는 교회, 내 귀에 맞는 설교, 내 마음에 드는 목사, 내 마음에 드는 일……. 그런 생각들을 가지고 있기 때문에 하나님은 우리에게 아무 일도 하실 수 없습니다. 하나님께서는 우리의 생각들이 다 무너져 내리기를 기다렸다가, 마침내 구원의 길을 여시는 것입니다.

어제도 이야기했듯이, 성경에 '의인'이라는 말이 200번 가까이 나오는데도 사람들은 자기가 죄를 짓기 때문에 의인이 아니라고 생각합니다. 그 기준으로 성경을 읽으니까 "의인은 없나니 하나도 없으며"라는 구절만 눈에 들어오는 것입니다. 성경에 200번이나 나와 있는 '의인'이라는 말이 눈에 안 들어오고 귀에도 안 들리는 것입니다. 자기 나름대로 가지고 있는 구원의 방법이 있기 때문에 성경 속에 있는 구원의 길이 눈에 들어오지 않는 것입니다.

다윗이 죄 사함 받는 이야기가 성경에 기록되어 있는데도, '다윗이 어떻게 죄 사함 받은 줄 아느냐?'고 물으면 사람들은 대답을 못합니다. '어떻게 의롭게 되는지 아느냐?'고 물어도, '우리는 죄인인데……' 하는 생각밖에 못 합니다. 그것이 바로 우리의 생각입니다. 하나님은 우리에게 은혜를 베풀기 위해서 그런 생각을 다 무너뜨리시는 것입니다.

자기에 대한 포기

창세기 38장 12절에 "얼마 후에 유다의 아내 수아의 딸이 죽은지라"라고 되어 있습니다. 그 '얼마'라는 시간은 바로 절망의 시간입니다. '나는 아이를 낳을 수 없겠구나' 하는 마음이 처음부터 드는 것이 아닙니다. '이러다 아이를 못 낳을지 몰라' 하는 마음이 계속되다가, 결국 '나는 결코 아이를 낳을 수 없구나' 하는 절망적인 마음이 왔습니다. 그 마음이 들어오기까지의 시간이 "얼마 후에……"의 '얼마'라는 시간입니다. 자기를 포기하는 데 '얼마'라는 시간이 필요했다는 것입니다.

　누가복음 15장에서 둘째 아들이 돼지우리에 내려가자마자 바로 아버지 집으로 돌아간 것이 아닙니다. 둘째 아들이 돼지우리에 내려간 후 얼마의 시간이 흘렀습니다. 그 얼마의 시간은 마음에서 갈등하는 시간입니다.

　'내가 여기에 있다가는 정말 굶어죽을 수밖에 없구나. 아니야, 그래도 이 모양으로는 돌아갈 수 없어. 이렇게 거지가 되어서 어떻게 가? 이건 말이 안 돼.'

　자신이 굶어죽을 수밖에 없다는 사실을 깊이 깨달아도, 마음이 정해질 때까지는 계속 갈등의 시간을 보냈다는 것입니다. 여전히 '그래도 한번 해보면 이번에는 되지 않을까? 이렇게 하면 될지 몰라' 하는 기대를 가지고 있어서 마음을 정하지 못하는 것입니다.

　여러분이 율법을 지켜 보면 '난 못 지키겠다'는 생각이 들 것입니다. 한국에 사법고시를 준비하는 사람들이 많은데, 그 중에는 총각으로 50살까지 도전했다가 인생을 망친 사람이 많습니다. 1차 시험에 떨어지고, 또 1차 시험에 합격됐다가 2차 시험에 떨어지고……. '다음에는 꼭 되겠지' 하면서 세월을 다 보내고 만다는 것입니다. 그래서 국가에서 고시를 네 번까지만 치르도록 법으로 제한해 버렸습니다. 그것처럼 우리도 '이러면 되겠구나. 이번에 안 되면 다음에 될지 몰라' 하는 막연한 기대 가운데에서 인생을 보내면서 자기를 부인하지 못합니다. 안 된다는 것을 알면서도 '이번에는 될 것 같아' 하는 기대를 떨쳐버리지 못하는 것입니다.

'내가 진짜 어리석었다. 이건 말이 안 돼. 이건 정말 안 되는 거야.'

다말에게 이 생각이 올 때까지 '얼마' 라는 시간이 필요했습니다. 드디어 다말에게 자기에 대한 포기가 왔습니다. 그때부터 하나님께서 일을 하셨습니다. 마침 유다의 아내가 죽었고, 유다는 아내가 죽고 외로우니까 여자 생각이 났을 것입니다. 그래서 유다가 양털을 깎으러 딤나에 갔을 때 다말이 창녀로 가장해서 그를 유혹했습니다. 유다는 그 창녀가 자기 며느리인 줄 모르고 동침했고, 결국 다말은 아들을 낳았습니다. 사단이 방해했지만 하나님께서 그런 특이한 방법으로 예수 그리스도의 족보 잇는 일을 이루어 가시는 모습을, 창세기 38장은 우리에게 가르쳐 주고 있습니다. 그것은 단순한 이야기가 아니고 구원받아야 할 우리의 마음 자세를 가르쳐 주고 있는 것입니다.

오늘 오전에 여러분에게 말씀드리는 것은, 자기 생각이 다 포기될 때 그 생각과 다른 방법으로 하나님께서 역사하신다는 것입니다. 자기 생각을 가지고 있는 사람은 절대 구원을 얻을 수 없습니다. 사람들은 자기 생각이 틀렸다는 것을 알면서도 기대를 버리지 못하기 때문에 '얼마' 라는 시간이 필요합니다. 이러한 사실을 성경이 우리에게 이야기해 주고 있습니다. 사람들이 구원받지 못하는 것은 결코 구원 자체가 어려워서가 아닙니다. 자기 생각을 가지고 있기 때문입니다. 하나님께서는 우리를 자기 생각을 버릴 수 있는 방향으로 이끌어서 우리에게 구원의 은혜를 베풀고자 하십니다.

3. 이해할 수 없는 성령의 인도

3. 이해할 수 없는 성령의 인도

창세기 38장 6절부터 읽겠습니다.
"유다가 장자 엘을 위하여 아내를 취하니 그 이름은 다말이더라. 유다의 장자 엘이 여호와 목전에 악하므로 여호와께서 그를 죽이신지라. 유다가 오난에게 이르되 네 형수에게로 들어가서 남편의 아우의 본분을 행하여 네 형을 위하여 씨가 있게 하라. 오난이 그 씨가 자기 것이 되지 않을 줄 알므로 형수에게 들어갔을 때에 형에게 아들을 얻게 아니하려고 땅에 설정하매 그 일이 여호와 목전에 악하므로 여호와께서 그도 죽이시니, 유다가 그 며느리 다말에게 이르되 '수절하고 네 아비 집에 있어서 내 아들 셀라가 장성하기를 기다리라.' 하니 셀라도 그 형들같이 죽을까 염려함이라. 다말이 가서 그 아비 집에 있으니라. 얼마 후에 유다의 아내 수아의 딸이 죽은지라. 유다가 위로를 받은 후에 그 친구 아둘람 사람 히라와 함께 딤나로 올라가서 자기 양털 깎는 자에게 이르렀더니, 혹이 다말에게 고하되 '네 시부가 자기 양털을 깎으려고 딤나에 올라왔다.' 한지라. 그가 그 과부의 의복을 벗고 면박으로 얼굴을 가리고 몸을 휩싸고 딤나 길 곁 에나임 문에 앉으니,

이는 셀라가 장성함을 보았어도 자기를 그의 아내로 주지 않음을 인함이라."(창 38:6~14)

14절 말씀까지 읽었습니다.

항아리에 담길 술

옛날 중국에 한 공주님이 있었습니다. 그 공주님이 하루는 왕궁에서 지혜 있는 선생님과 이야기를 나누었습니다. 그 선생님은 넓은 중국 땅에서 지혜가 가장 뛰어난 사람이었습니다. 그런데 안타깝게도, 그 사람의 얼굴은 세상에서 그처럼 못생긴 사람이 없을 정도로 흉측했습니다. 공주님이 그 선생님에게,

"선생님은 참 못생겼는데 어디에서 그런 지혜가 나와요?"

하고 진지하게 물었습니다. 그러자 선생님이 빙그레 웃으면서 대답했습니다.

"제가 공주님에게 하나 물어 보겠습니다. 왕궁에는 어떤 그릇들이 있습니까?"

"금 그릇도 있고, 은 그릇도 있고, 여러 종류의 그릇들이 많이 있어요."

"공주님, 그 많은 그릇들 가운데서 임금님이 마시는 술은 어떤 그릇에 담아 두는지 아십니까?"

공주가 그것을 알 턱이 있어야지요.

"그건 보나마나, 임금님이 마시는 술이니까 금 그릇에 담아 놓았겠지요."

"공주님, 가서 한번 살펴보십시오."

공주가 가서 살펴보니, 금 그릇도 많고 은 그릇도 많은데, 세상에 임금님이 마시는 술을 그런 귀한 그릇에 담아 놓지 않고 토기에 담아 놓은 겁니다. 공주가 깜짝 놀라서, 옆에 있던 하인들에게 "아니 임금님이 드시는 술을 왜 금 그릇이나 은 그릇에 담아 놓지 않고 이런 값싼 토기에 담아 놓았느냐?" 하며, 그 술들을 금 그릇에 옮겨 담아 놓으라고 지시했습니다. 하인들이 "공주님. 그러면 안 되는데요." 하면서도 명령이라 할 수 없이 그렇게 했습니다. 그런데 그 귀한 술이, 금 그릇에 담아 놓으니까 맛이 다 변해버렸습니다.

하루는 임금님이 술을 마시다가 "아니, 술맛이 왜 이러느냐?" 하였습니다. 한 신하가 '이러이러한 사연이 있어서 그렇게 되었다'고 하여, 임금님이 공주를 불러 이야기했습니다.

"술이란 원래 금 그릇이나 은 그릇에 담아 두어야 하는 것이 아니다. 그러면 술맛이 다 변해버린다. 좋은 술일수록 토기나 질항아리에 담아야 보존이 잘 되느니라."

공주님이 선생님에게 가서 이 일을 이야기했습니다. 그러자 선생님이 이런 이야기를 해주었습니다.

"얼굴이 예쁜 사람이 지혜를 갖기가 가장 어렵다고 합니다. 아무도 할 수 없는 일을 어떤 사람이 했을 때, 얼굴이 못생긴 사람이 해내면 사람들은 '그 여자 참 독하다. 어떻게 그런 일을 해내냐?' 하고, 예쁜 여자가 해내면 '야, 그 여자 참 장하다.' 합니다. 똑같은 일을 해도 얼굴이 예쁜 사람은 장하다는 소리를 듣는데, 그것은 사람들이 얼굴이 예쁜 사람에게 점수를 많이 주기 때문입니다. 그래서 얼굴이 예쁜 사람들은 지혜를 갖기가 참 어렵습니다. 남들에게 인정을 받으니 지혜가 없어도 살 수 있기 때문입니다."

요즘도 비행기 안에서나 거리에서, 얼굴이 예쁜 여자가 실수하면 사람들이 '그럴 수도 있지 않겠나, 괜찮다' 합니다. 그런데 얼굴이 못생긴 여자가 실수하면 '이걸 왜 그렇게 했느냐?' 면서 따집니다.

선생님이 공주에게 계속해서 이야기해 주었습니다.

"공주님, 귀한 술을 금 그릇에 담아 놓으면 맛이 변하듯이, 제 얼굴이 잘생겼으면 제게 있는 지혜도 변합니다. 저는 지혜가 아니면 이 궁중에 남아 있을 이유가 없으니, 그렇게 되면 저는 궁중에 있을 수 없겠지요."

얼굴이 예쁘고 잘난 사람들은 주위 사람들이 좋아하기 때문에 웬만큼 실수해도 그냥 넘어가고, 얼굴이 못난 사람들은 일을 못하면 구박을 받습니다. 얼굴이 못난 사람은 일을 잘해도 칭찬을 받는 것이 아니라 독하다는 소리를 듣습니다. 그래서 못난 사람은 지혜 없이는 세상을 살아갈 수 없으니까 지혜를 갖는 것입니다.

옛날에 두 딸을 둔 집이 있었습니다. 딸들이 자라 둘 다 시집을 보냈는데, 맏딸은 산에서 나무를 해 내다 파는 나무꾼에게 시집을 보냈습니다. 나무꾼 사위는 굉장히 부지런해서 돈도 잘 벌고 잘살았습니다. 또 처가에 오면 힘도 좋고 일도 잘해서 집안 일을 다 했습니다. 둘째 딸은, 부모의 소원대로 선비에게 시집을 보냈습니다. 둘째 사위는 돈도 못 벌고 고생하며 가난하게 살았습니다. 그래도 처가에서는 선비라고 늘 떠받들어 주었습니다.

한번은 설이 되어서 두 딸 내외가 모두 집에 놀러 왔습니다. 설이니까 떡도 하고 전도 부치고, 할 일이 많았습니다. 장작불을 때야 했는데, 굵은 장작이라 도끼로 쪼개야 했기에 장모가 사위들에게 장작을 좀 패라고 했습니다. 그 동안 맏사위는 처가에 와서 제대로 대접을 받아 본 적이 없었습니다. 장모는 늘 둘째 사위를 안방에 앉혀 놓고 음식을 먹이고, 맏사위는 밖에서 집안 일을 도맡아 하며 지내게 했습니다. 맏사위가 '이제 내가 점수 딸 날이 왔다. 장작 패는 것은 나 외에 누구리요?' 하면서 산더미처럼 쌓여 있는 장작을 패기 시작했습니다. 장작을 놓고 도끼로 내리찍으면 그냥 쫙쫙 갈라졌습니다. 순식간에 장작을 다 팼습니다.

둘째 사위도 장작을 팬다고 하는데, 글만 읽느라고 장작을 패 보았어야지요. 장작 하나를 놓고 종일 씨름을 해도 장작이 안 쪼개지는 겁니다. 도끼로 계속 찍기만 하니까, 장작이 아니라 명태 뜯어 놓은 것처럼 다 흩어져 버렸습니다.

잠시 후 장작을 다 팼다는 이야기를 듣고 장모가 와서 보니, 맏사위가 패놓은 것은 거들떠보지도 않고 둘째 사위더러 '장작에 불이 잘 붙게 어쩜 이렇게 잘 패놓았냐?'고 하며, 맏사위가 패놓은 장작에 대해서는 '저거 불 붙겠나?' 했답니다.

세상에서는, 못났으면 아무리 잘해도 문제이고, 잘난 사람은 못한 것도 잘한 것으로 여겨지는 것이지요.

목사님은 몰라서 그렇지

저는 창세기 38장을 읽으면서, '어떻게 다말에게 이런 마음이 들었을까?' 하는 생각이 일어났습니다. 성경에 이야기 하나가 그냥 기록된 것 같지만, 우리가 그 상황에 들어가서 보면 성경이 그냥 기록된 것이 아님을 알 수 있습니다.

요한복음 5장에서 예수님께서 38년 된 병자에게 '자리를 들고 걸어가라'고 했습니다. 성경에는 그냥 "그 사람이 일어나 자리를 들고 걸어가니라."라고 기록되어 있습니다. 그런데 제가 그런 위치에 들어가 보면, 정말 그것이 쉽지 않을 것 같습니다.

"선생님, 무슨 말씀을 그렇게 하십니까? 제가 자리를 들고 걸어갈 수 있다면 왜 여기에 누워 있겠습니까? 저는 안 돼요, 안 돼!"

우리 교회에 몇 년 전에 구원받은 한 부인 자매가 있습니다. 형제들이 전도하러 나갔다가 엑스포 아파트 단지 내에서 어떤 부인을 만났습니다. 전도를 마치고 돌아온 형제들이 저에게 '어떤 부인이 목사님을 잘 안다며 만나고 싶어한다'고 하며 전화번호와 주소를 적어 주어서 찾아갔습니다. 중년 부인인데, 생전 처음 보는 사람이었습니다. 제가 약간 당황이 되어서 "내가 박옥수 목사인데, 실례지만 나를 안다고 했습니까?" 하자, 그 부인이 웃으면서 "목사님, 서운석 씨라고 아십니까?" 하고 물었습니다. 제가 잘 안다고 했더니, 자기가 그분 딸이라고 했습니다.

서운석 형제님은 옛날에 서울에 살았습니다. 1974년, 75년쯤에 제가 대구에서 목회할 때 어렵게 살았는데, 그분이 저에게 와서 "박목사님, 왜 여기서 고생합니까? 서울로 올라가서 저와 함께 복음 일 합시다." 하며 조르곤 했습니다. 그때마다 저는 "대구에 올 때 하나님의 인도를 받아서 왔기 때문에 하나님의 인도 없이는 대구를 떠날 수 없습니다." 하고 대답했습니다. 그 뒤로도 여러 해 동안 그분은 틈만 있으면 대구에 와서, 서울에 올라가 같이 지내자고 졸랐습니다. 그런데 딸 이야기가, 그분이 벌써 세상을 떠났다는 것입니다. 사실 저는 그분에게 딸이 있는지도 몰랐습니다.

그 부인이 저에게 자신의 지난 이야기를 했습니다.

"저는 안 믿는 남자와 결혼해서, 남편이 예수 믿는 것을 너무 반대해 교회에 못 나갔습니다. 그러다가 2년 전에 남편이 죽으면서 제일 먼저 교회에 나가야겠다고 생각했습니다. 제가 학교에 다닐 때 아버지가 그렇게 예수님을 믿으라고 해도 듣지 않았는데, 아파트 아래층에 사는 아주머니를 따라서 교회에 나갔습니다. 그런데 그 교회에서는 매일 울며 기도하면서 죄를 용서해 달라고만 했습니다. 우리 아버지는 옛날에 '우리 죄가 눈처럼 희게 씻어지고 죄가 다 사해졌다'고 말씀하셨던 것 같아서 아래층 아주머니에게 '죄가 다 씻어진 것 아니냐?'고 물었더니, 그건 이단들이 하는 소리라고 했습니다. 그래서 어찌할 줄 모르고 있던 중에 친정 어머니와 함께 길을 가다가, 어머니가 목사님 얼굴이 들어간 전도 집회 포스터를 보고서 '저 목사님이 옛날에 너희 아버지와 가까이 지내시던 분이다'고 하였는데, 얼마 전에 전도 온 분들을 만나 이렇게 연락이 닿았습니다."

그날 그 부인에게 복음을 전해 그 부인이 죄 사함을 받았습니다. 너무 기뻤습니다. 그 부인이 자기 아파트에서 성경 공부를 하자고 해서, 일 주일에 한 번씩 그 주위 아파트에 있는 사람들을 불러서 성경 공부를 했습니다.

하루는 제가 성경 공부를 하러 갔더니, 그 자매가 저더러 좀 보자고 하며 자기에게 큰 문제가 있다고 했습니다. 뭐냐고 물으니까, '자기는 수입이 하나도 없고 남편이 지어 놓은 빌딩이 하나 있어서 거기에서 나오는 집세로 생활하는데, 남편의 사촌형 되는 분이 그 빌딩을 빼앗으려고 한다'는 것이었습니다. 빌딩을 지을 때 그 사람이 남편에게 돈을 빌려 주었다가 못 받았다는 것입니다. 그러면서 '이

걸 어떻게 하면 좋겠냐'고 하는데, 저는 그런 문제를 항상 쉽게 생각하니까 "자매님, 그것 주님이 빼앗으면 빼앗기고, 주님이 주시면 가지세요. 주님이 빼앗으면 자매가 어떻게 할 수 있어요?" 했습니다.

그러자 자매가 갑자기 "목사님, 우리는 그것 없으면 못 살아요!" 하고 소리를 질렀습니다. 그리고 며칠이 지났는데, 자매가 '세상에 목사라고 하면서 이런 일이 있으면 변호사라도 좀 알아봐 주고 그러지 않고, 그렇게 이야기하고는 기도하고 말아버린다'고 하는 이야기가 저에게 들렸습니다. 하루는 자매에게서 전화가 왔습니다. 남편 사촌형이 일본에서 왔다면서 만나러 간다고 했습니다. 제가 교회 형제들에게 일단 따라가서 형편을 좀 알아보라고 했습니다. 형제들이 가는데 아무래도 저도 가야 할 것 같아서 형제들과 함께 갔습니다.

남편의 사촌형이란 분이 이야기를 했습니다. 자기가 그 자매 남편에게 돈을 빌려주었는데 그 사람이 돈을 안 갚고 죽었다는 겁니다. 그러면서 '재판하면 이 빌딩은 내 것도 안 되고 네 것도 안 되니까, 우리가 반씩 나누자'고 했습니다. 제가 옆에서 가만히 들으니까 말도 안 되는 소리여서, '그 빌딩이 누구 명의로 되어 있느냐?'고 물으니까 자매 이름으로 되어 있다고 했습니다. 다시 사촌형 되는 분에게 '당신은 돈을 누구에게 빌려 주었느냐?'고 하니까 동생에게 빌려 주었다는 겁니다. 그래서 제가 이렇게 이야기했습니다.

"아무 문제가 없네요. 당신은 돈 빌려준 사람에게 돈을 받으면 됩니다. 그리고 당신이 돈을 빌려 주었다는 근거도 없고, 죽은 사람에게서 돈을 빌렸다는 이야기를 들을 적도 없는데 그게 말이 됩니까? 그러니 빌딩은 자매가 그대로 가지고 있어요."

그렇게 하니까 그 사람이 할 말이 없는 겁니다. 문제가 잘 해결되었습니다.

　그 후로 자매가 몇 달 동안 교회에 잘 나왔습니다. 그러다가 하루는 또 울먹이면서 저를 찾아왔습니다. '또 무슨 일이냐?'고 물으니, 하나 있는 남동생이 정신병원에 있다는 겁니다. 제가 "그러면 수양회에 데려가서 기도 받고 낫게 해서 함께 살면 되지." 하자, 자매가 또 고함을 지르면서 "목사님, 나는 그 애하고는 못 살아요! 그 애가 나를 얼마나 괴롭힌 줄 알아요?" 했습니다. 웃음이 나왔지만, '자매 이야기 내가 다 알아들었다'고 하고 한 형제에게 정신병원에 가 보라고 했습니다.

　자매가 정신병원에 찾아가면 동생이 꺼내 달라고 사정하니까, 찾아가면 괴롭기만 해서 1년 가까이 면회를 안 갔습니다. 형제가 가서 보니, 추운 겨울인데 얇은 옷을 입고 벌벌 떨고 있었습니다. 제가 형제들에게 '그 청년을 교회 근처에 있는 병원으로 옮겨라. 그리고 요즘 교회에 헌 옷들이 얼마나 많냐? 꼭 새 옷 아니어도 잠바 두툼한 것하고 옷 좀 갖다 주어라'고 했습니다. 며칠 후 청년을 교회 근처에 있는 병원으로 옮기려고 하니까, 그 청년이 결사 반대했습니다. 옛날에 교회 기도원에 들어가서 얼마나 두들겨 맞았는지, 교회라고 하니까 고함을 지르며 소란을 피웠습니다. 제 마음에 '저 청년도 수양회에 참석해서 말씀을 듣고 기도도 받았으면 좋겠다'는 마음이 일어났습니다.

　그러고 나서 저는 집회를 인도하러 외국으로 떠났습니다. 다녀와서 보니, 그 동안에 형제들이 그 청년을 수양회에 참석시켜서 청년이 구원을 받고 정신이 온전해져 있었습니다. 참 감사했습니다. 물론 지금도 그 청년을 보면, 어떤 때는 생각하는 것이 약간 모자랄 때가 있습니다. 제가 그 청년에게 '할 일 없으면 교회에 와서 청소 좀 해라' 하면, 그만하라고 할 때까지 청소를 합니다. 한번은 비디오 촬영하는 형제들의 조수를 시켰습니다. 나이가 서른 여섯인데, 얼마나 좋아했는지 모릅니다. 단정하게 이발하고, 넥타이 매고, 양복 입고서 카메라 다리 메어다가 달고, 또 하나 가져다가 달고…….

한번은 저에게 "목사님, 저도 장가가고 싶어요." 하기에, 제가 "그래, 그럴 테지. 조금만 더 기다려라. 네 마음이 안정되면." 하고 대답해 주었습니다. 그런데 문제는, 괜찮다가도 한 번씩 헛소리를 합니다. 하루는 제 아들을 만나서 이렇게 말했습니다.

"너 박영국이지?"

"예."

"너 박 목사님 아들 아니야?"

"맞습니다."

"그래, 앞으로 잘 지내자. 우리 아버지가 클린턴이야."

어쩌다 한 번씩 그런 소리를 합니다.

어느 날 성경 공부 시간에 그 어머니가 울면서 간증을 했습니다.

"내 아들이 병원에서 나와서 많이 좋아졌는데, 한 번씩 엉뚱한 소리를 하면 가슴이 미어졌습니다. 사실 교회 안에 있으면서 아이가 점점 좋아져 지금은 엉뚱한 소리를 하는 것이 많이 줄어들었는데도, 나는 좋아지는 것을 안 보고 어려운 쪽으로만 생각했습니다. 내가 악했습니다."

그러면서 그분이 마음을 바꾸었습니다. 가만히 생각해 보면, 제가 죽어서 서운석 형제님을 만나면 할 이야기가 많습니다. 그분 나이가 저보다 좀 많았는데, '가족들이 우리 교회에 오고 나서, 형제님이 살아 있을 때 못했던 일을 하나님이 이루시고 자식들에게 다 복을 주셨다'고.

몇 달 후에 그 자매가 또 어두운 얼굴로 저를 찾아왔습니다. 무슨 일이 있냐고 물으니 딸아이가 늘 혼자 방에 처박혀 있으면서 마음을 닫고 아무 말도 안 하고 산다는 것입니다. 제가 '그걸 왜 걱정하냐? 우리 교회에 나와서 구원받으면 다 해결되어버릴 텐데' 했더니, 또 그 자매가 "목사님은 몰라서 그렇지, 그 아이는 달라요." 했습니다. 그 자매는 제가 무슨 이야기를 하면 '예, 그렇습니다' 하지 않고, '목사님은 몰라서 그렇다'는 말이 입에 붙었습니다.

얼마 전에 부인회 때 그 자매가 간증을 했습니다. 딸이 고등학교 3학년인데 그림을 그린답니다. 미술학원 수강료가 두 달분 밀렸는데 130만 원이나 됐습니다. 생활이 어려워져 도저히 뒷받침할 수 없어서 딸에게 이야기를 했답니다.

"나는 더 이상 너를 학원에 보낼 수 없다. 이제 우리 집에 돈도 없고……."

그 동안 자매는 아이들이 원하는 대로 돈을 무절제하게 쓰는 버릇이 있었습니다. 교회에 연보하는 것은 아까워서 제대로 못해도, 쓸 것은 마구 쓰는 사람이었습니다. 그런데 세로 준 건물이 자꾸 낡아지고 요즘 한국 경제도 안 좋아서, 건물세로 들어오는 수입이 자꾸 줄어 생활이 어려워지기 시작했습니다.

자매는 바라는 소원 하나가, 자식들이 커서 '우리 엄마는 우리를 사랑했어. 우리가 요구하는 것을 하나도 거절하지 않았어. 비록 아버지는 계시지 않았지만, 엄마는 정말 우리만을 위해서 살았어.' 하는 소리를 듣고 싶었다는 것입니다. 그런데 자식들이 원하는 대로

해 주었는데도 아이들이 빗나가는 것을 보면서 어쩔 수 없었답니다. 아이들과 마음이 부딪치면서 '이 아이를 교회에 데려가야겠다' 는 생각으로 교회에 데리고 왔습니다. 그 아이는 교회에 오는 것을 소가 도살장에 끌려가는 것 만큼이나 싫어했습니다. 하지만 자매가 '이제 자식들의 요구를 다 들어 주지 않겠다' 고 마음을 정했습니다. 그래서 딸에게

"선미야, 이제 엄마는 네 과외비를 도저히 대줄 수 없다. 나는 네가 대학에 들어가도 좋고 안 들어가도 좋다. 경제적으로 어려워서 너를 과외 시킬 수 없다. 이제 우리는 먹는 것도 절약해야 하고, 입는 것도 절약해야 한다."

고 했답니다. 그 동안 돈을 늘 쓰다 보니, 큰 아파트를 팔아서 작은 아파트로 옮겼는데 그 남은 돈을 1년 동안에 다 써버린 겁니다.

그러면서 자매가 처음으로 주를 의지하게 되었습니다. 딸 선미를 위해서 기도했답니다. 얼마 후가 대학 입시여서, 학원을 찾아가서 원장 선생님을 만나 이야기했답니다.

"원장 선생님, 우리는 형편이 어려워져서 선미를 더 이상 학원에 보내기 어렵게 됐습니다. 원장 선생님이 우리 아이를 잘 가르쳐서 대학에 보내 주어도, 제가 드릴 것이 아무것도 없습니다."

자매가 전에는 그런 소리를 도저히 못했는데, 믿음이 일어나면서 원장 선생님에게 그런 이야기를 했습니다. "제게 아무것도 없고, 단 하나 드릴 게 있다면 이 책입니다." 하며, '죄 사함 거듭남의 비밀' 책을 한 권 주고 나왔습니다. 며칠 후 딸아이가 학원에 갔는데, 원장 선생님이 부르더니 "너 학원비는 전혀 생각하지 말고 와서 부지런히 그림을 그려라. 대학에 들어가야 하지 않겠냐?" 했답니다.

그러한 중에 딸에게도 자신에 대해 포기가 와서 마음이 변했습니다. 이제는 그 아이가 스스로 교회에 나오는데, '야, 해가 서쪽에서 뜨지, 저 애 얼굴이 교회에서 저렇게 밝냐?' 하며 저는 이해가 안 갑니다. 괴로워 몸을 비틀던 아이가 제 발로 걸어서 들어오는 겁니다.

그 자매는, 남편 없이 혼자서 아이들 넷을 키우면서 정말 자기 마음대로 살았습니다. 그러나 하나님께서 그 가정을 이끌기 위해서 자매에게 믿음을 가르치시고, 은혜 안으로 이끄시는 것을 보면 너무 놀랍습니다.

어떻게 그런 마음이 들었을까?

성경을 읽어 보면, 우리는 생각지도 못하는 일들을 하는 인물들을 많이 볼 수 있습니다.

'어떻게 열두 해 혈루증을 앓던 여자는, 예수님이 기도해 주지 않아도 그 뒤에서 옷자락만 만져도 자기 병이 낫겠다는 생각이 들었을까?'

'어떻게 38년 된 병자는 38년 동안 누워 있어서 자기 다리가 장작같이 메말라빠지고 아무 힘이 없었는데, 예수님이 말씀하신다고 자리를 들고 일어설 수 있었을까?'

'어떻게 시몬 베드로는 배와 그물과 잡은 고기를 그대로 두고, 예수님이 "나를 따라오너라. 내가 너로 사람 낚는 어부가 되게 하리라." 하셨다고 그냥 따라갈 수 있었을까?'

저는 성경을 읽으면 마음에 많은 의문이 일어납니다. '나는 그렇게 못하겠다' 는 마음이 듭니다.

한번은 제가 우리 교회에서 설교하면서 "여러분, 한밭중앙교회에는 박옥수 목사가 딱 맞습니다."라고 했습니다. 제가 생전 그런 소리를 안 하다가 그렇게 말하니까, 형제 자매들이 다 놀라서 쳐다보았습니다.

"한밭중앙교회 목사가 박옥수이기에 다행이지, 베드로가 이 교회 목사였으면 여기에 살아 남아 있을 사람 몇 명 없습니다."

제가 생각해 보았습니다. 아나니아와 삽비라가 땅을 팔아서 주님께 드리려고 가져오다 조금 감춰 놓고서 나머지를 전부라고 했다가 죽었습니다. 그 성경을 읽다 보면 제 마음은 베드로보다 아나니아와 훨씬 가까웠습니다. 저도 땅을 팔아서 다 드리려고 하면, '아이고, 다 드리고 난 뒤에 어려운 일이 생기면 어쩌나? 갑자기 병이 나면 어쩌나? 조금 남겨두고······.' 하는 생각이 들 겁니다.

'아나니아가 그렇게 했다고 죽일 필요까지 뭐 있나? 아나니아에게 그러지 말라고 하면서 좀 나무라고, "내가 다 안다. 일부를 장롱 밑에 감춰 놓았잖아. 감춰 놓은 게 얼마고, 여기 가져온 것이 얼마고 그렇잖아? 땅 팔 때 처음에 얼마 받으려고 했는데 좀 깎아서 얼마에 팔았잖아. 너 왜 거짓말해? 다시 그러지 마라." 하지.'

저 같으면 그렇게 하지, 죽으라고 하지 않았을 겁니다. 만약 뉴욕교회의 한 자매가 땅을 판 후 다른 데 쓰려고 돈을 좀 남겨놓고 나머지를 교회에 가져왔다고 합시다.

"땅 판 것이 이게 다냐?"

"예, 그렇습니다."

"어찌하여 사단이 네 마음에 들어가 그렇게 하였느냐?"

그래서 자매가 죽었다면, 뉴욕브니엘침례교회는 문을 닫아야 합니다. 안 그러겠어요? 사람들이 '거기에 가면 나도 내 명에 못 죽겠다. 그 정도 일로 죽으니까.' 할 겁니다.

한번은 성경에서 아간에 대한 이야기를 읽었습니다. 처음에는 그 이야기가 너무 이해되지 않았습니다. 여러분은 뉴욕에 살면서 때로는 좋은 차 타고, 좋은 음식 먹고, 좋은 옷 입으면서도 더 좋은 옷을 보면 또 사서 입고 싶은 마음이 들잖아요? 그런데 40년 동안 광야에서 삼베옷만 입고 살다가 전리품으로 시날산 외투를 얻었는데, 그것을 한번 입어 보고 싶은 마음이 왜 안 일어나겠습니까? 여러분이라도 그런 마음이 일어날 겁니다. 안 그렇습니까? '이것 감춰두었다가 우리 아들 한번 입혔으면 좋겠다. 딱 맞겠다. 너무 멋있겠다.' 싶었겠지요. 아간은 그것을 감추었다고 해서 죽었습니다. 정말 박옥수나 김창규 같은 사람이 목사라서 다행이지, 베드로가 목사였으면 여러분은 교회에 안 나오든지, 믿음에서 떠나든지, 죽든지 셋 중에 하나일 것입니다.

저는 성경을 읽으면, '어떻게 다말이 그런 마음을 가졌을까?' 하는 마음이 듭니다. 신앙의 세계는, 보이지 않는 것을 믿기 때문에 어렵습니다. 사업하는 사람들은 교회에 연보는 안 해도 사업에 투자하는 것은 아까워하지 않습니다. 농부들은 기근을 만나 굶어죽어 가면서도 땅에 뿌리는 씨를 아까워하지 않습니다. 그 씨를 뿌리면, 가을이 되어 삼십 배, 육십 배, 백 배의 결실을 맺기 때문입니다. 요즘은 농업이 발달해서 그보다 훨씬 많이 수확합니다.

다말이 씨를 얻을 수 있는 길이 어디에 있습니까? 엘도 끝났고, 오난도 끝났고, 셀라는 유다가 안 주려고 했습니다. 그러면 시아버지 유다에게서 씨를 얻어야 합니다. 그런데 며느리와 부정한 관계를 가지려고 하는 시아버지가 어디에 있겠습니까? 그것도 함께 잠만 자면 아들들이 죽어버리는 며느리였는데. 다말이 정상적으로는 시아버지와 동침해서 씨를 얻을 수 없습니다.

그러면 어떻게 해야 할까요? 다말이 창녀로 가장해서 시아버지의 씨를 얻기만 하면 됩니까? 그것도 쉽지 않은 것이, 그랬다가는 배가 불러올 때 음행했다는 죄목으로 불에 타 죽든지 돌에 맞아 죽게 됩니다. 다말의 생각은 아주 치밀했습니다. 다말은 과부의 의복을 벗고 창녀의 옷을 입었습니다. 당시의 창녀들은 얼굴을 가렸던 모양입니다. 면박으로 얼굴을 가리고 옷으로 몸을 휩싸고 길가에서 자기 시아버지를 기다렸습니다.

유다는 아내가 죽고 난 후에 외로웠는데, 자기 고향도 아닌 타지에 양털 깎으러 가서 창녀를 보자 마음이 끌렸습니다. 그래서 같이 자려고 다말에게로 들어갔습니다. 다말이 유다에게 이야기했습니다.

"나는 창녀이니 몸값으로 돈을 내놓으세요."

"내가 지금 가진 돈이 없는데, 나는 양을 치는 사람이니 염소 새끼를 한 마리 주면 안 되겠느냐?"

"좋아요. 그런데 나는 당신이 누구인지 모르니 염소 새끼를 줄 때까지 무슨 보증물을 내게 주세요."

"무슨 보증물을 주면 되겠느냐?"

"당신 손에 있는 지팡이와 도장과 그 끈을 주세요."

도장을 끈으로 꿰어 지팡이에다 묶어서 지팡이와 같이 들고 다니던 것인데, 다말이 그것을 달라고 한 것입니다. 그렇게 해서 동침을 했고, 다말은 임신을 했습니다. 그 지팡이와 끈과 도장, 그것으로 무슨 증거를 삼았습니까? 뱃속에 있는 아이의 아버지가 유다라는 사실을 꽉 확정해 놓아야, 나중에 시아버지가 자기를 죽이지 못하는 것입니다. 다말이 어쩌다가 그렇게 한 것이 아니라 그 부분에 대해 생각을 깊이 했던 것입니다.

오늘날 우리 신앙의 문제는, 우리가 성경 속에 있는 깊은 세계를 전혀 모른다는 것입니다. 대충 '예수 믿으면 천국에 간다. 예수님이 내 죄를 위해 죽었으니까 내가 죄 사함 받은 것이 맞다' 합니다. 사람들은 그처럼 자신이 천국에 갈 것이라고 생각하지만, 그 마음은 성경 속에 흐르는 마음의 세계와 너무 먼 거리에 있습니다. 그래서 하나님은 성경을 통해서, 하나님 앞에 은혜를 입고 복을 입은 사람들의 마음을 나타내고 있습니다.

예수 그리스도의 족보를 잇기 위한 다말의 마음은, 그냥 '교회 한 번 가 볼까? 연보 한번 할까? 금식 기도 한번 할까?' 하는 식의 마음이 아니었습니다. 다말은 유다 집안에 시집와서, 그 집안이 예수 그리스도의 족보를 잇는 귀한 집안이라는 사실을 알게 되었습니다. 아브라함으로부터 시작해서 이삭을 거쳐 야곱으로 말미암아 유다가 태어났고, 유다 다음에 족보를 이을 여자가 다말이었습니다. 그런데 마귀가 그걸 무너뜨리려고 했습니다.

오늘 오전에 우리는 인간의 방법과 계획이 다 무너질 때 하나님의 섭리가 나타난다는 이야기를 했습니다. 그 하나님의 섭리는 우리 생각과 전혀 다른 방법입니다.

12절에, "얼마 후에 유다의 아내 수아의 딸이 죽은지라. 유다가 위로를 받은 후 그 친구 아둘람 사람 히라와 함께 딤나로 올라가서 자기 양털을 깎는 자에게 이르렀더니"라고 했습니다. 다말에게 있어서 유다의 씨를 얻어 그리스도의 족보를 이을 수 있는 다시없는 기회였습니다. 그러나 다말은 마음에 그것을 받아들일 수 없었습니다. 자기 생각에도 안 맞고, 체면이나 자존심에도 용납되지 않는 일이었습니다. 아이를 가진다 할지라도 잘못하면 죽을지 모르는, 많은 문제가 있었습니다.

그런데 다말은 어떤 마음을 가졌기에 보통 사람이 도저히 상상할 수 없는 그런 방법으로 일을 할 수 있었습니까? 그것이 너무 귀한 것이었습니다. 어제 저녁에도 이야기했듯이, 저는 처음에 다말이 음탕한 여자인 줄 알았습니다. '얼마나 음탕한 여자였으면 시아버지를 다 유혹했을까?' 하고 정말 더러운 여자로 생각했습니다. 그런데 창세기 38장을 읽다 보니 '다말은 절대로 음탕한 여자가 아니다'는 사실을 알게 되었습니다. 다말이 정말 음란했다면, 진작 시아버지에게 이야기하고 젊은 남자에게 시집가서 얼마든지 삶을 즐기며 살았을 것입니다. 다말은 그렇게 하지 않았습니다. 다만 유다 집안의 씨를 얻어내야겠다는 마음에 이끌렸습니다.

성령의 이끌림을 받으면

성경을 좀더 깊은 각도에서 살펴보겠습니다. 성경에는 사람들 사이에서 일어나는 다툼이 많이 기록되어 있습니다. 사도행전 3장에서, 시몬 베드로가 성전 미문에 있던 앉은뱅이를 고쳤습니다. 이어서 큰 역사가 일어날 것 같은데, 4장에서 베드로는 감옥에 갇혔습니다. 왜 그랬습니까? 그 이유가 성경에 기록되어 있습니다.

"……제사장들과 성전 맡은 자와 사두개인들이 이르러 백성을 가르침과 예수를 들어 죽은 자 가운데서 부활하는 도 전함을 싫어하여 저희를 잡으매 날이 이미 저문 고로 이튿날까지 가두었으나"(행 4:1~3)

예수를 들어 복음을 증거하는 무리가 있고, 그 증거하는 것을 듣기 싫어하는 무리가 있었습니다.

성경에는 그런 이야기가 너무 많습니다. 창세기를 보면, 노아에게 세 아들 셈, 함, 야벳이 있었습니다. 어느 날 가나안의 아비 함이, 술에 취해서 벌거벗은 채 드러누워 있는 아버지 노아를 보았습니다. 사람이 술에 취하면 술버릇이 나타납니다. 노래를 부르며 동네방네 떠들면서 다니는 사람, 밤늦게 귀가해서 자는 아이들 깨워 밤새도록 잔소리하는 사람, 아무 데나 오줌 싸고 길바닥에 쓰러져 자는 사람, 집에 와서 그냥 조용히 자는 사람……. 술버릇 유형이 여러 가지인데, 노아는 벌거벗는 형인가 봅니다. 노아가 술을 마시고 벌거벗은 채 드러누워 있는 모습을 가나안의 아비 함이 보았습니다.

함은 "어, 우리 아버지가 벗었다. 다 보인다." 하고 떠들었습니다. 셈과 야벳은 아버지의 허물을 보지 않으려고 옷을 어깨에 걸치고 뒷걸음으로 가서 아버지의 허물을 덮어 주었습니다. 노아가 잠에서 깨어나 그 사실을 알고는 "가나안은 저주를 받아 종들의 종이 되기를 원하노라."고 했습니다. 저는 그런 말이 이해가 잘 안 됩니다. 자기 아들이 좀 그랬기로서니 어떻게 그런 저주를 합니까? '그건 너무 심했다. 아들이 좀 잘못했어도 아버지가 용납해 주지.' 하는 마음이 듭니다.

성경을 그냥 볼 때는 그렇게 생각되는데, 자세히 보면 다릅니다. 노아의 세 아들 중에서 하나님의 마음에 이끌림받는 사람이 있고, 사단의 마음에 이끌림받는 사람이 있다는 것입니다. 함의 행동은 그냥 아버지의 허물을 고한 것이 아니었습니다.

노아가 아니었으면 인류는 구원받지 못했습니다. 노아를 따르는 사람은 노아를 존경하는 마음이 있어야 따르기 쉽지, 경멸하고 업신여기면서 따르기는 너무 어렵습니다. 구원을 받고서 신앙생활을 계속하다 보면, 세월이 흐를수록 전보다 주님이 더 사랑스러워지고, 주님을 생각하면 더 감격스러워지고, 주님이 더 은혜롭게 여겨지는 마음이 자꾸 일어납니다. 그러면서 주님을 위하여 고난을 당하고, 핍박을 받고, 어려움을 겪는 것을 기쁨으로 여길 수 있습니다.

하나님의 능력의 말씀이 노아를 통해서 나타나는데, 사소한 일 같지만 사단은 그런 일을 통해서 함에게 있던 노아를 존경하는 마음을 깨뜨리려고 했습니다. 노아의 허물을 봄으로 말미암아 그를 따르는 믿음을 무너지게 해서, 노아를 통해 나오는 하나님의 말씀을 경멸히 여기게 하는 것입니다.

저를 이단이라고 말하는 사람들이 많습니다. 그 사람들이 하는 일은, 어쨌든지 박옥수 목사의 말을 받아들이지 못하도록 하려고 애씁니다. 제가 잘났거나 제가 하는 이야기가 훌륭해서가 아닙니다. 저는 망할지라도 저를 통해서 증거되는 하나님의 말씀은 여러분 마음에서 귀하게 높임받기를 바라는 것입니다.

노아는 함을 저주해 버렸습니다. 그것은 하나님이 함에게 있던 사단에게 속한 마음, 사단을 따르는 마음, 사단에 의한 마음을 저주해 버린 것입니다. 함과 달리 셈과 야벳은 옷을 들고 뒷걸음으로 가서 노아의 허물을 덮어 주었습니다. 셈과 야벳의 그런 행동은 그냥 한 것이 아니라 하나님의 마음에 이끌려서 한 것이었습니다.

성경에는 생각들이 항상 두 가지 양상으로 나타납니다. 다윗의 생각과 사울의 생각은 정반대로 흘렀습니다. 가인의 생각과 아벨의 생각도 정반대였습니다. 야곱의 생각의 흐름과 에서의 생각의 흐름 역시 전혀 다른 방향이었습니다. 왜냐하면, 한 사람은 사단에게 이끌림을 받았고 한 사람은 하나님에게 이끌림을 받았기 때문입니다.

하나님의 인도, 성령의 인도를 받는 사람들의 생각은 우리가 도저히 생각할 수 없는 세계로 흘러갑니다. 하나님이 우리를 그렇게 이끌기 원하십니다. 그래서 보편적인 생각 안에 있는 사람은 하나님의 인도를 받는 사람을 이해할 수 없습니다. 마태복음에 "의를 위하여 핍박을 받은 자는 복이 있나니, 천국이 저희 것임이라.(마 5:10)"는 말씀이 있습니다. 의를 전하는데 왜 핍박을 받습니까? 의를 그냥 전하는 것이 아니라 보통 사람들이 생각할 수 없는 세계에 속한 것을 증거하기 때문입니다. 그래서 사람들에게 이해가 잘 안 된다는 것입니다.

세상에서도 뛰어난 사람들의 자서전을 읽어 보면, 그들은 공통적으로 고독하고 외로웠습니다. 지구가 돈다는 사실을 처음으로 깨달은 사람은, 지구가 돈다는 사실을 자기 혼자만 깨달았습니다. 다른 사람들은 지구는 가만히 있고 태양이 돈다고 여겼고, 지구상에서 지구가 돈다는 생각을 가진 사람은 단 한 명뿐이었습니다. 그러니 누가 그 사람의 마음을 이해할 수 있겠습니까? 아무도 이해해 주지 않아서 그는 외로웠다는 것입니다. 그것이 맞는 진리인데, 아무도 자기와 생각을 같이하지 않으니 얼마나 고독했겠습니까?

세균이 있다는 사실을 제일 먼저 발견한 사람, 그도 외로움을 당했습니다. 아무도 그 사람의 논문을 인정해 주지 않았습니다.

"무슨 세균이 있어? 세균이라는 것이 뭐야? 도대체 그런 것이 어디에 있어? 아무리 봐도 없는데……."

뛰어난 사람들은 항상 고독했고 외로웠습니다.

성경을 읽어 보면, 하나님께 이끌림받는 사람들은 모든 사람들로부터 인정받는 것이 아니라, 그것을 이해하지 못하는 사람들에게 배척과 멸시를 받았습니다. 여러분이 교회에 나오면서 세상으로부터 멸시를 받지 않는 이유가 있다면, 믿지 않는 사람과 비슷한 생각의 틀 속에서 그냥 살고 있기 때문입니다. 여러분이 믿지 않는 사람과 달리 하나님의 세계에 가까이 가고 세상과 멀어질수록, 세상 사람들은 여러분을 비판하고 핍박하는 것입니다. "간음하는 여자들이여, 세상과 벗된 것이 하나님의 원수임을 알지 못하느뇨?"(약 4:4)라고 성경은 말하고 있습니다.

세상 사람들은 재물을 좋아하고 명예를 좋아합니다. 하지만 주님의 세계를 알고 나면, 재물보다 더 좋고, 명예보다 더 좋고, 세상의 쾌락보다 더 좋은 것을 발견하게 됩니다. 더 좋은 쪽으로 마음이 끌려가는 것은 당연합니다. 다만 아직 그 세계를 볼 만한 눈이 없는 사람들은 세상에 기대를 두고, 세상을 즐기고, 세상을 기뻐하는 것입니다.

우리가 자신을 정당화하며 성경을 적당히 읽어서 그렇지, 자세히 읽어 보면 성경 전체에 우리에게 이해 안 되는 이야기가 너무 많습니다. 한번은 제가 어떤 분과 성경 이야기를 했습니다. 그분이 웃으면서, "목사님 참 죄송한데요, 목사님이 하시는 말씀이 이해가 잘 안 갑니다." 했습니다. 그래서 제가 "너무 당연합니다. 제 이야기가 다 이해되면 저하고 같은 사람이 되어서 금방 구원받습니다. 구원받기 전에는 이해가 안 될 겁니다."라고 했습니다.

다말의 행동은 우리가 도저히 이해할 수 없는 것이었습니다. 우리가 다말 위치에 선다면, 다말이 했던 행동은 생각도 못할 것입니다. 차라리 예수님의 족보를 무시해버릴 것입니다. '그냥 다른 남자 만나서 인생을 즐기며 사는 거지' 하며, 그런 일은 상상도 안 할 것입니다. 그런 방법이 있다고 해도 여러분 마음에 그것이 용납되지 않을 것입니다.

'나는 그렇게 하나님 믿기 싫다. 저렇게 욕을 얻어먹어서 하나님께 무슨 영광이 되겠나? 하나님이 꼭 그런 방법으로 아들을 낳게 하겠나? 그것은 하나님이 기뻐하는 뜻이 아니다.'
그렇게 생각하면, 다말을 전혀 이해할 수 없습니다.

당신도 내가 가진 믿음을 가지십시오

제가 몇 년 전에 케냐에 간 적이 있습니다. 당시 케냐에 우리 선교사들이 두 명 있었는데, 케냐에서는 정부에 등록된 교회나 선교회에 속한 외국 선교사들에게만 비자를 줍니다. 그렇지 못한 외국 선교사들은 비자를 받지 못합니다. 케냐 정부에서는 외국 선교사들이 인도하는 교회는 등록도 받아 주지 않습니다.

세계 많은 선교사들이 아프리카로 가는데, 거의 대부분이 케냐의 나이로비에서 삽니다. 나이로비는 적도 근방의 도시지만 해발 1,600m의 고지에 있기 때문에, 일 년 중 가장 추울 때 온도가 15℃이고, 가장 더울 때는 25℃입니다. 기후도 좋고 살기에 참 좋습니다. 나이로비라는 도시에는 없는 것이 없습니다. 그래서 아프리카에 선교 간다고 하면 거의 나이로비에 모입니다.

그들이 케냐에서 비자를 얻으려면, 케냐인 교회에 소속되어야만 합니다. 그 교회에 속해서 활동한다는 조건으로 비자를 내줍니다. 차를 사거나 땅을 사도, 모두 등록된 교회의 이름으로 사야 합니다.

그러다가 그 교회 목사가 '당신은 우리 선교회에서 더 이상 일할 수 없어' 하면 다음날 쫓겨나는 겁니다. 재산은 그대로 두고 쫓겨납니다. 케냐에서 그렇게 쫓겨나는 선교사들이 수없이 많습니다. 그래서 케냐인 목사들은 아주 화려하게 삽니다. 목사들이 최고급 승용차를 한두 대 가지고 있는 것은 보통입니다. 별장 같은 집을 지어놓고 사는 모습을 보면, '미국 사람들도 저렇게 화려하게 살 수 있을까?' 싶을 정도입니다.

우리 선교사들도 둘이 케냐에 갔는데, 어떤 사람이 주선해 주어 기통가라는 목사가 인도하는 교회에 속해서 비자를 얻었습니다. 제가 케냐에 가니까 기통가 목사가 저를 만나자고 했습니다. 아프리카 목사들은 외국 선교사들을 사람으로 안 보고 돈 뭉치로 봅니다. 우리 선교회의 김종덕, 윤종수 선교사에게 비자를 받게 해 주었으니까 틀림없이 돈을 요구할 것 같았습니다.

돈을 안 주면 내쫓을 것이 뻔했기에 제 마음이 굉장히 부담스러웠습니다. 저녁에 잠이 안 왔습니다. 기통가 목사와 만나기로 한 날 새벽에 일찍 일어나 기도했습니다. 주님이 제 마음에 '김종덕, 윤종수 선교사를 케냐에 보낸 분은 하나님이다' 는 마음을 주셨습니다. '하나님이 이들을 보내셨다면 인간이 쫓아낼 수 없겠다' 는 마음이 드니 제가 돈을 줄 필요가 없었습니다. 아침을 먹고 김종덕 선교사와 통역할 심동수 선교사와 함께 기통가 목사를 찾아갔습니다.

기통가 목사는 아침부터 저를 기다리고 있었다면서, 음식을 차려 놓고 홍차를 마시면서 인사했습니다. 제가 인사를 건네자, "박 목사님이 훌륭한 목사님이라는 이야기를 많이 들었습니다. 이렇게 훌륭한 목사님을 만나게 되어서 너무 반갑습니다." 했습니다. 저에 대한 칭찬이 끝나고, 김종덕, 윤종수 선교사를 칭찬했습니다. "케냐에 많은 선교사들이 있지만, 이런 선교사들이 없습니다. 참 헌신적으로 일하는 젊은 선교사들입니다."

칭찬이 끝나자 다음 이야기가 시작되었습니다.

"목사님, 제가 예배당을 짓고 있는데 돈이 삼십만 달러가 필요합니다. 목사님이 좀 도와 주셔야겠습니다."

삼십만 달러가 필요하다는데, 삼만 달러 내놓아서는 그 사람 눈에 차지도 않을 것 같았습니다. 저는 여행할 때 경비만 좀 가지고 다니지, 그렇게 많은 돈을 가지고 다니지 않습니다. 그것으로 끝나는 줄 알았더니, 또 하는 이야기가 '빈민촌 전도를 하는데 십오만 달러가 필요하다'는 겁니다. 솔직히 속에서는 '이 도둑!' 하는 마음이 들었습니다. 죄송한 이야기지만 정말 그런 마음이 일어났습니다.

"박 목사님, 어쨌든지 기도하시는 가운데……."

그것은 반 협박이었습니다. '돈 내놓아라. 안 그러면 너희 선교사들 우리 교회에서 내쫓는다'는 이야기입니다. 케냐에서 선교하는 사람들 대부분이 그렇게 돈으로 선교하고 있습니다. 이야기가 다 끝났기에 제가 "죄송합니다만, 저는 미국인 선교사들이 와서 아프리카를 다 망쳐 놓았다고 생각합니다." 하고 입을 열었습니다.

미국 선교사들은 물자 선교를 합니다. 아프리카 정글에 새로운 미국을 하나 만듭니다. 배터리 냉장고를 사용하고, 또 연락만 하면 본국에서 필요한 것들을 비행기로 공수해 줍니다. 그처럼 돈을 풍족하게 쓰니까, 아프리카 사람들 눈에는 선교사가 돈 뭉치로 보이는 겁니다. '외국 선교사들 돈 많은데 우리가 좀 나눠 먹으면 어떠냐?' 하며 양심에 가책을 전혀 받지 않습니다.

제가 옛날에 대구 선교학교에서 신앙 훈련을 받았는데, 우리를 인도했던 선교사님들은 너무 가난했습니다. 선교사님도 굶고 우리도 굶으며 살았습니다. 그런데 대구 동산이라는 곳에 가면 장로교 선교부가 있었습니다. 거기에서는 선교사들이 완전히 작은 미국을 만들어 놓았습니다. 미제 자동차, 미제 세탁기, 미제 TV, 미제 냉장고, 미제 커피……. 그리고 선교사들은 한국인 요리사와 정원사를 두고, 경비하는 사람도 세워 놓았습니다. 그 사람들은 늘 선교사들한테 굽실굽실하며 돈이나 좀 얻어 살았습니다.

우리를 인도한 선교사님들은 그렇게 하지 않았습니다. 굶으면서 우리와 같이 살았습니다. '믿음을 배워라, 하나님을 의지해라, 하나님을 믿는 믿음으로 살아라'고 가르치며 실제로 그렇게 살았습니다. 그렇게 여러 해가 지나는 동안 우리는 하나님께 기도했고, 하나님이 선교할 수 있는 물질을 주시고, 수양관을 지을 수 있는 물질을 주셨습니다.

제가 누구에게도 돈을 요구하지 않았는데, 하나님께서 그때마다 물질을 채워 주셨습니다. 우리는 지금 아르헨티나의 부에노스아이레스와 케냐의 나이로비, 그리고 가나의 테마에 FM 방송국을 설립하려고 계획하고 있습니다. 제가 하나님께 기도하며 복음의 일을 하는 동안, 하나님은 한 번도 돈이 없어서 일을 못하게 하신 적은 없었습니다.

제가 기통가 목사에게 이런 간증을 계속 했습니다.

"기통가 목사님, 당신도 하나님의 복을 받고 싶으면 하나님만을 의지하십시오. 내 말을 따르십시오. 내가 가진 믿음을 가지십시오. 그러면 당신이 복을 받을 겁니다. …… 김종덕, 윤종수 선교사는 케냐 대통령이 내쫓으려 해도, 하나님이 허락하지 않으면 쫓겨나지 않습니다."

같이 갔던 김종덕 선교사가 깜짝 놀랐습니다. 설마 제가 그렇게까지 할 줄 몰랐기 때문입니다. 기통가 목사는 "박 목사님은 훌륭한 믿음을 가졌습니다." 하며 떨떠름한 얼굴로 인사를 하고는 자리를 떴습니다.

그 일 전에 기통가 목사가 저에게 연락해서 자기 교회에서 이틀 동안 집회를 해 달라고 했는데, 나중에 알고 보니 그것이 다 전시용(展示用)이었습니다. 돈을 주면 수백 명을 모아 집회를 하게 하고, 그 장면들을 사진으로 찍어서 한국에 보고하도록 해주는 것이었습니다. 저는 그것도 모르고 며칠 후 집회 날짜에 그 교회를 찾아갔습니다. 사람이 한 명도 없었습니다. 거기에 기통가 목사 비서가 있어서 '왜 사람이 없냐?'고 물으니 부목사에게 전화를 연결해 주었습니다. 부목사는 전화를 받더니 "아, 목사님 집회가 오늘이었습니까? 나는 다음주인 줄 알았습니다. 죄송합니다." 했습니다.

그제야 모든 상황을 알고서, 집회 하기로 한 그 시간에 미고리라는 정글에 들어가서 집회를 했습니다. 너무 은혜로웠습니다. 나이로비에서 600㎞ 정도 떨어진 곳인데, '미고리'라는 말은 '많은 모기떼'라는 뜻입니다. 우리는 그날 새벽 다섯 시에 출발해서 오후에야 미고리에 도착해, 정글의 한 촌에서 노방 전도를 했습니다. 저녁에는 집회를 가졌는데, 어느 집 마당에 4,5십 명쯤 모였습니다. 별이 반짝반짝 빛나는 하늘 아래에서 집회를 가졌습니다. 사람들이 너무 은혜롭게 말씀을 들었습니다. 다음날 아침에 보니, 전날 집회에 참석했던 사람들이 말씀을 더 듣고 싶어서 약속이나 한 듯 한 사람도 빠짐없이 다 모여 있었습니다. 그들이 집회를 한 주간 더 해 달라고 해서 김종덕 선교사와 윤종수 선교사가 하기로 했습니다.

밤늦게 잠자리에 들었다가, 저는 이튿날 새벽에 나이로비로 돌아왔는데 어떤 사람이 저를 찾아와 이렇게 말했습니다.

"목사님이 쓴 'Only By Jesus' Works'란 책을 읽었습니다. 이 교회에 다니는 제 손자가 이 책을 주었는데, 이런 말씀은 처음 보았습니다. 저는 종교등록청의 제일 높은 책임자인데, 기쁜소식선교회가 종교 등록을 얻도록 해주겠습니다."

그러면서 그분이 저에게 책에 사인해 달라고 해서 해 주었습니다.

저는 그렇게 케냐 집회를 마치고 비행기로 가나로 떠났습니다. 제가 떠나던 날, 기통가 목사가 '김종덕, 윤종수 선교사는 우리 교회 소속이 아니다'고 경찰에 신고해서 경찰이 두 선교사를 잡으러 케냐 교회에 갔습니다. 그런데 그날 두 선교사는 미고리 정글에서 집회를 하고 있었기 때문에 잡을 수 없었습니다. 경찰들이 할 수 없이 거기에 있던 현지인을 한 명 체포해 갔는데, 바로 종교등록청 책임자인 무가바나 씨의 손자였습니다.

무가바나 씨가 자기 손자가 잡혀갔다는 소식을 듣고는, 그 자리에서 기쁜소식선교회의 종교 등록 서류를 만들어 접수시켰습니다. 그리고 그 서류를 가지고 경찰에 가서 '이 선교회는 종교 등록 서류가 접수되어 있다'며 자기 손자를 풀어 주라고 했습니다. 종교 등록 서류가 접수되어 있는 동안에는 종교 활동을 할 수 있기 때문입니다. 기통가 목사가 우리 선교회의 종교 등록 서류가 접수된 사실을 알고 적극 반대했지만, 몇 달 후에 기적적인 방법으로 등록이 허락되었습니다. 보통 사람들이 이해할 수 없는 일들입니다. 하나님은 이런 일들을 계속해서 이루십니다.

　사람들은 교회에 다니면서 기도하고 연보 좀 하면 다 믿음을 가진 줄로 생각합니다. 그러나 하나님은 당신께 이끌림받는 자, 즉 성령에게 이끌림을 받는 사람을 당신의 아들이라고 하십니다. 성령의 이끌림을 받으면, 마음이 세상 사람들이 이해하지 못하는 쪽으로 흘러갑니다. 반대로 사단에게 이끌림을 받는 사람들은, 그 마음이 사단의 이끌림을 받는 세상과 함께 흘러갑니다. 사단이 우리 마음의 눈을 가려버려서, 우리 마음은 임시 보기 좋고, 먹기 좋고, 즐기는 쪽으로 흘러가는 것입니다.

　하나님께서는 은혜의 성령으로 우리 마음을 이끈다고 하셨습니다. 하나님의 이끌림을 받는 사람들은 세상 사람들로부터 손가락질과 멸시를 당합니다. 하나님은 우리를 사람들이 이해하지 못하는 믿음의 길로 인도합니다.

　다말이 한 일은 도저히 용납할 수도, 받아들일 수도 없는 일이었는데, 다말은 어떻게 그런 일을 할 수 있었습니까? 성령에게 이끌림을 받았기 때문입니다.

　하나님께서는 유다 집에 복을 주시려고 했는데, 엘이 하나님의 음성이 아닌 사단의 음성을 택했고, 오난도 그랬고, 유다도 그랬습니다. 하나님은 다말을 통해서 그 일을 이루시려고 성령으로 말미암아 다말에게 기회를 주셨고, 다말은 하나님의 뜻을 알았기 때문에 자기로서는 도저히 용납할 수 없는 일을 행했습니다. 그리하여 예수님의 족보를 잇는 일을 이루었습니다.

　마리아도 결혼하지 않고 아이를 낳는다는 것이 이해되었겠습니까? 세례 요한의 어머니가 늙어서 아기를 낳는다는 것이 이해되었겠습니까? 아브라함의 아내 사라도, 늙은 사람이 아이를 낳을 것이라는 말을 들었을 때 이해할 수 있었겠습니까? 하나님은 우리를 이해할 수 없는 방법으로 이끄십니다. 하나님의 이끌림을 받는 사람은 세상 사람처럼 인간적인 방법으로 사는 사람이 되지 않습니다. 그런 사람들은 그 시대 사람들에게 이해를 받지 못했습니다.

지구가 돈다는 사실을 먼저 깨달은 사람은 외로웠고 배척당했습니다. 세균이 있다는 사실을 처음 발견한 사람도 그랬습니다. 뛰어난 인물들은 일반인들이 생각지 못하는 생각을 했기 때문에 항상 고독하고 외로웠습니다. 우리는 하나님의 귀한 일을 보편적인 생각으로 이해해서는 안 됩니다. 내 생각을 버리고 하나님의 마음에 이끌림을 받을 때, 우리 생각도 하나님의 깊은 경지에 머물며 복을 받을 수 있습니다.

4. 저주 위에 임하는 구원

4. 저주 위에 임하는 구원

창세기 38장 12절 말씀부터 읽겠습니다.
"얼마 후에 유다의 아내 수아의 딸이 죽은지라. 유다가 위로를 받은 후에 그 친구 아둘람 사람 히라와 함께 딤나로 올라가서 자기 양털 깎는 자에게 이르렀더니, 혹이 다말에게 고하되 '네 시부가 자기 양털을 깎으려고 딤나에 올라왔다' 한지라. 그가 그 과부의 의복을 벗고 면박으로 얼굴을 가리고 몸을 휩싸고 딤나 길곁 에나임 문에 앉으니, 이는 셀라가 장성함을 보았어도 자기를 그의 아내로 주지 않음을 인함이라. 그가 얼굴을 가리웠으므로 유다가 그를 보고 창녀로 여겨 길곁으로 그에게 나아가 가로되 '청컨대 나로 네게 들어가게 하라' 하니 그 자부인줄 알지 못하였음이라. 그가 가로되 '당신이 무엇을 주고 내게 들어오려느냐?' 유다가 가로되 '내가 내 떼에서 염소 새끼를 주리라.' 그가 가로되 '당신이 그것을 줄 때까지 약조물을 주겠느냐?' 유다가 가로되 '무슨 약조물을 네게 주랴?' 그가 가로되 '당신의 도장과 그 끈과 당신의 손에 있는 지팡이로 하라.' 유다가 그것들을 그에게 주고 그에게로 들어갔더니, 그가 유다로 말미암아 잉태하였더라. 그가 일어나 떠나가서 그 면박을 벗고 과부의 의복을 도로 입으니라. 유다가 그 친구 아둘람 사람의 손에 부탁하여 염소 새끼를 보내고 그 여인의 손에서 약조물을 찾으려 하였으나, 그가 그 여인을 찾지 못한지라. 그가 그 곳 사람에게 물어 가로되 '길곁 에나임에 있던 창녀가 어디 있느냐?' 그들이 가로되 '여기는 창녀가 없느니라.' 그가 유다에게로 돌아와 가로되 '내가 그를 찾지 못하고 그 곳 사람도 이르기를 여기는 창녀가 없다 하더라.' 유다가 가로되 '그로 그것을 가지게 두라. 우리가 부끄러움을 당할까 하노라. 내가 이 염소 새끼를 보내었으나 그대가 그를 찾지 못하였느니라.' 석 달쯤 후에 혹이 유다에게 고하여 가로되 '네 며느리 다말이 행음하였고 그 행음함을 인하여 잉태하였느니라.' 유다가 가로되 '그를 끌어내어 불사르라.' 여인이 끌려나갈 때에 보내어 시부에게 이르되 '이 물건 임자로 말미암아 잉태하였나이다. 청컨대 보소서. 이 도장과 그 끈과 지팡이가 뉘 것이니이까?' 한지라. 유다가 그것들을 알아보고 가로되 '그는 나보다 옳도다. 내가 그를 내 아들 셀라에게 주지 아니하였음이로다' 하고, 다시는 그를 가까이 하지 아니하였더라."

30절 말씀까지 읽었습니다.

육체 밖에서 보면

우리는 다말에 관한 이야기를 나누고 있습니다. 다말이 들으면 귀가 가려울 것 같습니다. '성경에 다른 이야기도 많은데, 왜 자꾸 내 이야기를 하냐?'고 할 것 같은 생각도 해봅니다. 그러나 다말은 우리가 자기 이야기 하는 것을 참 좋아할 것입니다. 창세기 38장에서 다말의 생애를 통해 단순히 그리스도의 계보가 이어지는 과정을 이야기하는 것 같지만, 하나님은 그것을 성경에 기록해서 그 속에 숨겨진 구원의 비밀을 우리에게 말해 주고 있습니다. 그렇기 때문에 다말은 사람들이 성경의 어떤 이야기보다 자기 이야기를 듣고 구원받으면 더 기뻐할 것입니다.

한번은 다윗이 우리아의 아내와 간음한 이야기를 설교하면서 '다윗이 이 설교를 들으면 뭐라고 할까?' 하고 생각해 보았습니다. "박 목사, 전도할 이야기가 그렇게 없나, 또 그 이야기하게? 어쩌다 죄 한번 지었는데 창피해서 못살겠다." 다윗이 절대로 그렇게 말할 것 같지 않았습니다. 자기를 세우려고 할 때는 그런 이야기가 나올 수 있지만, 자신의 허물을 통해 하나님이 나타나고 그리스도의 구원의 비밀이 나타난다면 굉장히 기뻐할 것 같았습니다.

저는 그렇지 않은 것 같으면서도 저에 대한 관심이 참 많습니다. 오늘 아침에 전도자들이 모여서 성경 말씀을 나눌 때, 제가 이런 이야기를 잠깐 했습니다. "만일 내가 이 육체를 벗어나 육체 밖에서 누워 있는 나의 시체를 본다면 뭐라고 말하겠는가?" 지금은 육체 안에 머물러 있지만, 어느 날엔가 제 영혼이 육체 안에 살지 않을 것을 생각하면 얼마나 감사한지 모릅니다. 육체에 얽매여서 주를 기쁘게 하지도 못하고 영적으로 마음껏 살지도 못했는데, 육체에서 벗어나 육체 밖에서 누워 있는 제 육체를 보면 매우 후회할 것 같은 생각이 들었습니다.

'내가 저것에게 매여서 일생을 종노릇했구나. 저것을 만족시키려고, 저것이 기뻐하는 대로 하려고 주님도 못 섬기고……. 내가 어찌 욕망에 매이고 흙덩어리한테 매여서 일생을 종노릇했던가!'

저뿐 아니라 많은 사람들이 말을 할 때 그냥 하는 것 같아도 자기에게 유리한 쪽으로, 자기를 높이는 쪽으로 이야기합니다. 자기의 추하고 더러운 면은 어찌 그리 잘 가리는지……. 대부분의 사람들이 자기 하나 세우려다 일생을 다 보내고 맙니다. 마지막에 죽어서 육체 밖에서 자기를 볼 때, 후회를 많이 할 것입니다. '육체, 이게 뭔데, 이걸 섬기느라고 내 일생을 다 허비했구나' 싶은 마음이 들 것입니다.

다말처럼 자존심 좀 버리고 체면 좀 버리고 자기 기준 하나 버린다면, 하나님께서 우리를 통해 얼마든지 당신의 뜻을 이루실 줄 믿습니다.

그러면 나도 죽겠구나

성경에는 구원에 관한 이야기들이 아주 많고, 또 거기에는 공통된 부분들이 많습니다. 창세기 38장의 다말, 요한복음 4장의 사마리아 여자, 요한복음 8장의 간음한 여자……. 저는 어쩌다 보니 그런 여자들과 친해졌습니다. 세상에서는 그런 여자들과 친하면 굉장히 악하게 여깁니다. 그들은 표면적으로 꺼림칙한 여자지만, 저는 그들에게서 아름답고 귀한 부분들을 발견했습니다. 그래서 저는 뉴욕에 며칠 머무는 동안 늘 다말과 교제했습니다. 다말의 마음도 한번 살펴보고, 다말의 생각도 생각해 보았습니다.

분명히 다말은 자기 남편 아닌 다른 남자를 유혹해서 간음했고, 아이까지 가진 여자였습니다. 그 당시는 아직 율법이 내려오기 전이었는데, 성경을 보면 그런 여자는 돌로 때려 죽이든지 활로 쏘아 죽이기 마련이었습니다. 유다는 다말을 불에 태워 죽이고자 했습니다. 불태워 죽이려고 장작더미를 쌓았습니다. 다말을 꽁꽁 묶어서 장작더미 위에 올려놓고 불을 붙이면, 다말은 타죽을 수밖에 없었습니다.

요한복음 8장에서, 간음 중에 잡힌 여자가 끌려와서 예수님을 만났습니다. 서기관들과 바리새인들이 그 여자를 끌고와서 예수님께 말했습니다. "선생이여, 이 여자가 간음하다가 현장에서 잡혔나이다. 모세는 이러한 여자를 돌로 치라 명하였거니와 선생은 어떻게 말하겠나이까?" 아주 재미있는 것이, 분명히 그 여자는 간음하다가 잡혔고 이제 곧 돌에 맞아 죽을 위치에 있었습니다. 사람들이 손에 돌맹이를 들고 있었습니다. 그런데 거기서 구원을 받더라는 것입니다. 간음한 것도 사실이고, 돌에 맞아 죽을 수밖에 없는 것도 사실인데, 죽지 않고 구원을 받았습니다.

성경에는 그런 이야기가 많습니다. 예수님이 십자가에서 돌아가실 때 멸망받아야 할 한 강도가 구원받는 이야기도 있습니다. 오늘 읽은 말씀에서도 다말은 분명히 불태워져 죽어야 하는데, 그에게 구원이 임했습니다. 저는 여기서 그 구원 이야기를 한번 해보려고 합니다.

저는 올 후반기에 여름 수양회 후 인천·대전·광주·강릉, 그리고 서울 88 체육관에서 집회를 인도했고, 지금 뉴욕 집회가 여섯 번째입니다. 이제 LA에서 하면 일곱 번을 하게 됩니다. 올 후반기 집회 일정이 그렇게 잡혔습니다. 제가 뉴욕에서 한 주간 동안 아홉 시간 말씀을 전하는데, 그 내용은 '우리가 어떻게 죄를 사함받고 구원을 받는가?' 하는 것입니다. 그러나 여러분이 여기에 참석했다고 해서 다 구원을 받는 것은 아닙니다.

만약 이 집회에 참석한 모든 사람들이 구원을 받는다면, 박옥수 목사가 예수님보다 낫고 바울보다 낫다는 이야기지요. 바울이 전하는 말씀을 듣고 구원받지 않은 사람들이 있었고, 예수님의 말씀을 듣고도 대적하는 사람들이 있었습니다. 왜 예수님의 말씀을 다 같이 들어도, 어떤 사람은 구원을 받고 어떤 사람은 저주를 받습니까?

한번은 예수님이 어느 집에 계셨는데, 사람들이 너무 많고 복잡해서 집 안으로 들어가고 싶어도 들어갈 수 없었습니다. 그때 중풍병자를 메고 온 사람들이 지붕을 뚫고 그 병자를 달아내렸습니다. 예수님은 그들의 믿음을 보시고 중풍병자에게 "네 죄 사함을 받았느니라."고 하셨습니다. 주님의 그 말씀이 중풍병자에게는 너무 은혜로웠고 능력이 되었습니다. 그런데 서기관들은 그 말씀을 듣고서 '이 사람이 참람하도다. 하나님 한 분 외에 누가 능히 죄를 사하겠느냐?' 하면서 예수님을 판단했습니다. 또 예수님을 비방하는 사람들도 있었습니다. 어떤 사람은 주님의 말씀을 듣고서 구원을 받고, 어떤 사람은 말씀을 듣고도 멸망 속에 빠져 있었습니다.

창세기에 기록된 노아의 홍수 역시 구원에 관한 이야기입니다. 창세기 6장을 읽어 보면, 하나님께서 사람의 죄악이 세상에 관영함과 그 마음의 생각의 모든 계획이 항상 악할 뿐임을 보시고, 물로 땅과 함께 인간을 쓸어버리기로 작정하셨습니다. 하나님의 마음에 죄악된 인간을 향해서 심판이 솟아나고 저주가 나타나기 시작했습니다. 멸망이 하나님의 마음에서 나와 죄악된 인간들을 향해 달렸습니다. 어느 날 하나님이 노아에게 '사람의 죄악이 세상에 관영하고 그 마음에 강포가 가득하므로 내가 그들을 물로 땅과 함께 멸하리라'고 말씀하셨습니다. 그 이야기를 들었을 때 노아의 마음에 죽음이 와버렸습니다.

'그렇다면 내가 멸망을 받아 죽을 수밖에 없구나. 나도 죄를 지은 인간인데……. 맞아, 이 세대가 너무 악해. 이 세상은 죄악으로 가득 차 있어. 하나님이 세상을 물로 멸하시는 것은 너무 당연한 거야. 그러면 다 죽겠구나. 나도 죽겠구나.'

노아의 마음에 저주가 찾아오고, 죽음이 임했습니다. 세상을 물로 심판하려는 하나님의 마음, 그 마음이 말씀을 들으면서 노아 마음에 임해버렸습니다. 하나님의 말씀으로 인해 노아에게 저주와 멸망과 두려움이 온 것입니다.

그런데 하나님께서 노아에게 또 말씀하셨습니다.

"너는 잣나무로 너를 위하여 방주를 짓되 그 안에 간들을 막고 역청으로 그 안팎에 칠하라. 그 방주의 제도는 이러하니 장이 삼백 규빗, 광이 오십 규빗, 고가 삼십 규빗이며, 거기 창을 내되 위에서부터 한 규빗에 내고 그 문은 옆으로 내고 상중하 삼층으로 할지니라."(창 6:14~16)

노아 마음에 저주와 죽음이 먼저 왔고, 그 후에 방주라는 구원의 길이 마음에 들어와서 방주가 만들어졌던 것입니다.

노아는 하나님의 말씀을 하나님과 같은 마음으로 사람들에게 증거했습니다.

"여러분 들어 보십시오. 하나님이 내게 말씀하시기를, 우리의 죄악이 세상에 관영하고 강포가 가득하므로 이 땅을 멸망시킨다고 하셨습니다. 우리 같이 방주를 만듭시다."

노아가 한 그 말은 하나님의 말씀이었습니다. 분명히 노아에게 저주와 멸망을 가져온 하나님의 말씀이었는데, 다른 사람들은 그 말씀을 들으면서도 그 마음에 저주가 오지 않았습니다. 멸망이 찾아오지 않았습니다.

"어, 재미있는 이야기인데! 하나님이 세상을 물로 심판하신단다. 야, 무섭다. 우리 방주 만들자. 종이 가져와라. 종이배 만들자."

만약 그 사람들 마음에 하나님의 말씀이 와서 저주가 임했다면 구원도 임했을 것입니다.

여기가 하늘나라냐, 땅이냐?

우리 선교회에서는 매년 강가에 있는 송호 솔밭에서 여름 수양회를 가지는데, 작년에도 거기에서 수양회를 가졌습니다. 수양회 때마다 전도자들이 한 주 전에 모여 미리 준비를 합니다. 청소도 하고, 소독도 하고, 화장실도 만들고, 잡초도 제거하고, 벌집도 제거하고, 뱀도 잡아내고……. 수도 일 하는 사람, 가스로 밥하는 사람……, 목회자들이 다 그런 일들을 합니다. 보통 아침에는 성경 공부를 하고, 점심 후 저녁때까지 작업을 합니다.

하루는 작업을 마칠 때가 되어서, 전도사님 한 분이 일을 마무리하고 강가에 몸을 씻으러 갔습니다. 물밑이 자갈밭이라 미끄럽고 물살도 센데, 전도사님이 슬리퍼를 신고 들어갔다가 미끄러지면서 슬리퍼가 떠내려갔습니다. 그것을 잡을 듯 잡을 듯하다가 못 잡고 자꾸 놓쳤습니다. '저쪽은 깊은데 이번에 한 번만 더 해보고 안 되면 그만두자' 하고 손을 내뻗었다가 그만 물살에 떠밀려 깊은 데로 쓸려들어가 버렸습니다.

그 전도사님은 바닷가에 살았으면서도 수영을 전혀 못했습니다. 물에 빠지니까 처음에는 코로 물이 들어가서 너무 고통스러웠는데 어느 정도 시간이 지나면서 평안해지더랍니다. 정신을 잃어 가는 과정이지요. 그러는 중에도 '물에 빠졌을 때 건지러 들어오는 사람을 끌어안으면 둘 다 죽는다'는 사실이 생각나 '누가 나를 건지러 오면 붙잡지 말아야지' 하고 생각했답니다. 마침 근처에 있던 어떤 전도사님이 그걸 보았습니다. 그 전도사님은 수영을 할 수 있어서 구하러 들어갔지만, 빠진 사람이 자기를 잡을까봐 겁이 나서 발로 몇 차례 밖으로 밀어냈습니다. 하지만 물살이 너무 세서 밀려나오지 않고 둘 다 지쳐갔습니다. 결국 구하러 들어간 전도사님만 물 밖으로 나왔습니다.

그때 마침 어떤 낚시꾼이 차를 타고 낚시할 곳을 찾으러 지나가다가 그 장면을 보고는 곧장 차에서 내려 물에 뛰어들었습니다. 그 사람은 수영을 잘하는 사람인데도, 물살이 세서 결국 지쳐버렸습니다. 그러고 있는 중에 솔밭 끝에서 일하던 전도자들이 일을 마치고 밧줄을 가지고 오다가 그 모습을 보고는 얼른 달려왔습니다. 낚시꾼이 허리에 그 밧줄을 묶고 다시 물에 뛰어들어 전도사님을 안아 끌어냈습니다. 죽기 일보 직전이었습니다.

사람을 건져 놓고 보니까 공짜라고 물을 너무 마셔서 배가 불룩하게 됐는데, 엎어 놓으니 물을 다 토했습니다. 인공 호흡을 시켜서 한참만에 의식이 돌아왔습니다. 그 전도사님이 깨어나서 하는 말이 '여기가 하늘나라냐, 땅이냐?' 하고 구분을 못했답니다. 물에 빠졌을 때 '아, 내가 죽는구나' 하면서 정신을 잃었던 것입니다. 전도자들에게 둘러 쌓여 있다가 마침내 정신을 차리고 살아났습니다.

그분은 거의 죽었다가 살아났습니다. 우리는 길을 걸어도 그냥 가는데, 그 전도사님은 두 발로 이 땅을 밟는 것이 너무 감사하다고 합니다. 자기 아내를 보면서도 너무 감사해 하고, 아이들을 보면서도 너무 감사해 하고, 수양회 진행하는 것을 보면서도 너무 감사해 했습니다. 왜 그렇습니까? 그 마음에 정말 죽음이 한번 왔던 것입니다.

'내가 이렇게 죽는구나, 이제 죽는구나' 하는 생각이 들면서 자기가 죽는 것을 알았습니다. 못 깨어났으면 죽는 겁니다. 그 후 1년이 지나 다시 수양회가 돌아오자 그분은 자기가 살아서 아이들 손을 잡고 그 곳에 올 수 있다는 것을 너무 신기해 했습니다. 똑같은 사람인데 그분이 우리와 다른 점이 뭐냐 하면, 그 마음에 죽음이 한번 왔다는 것입니다. 그래서 모든 것이 새로운 것입니다.

　창세기 6, 7장에서, 왜 노아 가족 외에 다른 사람들은 모두 멸망을 당했습니까? 노아는 하나님의 말씀을 들을 때 그 마음에 죽음이 왔습니다.

　'그렇구나. 하나님의 말씀대로 죄악이 땅에 관영하고, 강포가 가득하고, 사람이 마음에서 생각하는 모든 것이 항상 악할 뿐이구나. 그렇다면 하나님께서 우리를 멸망시키는 것은 너무 당연하구나. 우리는 물로 멸망당하겠구나.'

하고 죽음이 그 마음에 임했습니다. 저주와 멸망이 그 마음에 찾아왔습니다. 그래서 노아는 사람들에게 "여러분, 함께 방주를 만듭시다. 하나님이 물로 세상을 심판한다고 하셨습니다."라고 말할 수밖에 없었습니다.

　노아가 저주, 심판, 멸망을 이야기했을 때, 사람들은 모두 웃었습니다. 하나님의 말씀이 세상에 임했을 때 노아 마음에 저주가 왔던 것과 달리 그들 마음에는 저주가 오지 않았기 때문입니다. 그것이 달랐습니다.

　성경을 보면, 구원이 임하기 전에 저주와 멸망이 먼저 임합니다. 구원은 저주에서 구원이고, 멸망에서 구원이며, 죄에서 구원이기 때문입니다. 죄도 없고, 저주도, 멸망도 받지 않을 사람들에게는 구원이 웃음거리밖에 되지 않습니다. 그래서 노아가 사람들에게 방주를 만들자고 했을 때, 방주 안으로 함께 들어가자고 했을 때, 그들은 웃고 말았습니다. 왜요? 저주가 안 왔는데 도대체 무슨 구원이 오겠습니까?

　요한복음 8장에 나오는 간음한 여자의 경우도 그렇습니다. 서기관들과 바리새인들이 간음한 여자를 잡아 주님 앞에 세우고 말했습니다.

　"선생이여, 이 여자가 간음하다 현장에서 잡혔습니다. 모세는 율법에 이러한 여자를 돌로 치라 명하였거니와 선생은 어떻게 말하겠나이까?"

　그 이야기를 들을 때 여자 마음에 저주가 왔습니다. 그 여자에게 '나는 멸망을 받을 수밖에 없구나. 나는 저주를 받을 수밖에 없구나. 나는 죽을 수밖에 없구나!' 하는 마음이 왔습니다.

　오늘날도 "예수 믿으세요. 예수님이 당신의 모든 죄를 사했습니다. 당신을 구원했습니다." 하면, 사람들은 "아 그래요? 그러면 죄 막 지어도 되겠네요?" 합니다. 왜 그렇습니까? 그 마음에 멸망이 오지 않아 구원을 사모하는 마음이 없기 때문입니다. 어떤 사람은 '구원 한번 받아 볼까?' 하고, 심지어 어떤 사람은 "기왕 구원을 줄 바에야 1원 더 보태서 10원을 주지." 합니다. 감히 어떻게 그런 말을 할 수 있습니까? 마음에 저주가 오지 않았기 때문입니다.

구원의 약조물

　성경에서 다말 이야기를 읽어 보면, 다말은 지혜가 있고, 결단성이 있고, 또 해야 할 것은 과감하게 하는 사람입니다. 제가 엘에게 물어 보고 싶을 정도입니다.

"엘, 나와 교제 좀 하자. 너 다말같이 그렇게 훌륭한 여자와 살면서 어떻게……."

저는 믿음 면에서 다말 같은 여자를 아직까지 만나 보지 못했습니다. 다말이 자기 앞에 닥칠 멸망을 마음에 미리 경험하고 그 문제를 정확하게 처리해서 이끌어 나가는 모습을 보면 너무 놀랍습니다.

불이 나서 집이 다 탔다고 해서 불을 사용하지 않는 사람은 없습니다. 그 불에 사랑하는 가족을 잃어서 '불은 이제 나의 원수다. 불 안 쓴다' 하는 사람은 한 명도 없습니다. 자기 가족이 물에 빠져 죽었다고 해서 물을 안 마시는 사람도 없습니다. 홍수가 나서 집이 떠내려갔다고 해서 '물이 원수다. 죽어도 물 안 마신다' 하는 사람 아직 한 번도 못 봤습니다. 불이 무서워도 필요하기 때문에 커피도 끓이고, 보일러도 가동하고, 자동차도 운행합니다. 불이 정말 위험하고 부담스러워도 필요하기 때문에, 피해를 입지 않도록 가스렌지 안에만 불이 있게 해서 사용합니다. 물도, 물로 인한 위험을 당하지 않기 위해서 미리 수도꼭지를 설치해 놓고 사용합니다.

다말은 자기 시아버지의 씨를 얻어 아이를 가졌을 때 닥칠 일들을 생각해 보았습니다. 여자들이 아이를 가지게 되면 배가 불러옵니다. 다말이 닥치는 대로 산 것이 아니라 분명히 깊이 생각했을 것입니다. '아기를 가지게 되면 3개월, 4개월, 5개월이 지나면서 배가 불러올 거야. 그러면 사람들 눈에 띄겠지.' 다말은 그렇게 되면 분명히 자기가 불에 태워져 죽는다는 사실을 알았습니다. 다말은 시아버지의 씨를 얻기 전에 이 모든 일을 마음에서 계산했습니다. 다시 말하면, 아이를 가졌을 때 닥쳐올 죽음이 마음에 미리 와서 '이 죽음부터 처리해야겠다' 는 마음이 들었습니다.

다말은 그냥 유다의 씨를 얻기만 하면 되는 것이 아니라 그 앞에 어려운 일들이 겹겹이 있었습니다. 시아버지와 관계를 갖는 것 자체도 부담스럽지만, 시아버지가 알면 절대 자기와 동침하지 않을 것이기에 창녀로 가장했습니다. 창녀가 유혹한다고 사람들이 다 끌리는 것도 아닌데, 마침 시어머니가 죽었으니까 시아버지가 외롭고 여자 생각도 날 것이라는 사실들이 미리 계산되었습니다. 결코 쉬운 일이 아니었습니다.

오늘 읽은 성경에서, 다말이 과부의 의복을 벗고 창녀의 의복을 입었습니다. 그 당시 창녀들은 면박으로 얼굴을 다 가렸던 모양입니다. 다말은 면박으로 얼굴을 가리고는 시아버지가 지나갈 때 으슥한 골목에서 그를 유혹했습니다. 목소리를 알아들으면 안 되니까 다른 목소리로 유혹했을 것입니다. 일이 잘 진행되었다고 해서 다말이 바로 동침하지 않았습니다.

"당신이 나와 동침하고서 대가로 무엇을 주겠습니까?"

"그래, 무엇을 줄까? 나는 목축을 하니까 염소 새끼 한 마리를 주면 되겠냐?"

"그러면 당신이 염소 새끼를 줄 때까지 약조물을 주세요."

"약조물은 무엇으로 할까?"

"당신 손에 들고 있는 지팡이와 도장과 끈을 약조물로 나에게 맡겨 놓고, 당신이 염소 새끼를 가져오면 이것들을 돌려주면 되겠지요?"

그렇게 지팡이와 도장과 끈을 맡고서 다말은 유다와 동침했습니다. 그리고 유다는 돌아갔습니다.

　유다가 창녀와 잔 것이 창피했던 모양입니다. 그래서 가까운 친구에게 염소 새끼를 주며 그 약조물들을 찾아오라고 부탁했습니다. 그 친구가 염소 새끼를 끌고 에나임 길곁으로 갔습니다. 하지만 아무리 두리번거려도 창녀가 안 보였습니다. 할 수 없이 길 가는 사람에게 '이 근방에 창녀가 있다고 들었는데 그 집이 어디냐' 고 물었습니다. 그러자 그들이 '무슨 소리를 하느냐? 우리 동네에는 창녀가 없다. 그런 소리 하지 마라' 고 대답했습니다. 유다의 친구는 염소 새끼를 몰고 다시 돌아왔습니다.

　"왜 물건들은 안 찾아 오고 염소 새끼를 다시 가져왔냐?"
　"거기엔 창녀가 없다고 하더라."
　"그냥 놔둬라. 또 찾다가 괜히 부끄러움만 당하겠다."

　과연 다말은 염소 새끼를 원했을까요, 도장과 끈과 지팡이를 원했을까요? 다말이 유다의 씨를 얻어서 임신하게 되면 배가 불러지고, 그것이 소문이 나면 남편 없는 여자가 아이를 가졌는데 간음을 안 했다고 할 수 없는 것입니다. 그러면 불태워 죽여도 할 말이 없는 거지요.

　실제로 그렇게 소문이 났습니다. 석 달쯤 지나자 배가 좀 불렀던 모양입니다. 다말이 임신했다는 소문이 동네방네 돌았습니다. 유다가 그 소문을 들었습니다. "뭐, 내 며느리가 임신을 했어? 고얀 것 같으니라고." 유다는 자기가 그랬는지 몰랐습니다. 그래서 당장 들판 한쪽에 캠프파이어 하듯이 장작더미를 쌓아 놓고 다말을 잡아오게 했습니다.

　실제로 불에 타 죽을 날이 오기 전에 다말 마음에 이날이 왔었습니다. 이날을 위한 준비가 다 되어 있었습니다. 다말이 유다 앞에 끌려가서 재판을 받습니다. 유다가 대청 마루 끝에 앉아서 "너 이년. 이 가문에 들어와서 어찌 음탕한 짓을 했는고?" 하면서 고함을 치고, 다말은 아무 말도 하지 않고 고개만 숙이고 있었습니다.

"당장에 이 여자를 불태워 죽여라. 무엇들 하느냐!"
"아버님, 드릴 말씀이 있습니다."
"너 같은 여자가 무슨 입이 살았다고 할 말이 있다는 거냐?"
"다름이 아니오라, 이 뱃속에 있는 아기의 아버지가 누구인지 밝히고 죽겠습니다."
"그놈이 누구란 말이냐?"
"이 지팡이, 이 끈, 이 도장의 임자로 말미암아 아기를 가졌는데, 이것이 누구 것인지 한번 보십시오."

유다가 그것을 보는 순간 현기증이 났을 것입니다. 여러분 안 그렇겠습니까? 유다가 깜짝 놀랐습니다. '저 지팡이 저거 내 건데, 그러면 그때 그 창녀가……. 세상에 내가 그것도 모르고…….' 그리고 유다가 말하기를 "그는 나보다 옳도다." 했습니다.

'옳다'는 순수한 우리말인데 한자(漢字)로 번역하면 '의롭다'는 말입니다. 찬송가에 보면,

나 같은 죄인이 용서함 받아서
주 앞에 옳은 사람 됨을

이라는 가사가 있습니다. '의인이 된 것은'이라고 번역해야 하는데, 구원을 못 받은 사람이 번역하니까 '의인'이라는 말이 부담스러워서

'옳은 사람 됨을'이라고 했습니다. '옳은 사람'이라는 말이 의인(義人)이라는 말입니다.

유다가 약조물들을 보고서 뉘우쳤습니다.

"잠깐, 장작에 불을 붙이지 마라. 이 여자가 참 옳도다."

다말의 의(義)가 나타난 것입니다. 그 의로 말미암아 심판이 떠나가 버렸습니다.

"셀라가 장성했으니 셀라를 주어야 하는데, 셀라로 말미암아 아기를 갖게 해야 하는데……. 이건 다말의 잘못이 아니다. 내가 내 생각을 따라서 잘못했다. 이 여자를 죽이지 마라."

그렇게 심판이 물러가버린 것입니다.

다말이 무엇 때문에 구원을 얻었습니까? 다말의 마음에 심판이 먼저 왔기 때문입니다. 오늘날 사람들이 복음을 들어도 구원받지 못하는 이유는 마음의 위치가 심판 앞에 서 있지 않기 때문입니다.

나도 빛을 봤소

제 아들이 올해 스물 일곱 살인데, 그 애가 태어나던 해에 경북 영천군 청통면 호당리에서 수양회를 가졌습니다. 그때 연세가 일흔 아홉 되신 목사님 한 분이 참석했는데, 그분이 이런 말씀을 했습니다.

"나는 목사로서 지어서는 안 될 죄를 지었소. 그 죄 때문에 18년 동안 고통을 당했소."

저는 '어느 죄는 지어서 될 죄가 있나? 다 지어서는 안 될 죄지' 싶습니다. 하여튼 그분이 죄는 한 번 지었는데 18년 동안 고통당하며 살았습니다. 그분이 18년 동안 늘 부른 찬송이,

> 길도 없이 거친 넓은 들에서
> 갈길 못 찾아 애쓰며
> 이리저리로 헤매는 내 모양
> 저 원수 조롱하도다

였습니다. '교인들이 죄를 지으면 목사를 찾는데, 목사가 죄를 지으면 어떻게 해야 하느냐?'는 것이었습니다. 자기도 하나님 앞에서 한 영혼이고 한 사람인데, 그 죄를 해결할 길이 없다는 것이었습니다.

> 나의 사랑하는 선한 목자는
> 어느 꽃다운 동산에
> 양의 무리와 한가지 하셔서
> 기쁨을 함께하실까

늘 울면서 찬송하고, '나는 죄인이다'는 생각에 빠져 지내다가 우리 수양회에 참석했던 것입니다.

수양회 장소가 잠실(蠶室)이었는데, 저와 그분이 한 방을 썼습니다. 첫날 잠자리에서 제가 "목사님은 거듭나셨습니까?" 하고 물었습니다.

"나 거듭났구만."

"어떻게 거듭나셨습니까?" 하고 물으니까, 그해에 당신의 딸 환갑잔치를 했는데, 그 딸이 "아버지 거듭났는교?" 하고 묻더랍니다.

"왜 묻노?"

"저 어제 저녁에 거듭났습니더. 자는데 갑자기 온 몸이 뜨겁고 눈물이 나고 해서 거듭났습니더."

그 어른이 자기에게는 그런 경험이 없어서 딸인데도 시기가 났습니다. 그리고 얼마 후, 어느 날 밤에 자기에게도 그런 경험이 왔습니다. 갑자기 지난 죄가 활동 사진처럼 생각이 나고, 눈물 콧물이 나고 방에서 막 뒹굴었습니다. 그 목사님이 그 이야기를 하며 자신이 거듭났다고 했습니다. 거듭나는 게 뭔지 모르는 사람들은 그런 것을 거듭난 것으로 인정하지만, 아는 사람들에게는 우스운 이야기입니다.

그날 밤에는 그 정도만 이야기하고 잤습니다. 이튿날 말씀을 전할 때 저도 모르게 그 목사님에게 마음이 쏠렸습니다. 오전 성경 공부를 마치고 점심식사 후 산기슭에서 좀 쉬는데 누가 저를 불렀습니다. 그분이 가시려고 한다는 것이었습니다.

"아니, 목사님. 왜 가시려고 하십니까? 좀 계시다 가시지요."

"나 가누마(가네)."

"목사님, 바쁘지 않다고 하시지 않았습니까? 집회 마치고 가세요."

너무 안타까워서 그 목사님을 붙들자 그분이 "박 목사." 하면서 지팡이를 막 휘둘렀습니다. 나중에 알고 보니 제가 말씀을 전하는 중에 그분 비위를 건드렸던 것입니다.

"박 목사. 내가 속이 컬컬해서 위로를 받으러 왔더니 위로는 안 해 주고 말이야. 여기가 권투 도장이야, 태권도장이야? 사람을 이리 치고 저리 치고 도리깨로 타작하듯이 치고 말이지."

하면서 간다고 소리를 쳤습니다. 제가 그 어른을 도저히 그냥 보낼 수 없었습니다. 그분 연세가 일흔 아홉인데 세상을 언제 떠날지 모른다는 생각이 들었습니다.

어떤 때는 복음을 전할 때 조심하다가 결정적인 순간이 되면 그때는 체면도 없이 맞붙습니다. 바로 그런 상황이 되었습니다.

"목사님, 제가 볼 때 목사님은 거듭난 게 아닙니다. 목사님, 세상 떠나시면 지옥에 갑니다. 거기서 목사님 교회 교인들을 만나면 목사님을 대접해줄 줄 압니까? '내가 저 엉터리 가짜 목사 때문에 속아서 지옥에 왔다'고 물어뜯고 난리 납니다. 지옥에서 제일 불쌍한 사람이 목사입니다. 가짜 목사."

묵묵히 걸어가시는데 한 100미터 가량 따라가면서, 그 어른이 귀가 어두워서 귀에 대고 고함을 지르며 이야기했습니다. 속에 있는 말을 다 해버렸습니다. 그 말이 맞는 말이었습니다. 그분이 그 이야기를 들으면서 자기 죄가 생각났습니다. '나는 목사로서 지어서는 안 될 죄를 지었는데, 아직 그 죄를 씻음받지 못했는데…….' 지옥에 대한 두려움이 그 목사님을 엄습했습니다. 그 목사님이 가만히 생각해 보니까, 자기 마음에 죄가 있어서 지옥에 가겠다는 마음이 들었습니다. 정말 그 마음에 멸망이 임해버렸습니다.

그분이 더 못 가고 그 자리에 섰습니다. 그리고 가방에서 성경책을 꺼내더니 가방을 풀밭에 놓고 계속 이야기하는 제게 "박 목사, 여기 좀 앉으소." 하였습니다. 참 감사했습니다. 제가 나이 많은 할아버지 목사님의 가방을 어떻게 깔고 앉습니까? 그래서 제 손수건을 꺼내 펴놓고 그 위에 목사님을 앉게 하고, 로마서를 강해했습니다. 로마서 1장, 2장, 3장, 4장, 5장. 5장 마지막 부분 "율법이 가입한 것은 범죄를 더하게 하려 함이라. 그러나 죄가 더한 곳에 은혜가 더욱 넘쳤나니"(롬 5:20)에서 멈추었습니다. 그분이 마음에서 '죄는 은혜를 얻기 위한 조건이구나.' 하면서, 지금까지 미워했던 그 죄가 자기를 은혜로 이끄는 것을 깨달았습니다. 그 다음 6장에 들어와서, "……은혜를 더하게 하려고 죄에 거하겠느뇨. 그럴 수 없느니라. 죄에 대하여 죽은 우리가 어찌 그 가운데 더 살리요.(롬 6:1,2)" 하는 말씀이 그 마음에 들어가면서, 그분이 "박 목사, 잠깐. 됐어. 됐다!" 했습니다. 그분이 그 순간 죄에서 해방을 받았습니다. 그렇게 지팡이를 짚고 내려가시던 노인이 뛰어서 다시 올라왔습니다.

수양회 장소에서는 오후 성경 공부 시간이 되어 형제 자매들이 모여 강사를 기다리면서 찬송을 부르고 있었습니다. 그 어른이 강단 위로 후닥닥 올라가더니 "나도 봤소. 나도 빛을 봤소! 나도 구원을 받았소." 하고 간증을 했습니다. 그날 간증을 다 기억은 못하지만 거기에 모인 사람들의 마음을 다 녹였습니다.

그분이 죄 때문에 그렇게 오랫동안 고통당하면서도 마음에 멸망이 오지 않았던 것입니다. 그런데 그날 "목사님은 지옥에 갑니다."라는 말이 마음에 들어갔습니다. 누가 멸망을 사모하겠습니까? 누가 멸망을 좋아하겠습니까? 누가 멸망을 원하겠습니까? 다 싫어합니다. 그러나 멸망이 마음에 들어오면 '어찌할꼬.' 하는 마음도 들어옵니다. 그 목사님이 '내가 어찌해야 될꼬. 어찌할꼬?' 할 그때에 그리스도의 구원의 복음이 그 마음에 들어가면서 죄에서 해방을 받아버렸습니다.

그분이 집에 돌아가서 아들과 며느리에게 "닷새 전에 집을 나갔던 느그 애비는 죽었다. 지금 나는 전의 애비가 아니다." 하고 이야기했습니다. 그분이 변했습니다. "무슨 그런 말씀을 하십니까?" 아들 내외는 무슨 말인지 이해가 되지 않았습니다. 그 말뜻을 모르지요. 아들을 시켜서 집을 팔고 대구에 있던 우리 교회 옆으로 이사를 왔습니다. 매일 새벽마다 교회에 와서 기도하며 "하나님, 다른 사람 다 데려가시고 이 늙은 것을 왜 안 데려가시나 했더니, 이런 구원을 주시려고……." 하면서 감격의 눈물을 흘렸습니다.

가려진 영원한 세계

노아 시대에 방주가 다 만들어지고 홍수 곧 멸망이 바로 눈앞에 왔는데도, 사단은 사람들의 마음을 속였습니다. 사람들은 "뭐가 와. 미친 소리 하고 있네." 하며 구원에 대해서 아무 관심이 없었습니다. 구원을 받고 싶은 마음이 없었습니다. 사단은 오늘날도 사람들을 속입니다. 우리 마음의 죄가 해결되지 못하면 영원한 멸망인데도, 아무리 복음을 들어도 그냥 지식이나 이론으로 알게 할 따름입니다. 그런 사람들에게는 구원이 이루어지지 않습니다. 사람들은 우리 눈에 보이는 현실 세계만을 인정해 왔기 때문에, 눈에 보이지 않는 세계는 아련한 꿈 같은 세상으로 알아 '천국이 있겠지, 지옥이 있겠지.' 그 정도로 생각합니다.

다말은 이미 아이를 가진 뒤에 일어날 일들을 알았고, 마음에 사망이 왔었습니다. 그런데 사단이 요즘 사람들에게는 내일을 생각하지 못하게 했습니다. 어떤 사람이 말하기를, '어제'와 '오늘'이라는 낱말은 순우리말인데 '내일(來日)'이라는 말은 순수한 우리말이 없다고 했습니다. 학자들이 한국말 속에서 내일이라는 다른 말을 찾아 보려고 애를 썼지만 한자(漢子)로 된 내일이라는 말은 있는데 순수한 우리말 내일이 없다는 사실이 안타까웠다고 합니다. '내일'은 순수한 한국말이 아닙니다. 한자에서 따온 말입니다. 한국 사람들에게는 과거도 있고, 현재도 존재하는데, 내일은 생각하지 않은 것입니다. 그저 지나간 어제의 섭섭한 일들, 원통한 일들, 억울한 일들을 생각하고, 오늘 현실을 살기에 바빠서 내일 닥칠 문제를 대비하지 못하고 사는 한국 사람들, 그래서 내일이라는 단어가 없다고 합니다.

정말 어느 날 우리에게 죽음이 오고, 영혼은 하나님의 심판대 앞에서 서야 합니다. 그때 죄가 씻겨져 있지 않으면 영원한 멸망을 당해야 합니다. 그런데 사단이 우리 마음에서 그 사실을 다 흐려 놓았기 때문에, 실제로는 지옥에 가야 할 위치에 놓인 사람이면서도 그 마음에 저주나 멸망이 임하지 않는 것입니다. 그러니 예수 믿는 것이 형식적으로 변해버린 것입니다. 오늘 이 시대는 사람들이 천국도 믿지 않고 지옥도 믿지 않는 시대입니다.

여러분의 죄가 손톱만큼이라도 남아 있다면 여러분은 영원한 지옥불에 들어가야 합니다. 만일 여러분이 감옥에 들어가 10년 동안 살아야 한다면 고민하지 않겠습니까? 구원받지 못하면 그런 감옥에 가는 것이 아닙니다. 지옥, 영원히 꺼지지 않는 불 속에서 고통을 당해야 합니다. 이것은 이론이 아니라 죄를 사함받지 못한 모든 사람들에게 임하는 사실입니다. 오늘날 교회에서는 지옥에 대해 그냥 이야기거리로밖에 말하지 않습니다. 사람들이 지옥에 대해 모르니까 두려워하지도 않고 마음에 심판이 임하지도 않습니다.

다말이 시아버지의 씨를 얻었다고 해서 그것으로 만족하고 말았다면 불에 타 죽었을 것입니다. 다말은 멀리 있는 심판을 마음에 당겨서 미리 가 보았습니다.

'아, 그렇게 되면 내가 분명히 불에 타 죽겠구나. 그러면 아이도 타 죽겠구나.'

다말은 시아버지의 씨를 얻되, 심판을 피하기 위해서 도장과 끈과 지팡이를 간직했다는 것입니다. 그로 인해서 다말은 심판에서 벗어날 수 있었습니다.

누구라도 저주를 받을 수밖에 없는 자신의 모습을 정확하게 알면 구원받지 않을 사람은 아무도 없습니다. 마음에 멸망이 오지 않아서 구원이 오지 않는 것입니다. 심판이 오지 않아서 생명이 오지 않고, 저주가 오지 않아서 복이 오지 않는 것입니다.

노아 홍수 시대에 어떤 사람이 죽었습니까? 심판이 마음에 오지 않았던 사람은 심판을 당했고, 심판이 마음에 왔던 사람은 심판을 피했습니다. 오늘도 똑같습니다. 여러분 마음속에 영원한 지옥의 형벌이 임하지 않으면 구원이 오기 어렵습니다. 그러나 '나는 죄인이다. 내가 참으로 심판을 받을 수밖에 없구나. 난 죽으면 지옥 가겠구나.' 하는 사실이 마음에 찾아오면 구원을 받을 수밖에 없습니다. 다말에게는 심판이 왔습니다. 그래서 구원을 받았습니다. 여러분도 죄를 사함받지 못했다면, 심판을 받는다는 사실을 깨닫고 거기에서 벗어나는 구원을 얻으시기 바랍니다.

5. 생명의 약조물

5. 생명의 약조물

창세기 38장 24절 말씀부터 읽겠습니다.
"석 달쯤 후에 혹이 유다에게 고하여 가로되, '네 며느리 다말이 행음하였고 그 행음함을 인하여 잉태하였느니라.' 유다가 가로되, '그를 끌어내어 불사르라.' 여인이 끌려나갈 때에 보내어 시부에게 이르되 '이 물건 임자로 말미암아 잉태하였나이다. 청컨대 보소서' 이 도장과 그 끈과 지팡이가 뉘 것이니이까?' 한지라. 유다가 그것들을 알아보고 가로되 '그는 나보다 옳도다. 내가 그를 내 아들 셀라에게 주지 아니하였음이로다.' 하고 다시는 그를 가까이하지 아니하였더라. 임산하여 보니 쌍태라. 해산할 때에 손이 나오는지라. 산파가 가로되 '이는 먼저 나온 자라.' 하고 홍사를 가져 그 손에 매었더니 그 손을 도로 들이며 그 형제가 나오는지라. 산파가 가로되 '네가 어찌하여 터치고 나오느냐?' 한 고로 그 이름을 베레스라 불렀고, 그 형제 곧 손에 홍사 있는 자가 뒤에 나오니 그 이름을 세라라 불렀더라."
30절까지 읽었습니다

이제 끈 새끼줄에 엽전을 꿰게

옛날에 큰 부자가 있었습니다. 이 부자 집에는 종들이 굉장히 많았는데, 그중 몇 명이 종살이 기간이 다 끝나서 내보낼 때가 되었습니다. 이제 내일이면 나가게 되어 그 종들은 너무나 기뻤습니다.

"아, 내일이면 집으로 간다! 아들이 많이 자랐겠지. 마누라에게 무슨 선물을 가져갈까?"

그날 저녁에 종들이 전부 모여서 다음날 떠날 준비들을 하며 돌아갈 고향 이야기로 꽃을 피우고 있었습니다. 그때 "자네들 있는가?" 하면서 문이 열리더니 주인이 들어왔습니다. 종들이 자리를 정돈하고서 주인을 바라보고 앉았습니다. 주인은,

"자네들 그 동안 수고 많았네. 내일이면 고향으로 돌아가니 얼마나 기쁘겠는가. 자네들이 오늘 저녁에 마지막으로 할 일이 하나 남아 있네."

하더니, 젓가락을 하나 내놓으며 옆에 있는 짚단을 가리키면서

"저기 짚이 많이 있는데, 저 짚을 가져다가 새끼를 꼬아 주게. 이 젓가락만큼 가늘고 여물게 길게 꼬아 주게. 내 마지막 부탁이네."

하고는 나가버렸습니다.

주인이 나가자마자 종들이 "하여간 우리 주인 영감은 알아 줘야 돼. 세상에, 내일 집에 가는데 마지막날 하루 노는 것을 못 봐서 부려먹네. 저런 구두쇠 영감이 세상 어디에 또 있나!" 하며 투덜투덜 불평을 했습니다. 그런데 그중 한 사람이 "여보게들, 우리가 이제까

지 주인집에서 일해 왔고 오늘이 마지막날인데, 오늘 일 좀 한다고 탈나겠는가? 새끼를 꼬세." 하고는 짚을 추려서 주인이 말한 대로 가느다랗고 여물게 새끼를 꼬기 시작하는 것입니다. 그러니까 다른 종들은 "너는 어찌 그리 충성이냐? 난 못하겠다." 하고 불평하면서도, 다들 마지못해 새끼를 대충 꼬기 시작했습니다.

먼저 새끼를 꼬기 시작한 종은 가늘게 열심히 꼬았습니다. 가늘게 꼬면 열심히 해도 양이 조금밖에 되지 않습니다. 그러니까 다른 종들은 "주인이 짚신을 삼으려고 그러나? 왜 새끼를 가늘게 꼬라고 그래!" 하면서 대충 슬슬 굵게 꼬았습니다. 그렇게 꼬아 놓고는, 술을 한 잔씩 하고 잠을 잤습니다.

이튿날 아침에 주인이 와서는, "자네들 아직 자는가?" 하고 종들을 깨웠습니다. 종들이 속으로는 불평을 하면서도 겉으로는 공손하게 인사를 했습니다.

"아이고, 주인님. 잘 주무셨습니까?"

"그래, 새끼는 좀 꼬았는가?"

"예, 뭐 좀 꼬기는 꼬았는데……."

"그럼 자네들이 꼰 새끼를 들고 다 나를 따라오게."

충실하게 새끼를 꼰 종은 몇 발이나 되는 가느다란 새끼줄을 들고 가는데, 다른 종들은 대충 굵직하게 꼰 새끼줄을 들고 갔습니다. '오늘이 마지막 날인데, 새끼를 이렇게 꼬았다고 설마 우리를 두들겨 패겠나? 욕이나 하고 말겠지.' 하면서 가느다랗게 새끼를 꼰 종 뒤를 슬슬 따라갔습니다. 주인은 종들을 데리고 광으로 가서 광 문을 열고 촛불을 켜더니, 종들을 데리고 안으로 들어갔습니다.

종들이 그 집에서 여러 해 종살이를 했지만, 그 동안 광에는 한 번도 들어가 본 적이 없었습니다. 광 문을 열고 안으로 들어가니까 안에 또 문이 있는데 자물쇠로 굳게 잠겨 있었습니다. 주인이 허리춤에 있는 열쇠로 자물쇠를 열고 들어가자 문이 또 하나 있었습니다. 주인이 또 허리춤의 열쇠로 그 문을 열자 어두컴컴한 데에 뭐가 잔뜩 쌓여 있었습니다. 주인이 촛불을 들고 그 안으로 들어가는데, 세상에 그 큰 광에 엽전이 가득 쌓여 있는 것입니다. 주인이 종들을 돌아보며 말했습니다.

"자네들, 우리 집에 와서 여러 해 수고했네. 이제 집으로 돌아가면 부모님도 계시고 처자식도 있을 텐데, 어떻게 빈손으로 가겠는가? 어제 저녁에 꼰 새끼줄에다가 여기에 있는 엽전을 꿸 수 있는 만큼 꿰어 가지고 집으로 돌아가게나."

그러니까 가늘고 여물고 길게 새끼를 꼰 종은 거기에 엽전을 얼마나 많이 꿸 수 있습니까? 너무 많아 도저히 그냥 들 수 없어서 지게를 가지고 와서 지게에 실었습니다. 엽전이 지게에 한 짐이 되었습니다. 그런데 새끼를 굵직하게 대충 꼬아 놓은 종들은, 엽전을 꿰려고 해도 그 새끼줄에 들어가야지요. 여러분, 엽전 보신 적 있습니까? 엽전 구멍은 아주 작습니다. 종들이 아무리 엽전을 새끼줄에 꿰려고 해도 안 들어가는 겁니다. 욕심은 많은데 돈을 못 가져가는 것입니다. 그래서 다들 정신없이 새끼를 풀어서 다시 꼬아 겨우 짤막한 새끼줄 서너 개를 만들어 거기에 엽전을 꿰었습니다. 그것을 가지고 들고 나오는데 분하기 짝이 없었습니다.

나와서 보니, 주인의 말대로 새끼를 꼰 종의 엽전은 한 짐이 되었습니다. 다른 종들이 배가 아프고 분해도 할 수 없지요. 하여간 그 종은 엽전을 실은 지게 위에 보자기를 씌워 지고 집으로 가서, 논밭

사서 잘살았다는 이야기가 있습니다.

종들이, 주인이 새끼를 꼬라고 했을 때 그 이유를 정확하게 알았다면 밤잠 안 자고 새끼를 가늘고 튼튼하게 꼬았을 것입니다. 그 사실을 정확하게 알았다면 종들이 주인을 욕했겠습니까?

"어이구, 우리 주인 구두쇠 영감, 하여간 못 말려. 징글맞아. 하루 저녁 남은 것 일을 못 부려먹어서……. 저 영감은 죽지도 않나? 에이그, 그래도 내일이면 끝난다."

그랬겠습니까?

주인의 마음을 정확하게 몰랐던 종들은, '내일 집에 돌아가는데, 설마 새끼 좀 굵게 꼬았다고 때려 죽이기라도 하겠나? 대충 꼬아 놓고 놀다가 일찍 자자.' 그랬습니다. 그러나 주인의 마음을 아는 종이라면 절대 그럴 수 없습니다. 그러니까 종들이 주인의 마음을 잘 모를 때에는 주인의 말에 순종해야 합니다.

사람들이 성경을 펴놓고 읽지만, 성경이 재미가 없습니다. 성경에서 무슨 이야기를 하는지 전혀 모릅니다. 성경 이야기는 그냥 이야기가 아니라, 하나님의 마음이 담긴 이야기이기 때문입니다. 전능하신 하나님이 우리를 사랑하시는 그 큰 사랑, 그 사랑의 크기와 깊이와 넓이는 측량할 수 없습니다. 하나님은 우리를 향해 큰 사랑을 가지고 계시는데, 우리는 그 사랑을 몰라서 고통 속에서, 어려움 속에서, 고난 속에서 삶을 살아가고 있습니다. 하나님은 성경 말씀을 통해 우리를 사랑하는 당신의 마음을 표현하셨습니다. 성경 말씀 속에는 하나님의 사랑이 감추어져 있습니다.

어떤 총각이 한 아가씨를 혼자서 너무 사랑한다고 해봅시다. 짝사랑한 거지요. 미국 분들은 짝사랑이라는 것을 잘 모르지요. 한국에는 "갑돌이와 갑순이"라는 노래가 있습니다. 여러분 그 노래 아십니까? 제가 노래를 잘 부르면 한번 불러보겠는데…….

> 갑순이와 갑돌이는 한 마을에 살았더래요
> 둘이는 서로서로 사랑을 했더래요
> 그러나 둘이는 마음뿐이래요
> 겉으로는 으으응 으으응 으으으응
> 안 그런 척했더래요

미국 사람들에게 이런 이야기를 하면 이해를 못합니다. '사랑하는데 어떻게 안 그런 척하느냐?' 하지요. 하여튼 어느 총각이 한 처녀를 짝사랑했습니다. 어느 날 처녀가 업무적으로 총각에게 이야기할 일이 있었습니다. 총각은 그 이야기를 들으면서, 처녀가 냉정하게 업무적인 이야기만 하는 것이 아니라 좀 다정하고 관심 있는 투로 이야기하면 속이 타오르는 것입니다. '이 아가씨가 나를 사랑하는 것이 아닌가……!'

그러다가 어느 날, 총각이 아가씨에게 사랑한다는 말은 차마 못하고 견디지 못해 편지를 썼습니다. 거기에 자기 마음을 그대로 기록해서 사랑하는 아가씨에게 보냈습니다. 며칠 후에 정중하게 사랑을 거절하는 내용의 답장이 왔습니다. 총각은 그 답장을 읽으면서, '이건 아닐 거야. 처녀가 부끄러워서 어떻게 사랑한다고 말할 수 있겠어.' 하고, 글 속에서 처녀의 마음 안에 있을 사랑을 발견하려고 편지를 닳도록 읽고 외우고 했습니다. 여러분, 만약 그 편지에 표면적으로는 거절하는 말이 있지만 이면적으로 처녀가 총각을 사랑하는 마음이 숨겨져 있다면, 총각이 얼마나 행복한 마음에 젖겠습니까?

우리가 성경 말씀을 읽는 것이 그렇습니다. "하나님이 세상을 이처럼 사랑하사"나 '하나님이 당신의 독생자를 죽이실 만큼 우리를 사랑하셨다'고 표현된 말씀이 있습니다. 그러나 그것 말고, 성경 속에서 우리를 뜨겁게 사랑하신 하나님의 사랑을 느낀다면, 말씀 속에 숨겨져 있는 하나님의 마음을 안다면, 변화되지 않을 사람이 없습니다. 그 사랑을 깊이 깨달으면 변화되지 않을 사람이 아무도 없습니다.

하나님께서는 성경 속에서 하나님의 사랑을 아무나 쉽게 이해할 수 있도록 하시지 않았습니다. 그래서 여러분이 성경을 읽을 때 글이나 내용을 모르는 것이 아닌데, 그 내용이 자기 마음 같지 않은 것입니다. 그러나 텔레비전은 일하다가 잠깐만 봐도 이해가 잘 갑니다. 그냥 드러누워서 별 생각 없이 봐도 다 이해가 갑니다.

제가 여기에 올 때 비행기에서 영화를 보았습니다. 중국의 한 공주가 미국으로 납치되어 갔는데 중국에서 쿵후를 하는 사람이 구하러 간 내용이었습니다. 제가 화장실에 다녀와서 잠깐 봐도 재미가 있었습니다. 누워 있다가 '아직 안 끝났나?' 하고 보아도 재미있고 마음이 금방 끌려갑니다. 여러분 그렇지요? 내용을 이해하려고 기도하거나 마음을 모으지 않아도 됩니다. 그런 영화는 앞뒤 내용을 전혀 모르고 한 장면만 봐도 재미가 있습니다.

텔레비전에서 방영하는 연속극을 보면, 앞뒤 내용을 모르고 짤막하게 한 장면만 봐도 귀가 끌립니다. 정말 사람들의 마음을 끄는 대사를 합니다. 그런 것을 보면 '작가는 작가다'라는 마음이 듭니다. 그런 대사는 영화나 소설에서나 통하지, 생활 속에서는 낯간지러워서 못 듣습니다. 그건 다 지어낸 내용이지요. 작가들이 직접 경험해 보지도 않았으면서 상상해서 글을 쓰는 경우가 많습니다. 그 내용이 영화가 되고 연극이 되는 것입니다.

그런데 하나님은 당신의 사랑을, 보물찾기할 때 보물을 숨겨놓듯이 성경 속에 깊이 숨겨 놓았습니다. 제가 목사지만 분주한 일에 빠져 지내다가 성경을 읽을 때가 있습니다.

"도움을 구하러 애굽에 내려가는 자는 화 있을진저……"
하며, 두세 장 읽다 보면 전화가 옵니다. 전화를 끊고 나서 다시 성경을 보면, '내가 어디까지 읽었지?' 그럽니다. 어디까지 읽었는지, 무슨 내용이었는지 생각이 나지 않는 것입니다. 제가 그런다고 하니까 여러분이 기뻐하네요. 아마 '목사도 저런데 나야 오죽하려고?' 하시는 것 같습니다. 어떤 때는 하루종일 조용히 성경을 읽으려고 마음먹고서, 안방 문을 닫고 성경 앞에 앉을 때가 있습니다. 분명히 책장은 한 장 두 장 넘어가고, 헬라어나 히브리어가 아닌 한국말로 된 성경을 읽는데 눈에 들어오지 않을 때가 있습니다. 그냥 장수만 넘어가는 것입니다.

제가 여러분에게 성경 읽는 비법을 하나 가르쳐 드리겠습니다. 저는 성경을 읽을 때 다 이해하려고 하지 않습니다. 우리가 성경 내용의 줄거리는 압니다. 예수님께서 보리떡 다섯 개로 오천 명을 먹이신 이야기, 물로 포도주를 만드신 이야기, 여호수아가 여리고 성을 함락시킨 이야기…….

제가 지난 여름에 이스라엘에 갔을 때 구석구석 다녔습니다. 특히 창세기 38장에 나오는, 다말이 창녀의 옷을 입고 에나임 길곁에 있었다는 딤나에도 가 보았습니다. 그 곳에서 '다말이 창녀의 옷을 입고 어디에 있었을까? 유다가 어디로 지나가다가 만났을까?' 그런 상상을 해보았습니다.

하여튼 저는 아침에 일어나 성경을 읽습니다. 그리고 세수하면서, 머리 감으면서, 밥 먹으면서, 일하면서, 운전하면서 그 줄거리를 마음에서 그려 봅니다. 저는 붓하고는 인연이 없어서 그림 그리는 것은 빵점입니다. 대신 마음에 그림을 그립니다.

예수님께서 보리떡 다섯 개로 오천 명을 먹이신 이야기를 그려 봅니다. 오천 명이면 여기에 오십 명, 저기에 백 명, 그렇게 앉아 있었을 텐데, 열두 제자들이 그 많은 사람들에게 떡을 나눠주기도 힘들었을 것 같습니다. 제자들이 떡을 나눠주니까 사람들이 서로 먹으려고 하는데, 베드로가 "떡은 얼마든지 있으니까 가만히 있으면 또 갖다 주겠습니다." 하면서 신이 나 떡을 나누는 거지요. 그런 장면들을 혼자 그려 보는 것입니다. 예수님이 산상보훈의 말씀을 전하실 때, 저도 그 옆에 앉아서 같이 말씀을 듣는 것 같은 느낌을 가질 때가 참 많습니다.

먼 옛날의 이야기를 책으로 지금 읽는 것이 아니고, 늘 그 자리에 함께 가 있는 것입니다. 그렇게 해서 세상에서 바쁘게 뛰어다니고, 이 사람 저 사람 만나고, 이런저런 이야기를 듣고……, 그렇게 보내던 마음을 살살 몰아서 성경 안으로 자꾸 끌어가는 것입니다. 여러분도 그렇게 한번 해보십시오. 그러면 분명히 성경 속에 표현되지 않은 깊은 내용들이 떠오르기 시작할 것입니다.

소경과 눈을 뜬 사람

우리는 다말에 관한 이야기를 하고 있습니다. 오전에는 다말의 마음에 저주가 한번 찾아왔다는 이야기를 했습니다. 다말 마음에 죽음이 오고, 멸망이 왔습니다. 이 이야기는 정말 중요한 이야기입니다.

길을 걸어갈 때, 눈 뜬 사람과 소경이 같습니까? 다릅니다. 어떻게 다릅니까? 눈 먼 사람도 길을 가고 눈 뜬 사람도 길을 가는데 무엇이 다릅니까?

소경에는 두 부류가 있는데, 한 부류는 나면서부터 소경된 사람입니다. 그들은 세상에서 한 번도 빛을 본 적이 없습니다. 다른 부류는 정상으로 태어났다가 병이나 사고에 의해서 앞을 보지 못하는 사람입니다. 똑같은 소경이라도 그들의 차이는 아주 큽니다. 나면서부터 소경 된 사람은 색을 도저히 이해하지 못합니다. 그러나 그것을 한 번 보았던 소경은 다 이해합니다.

나면서부터 소경 된 사람과 정상이었다가 소경 된 사람을 구분하는 방법은 아주 간단합니다. 뒤에서 이름을 불러 보면 금방 알 수 있습니다. 정상이었다가 소경 된 사람은, 전에 누가 불렀을 때 고개를 돌려 쳐다보았던 것처럼 습관적으로 자연스럽게 돌아봅니다. 그런데 뒤에서 부를 때 고개를 돌리지 않고 그냥 "예." 하고 대답만 하는 사람은 나면서부터 소경 된 사람입니다.

하여튼 소경과 앞을 보는 사람에게는 큰 차이가 있습니다. 앞을 보는 사람은 길을 가다가 웅덩이가 있으면 거기에 이르기 전에 '저 앞에 웅덩이가 있네' 하고 피해 갑니다. 그런데 소경은 웅덩이에 빠지고 난 뒤에야 '아, 여기에 웅덩이가 있구나' 합니다. 앞을 보는 사람은 길을 가다가 시냇물이 보이면 '저기에 시냇물이 있구나' 하고 시냇물에 이르기 전에 먼저 바지를 걷습니다. 그런데 소경은 물에 빠져 옷이 다 젖은 후에야 '어이쿠, 시냇물이 있구나. 이럴 줄 알았으면 바지를 걸을 걸' 합니다. 앞을 보는 사람은 길을 가다가 길에 큰 나무가 쓰러져 있으면 '웬 나무가 길에 쓰러져 있지? 밤이었으면 큰일날 뻔했다.' 하면서 돌아가는데, 소경은 나무에 걸려 넘어지고 난 뒤에야 '어느 녀석이 여기에다 나무를 넘어뜨려 놓았나?' 하면서 투덜거립니다.

마음의 세계도 그렇습니다. 마음의 눈이 소경인 사람은 부딪힌 후에야 '어이쿠, 이런 일이 있구나' 하지만, 마음의 눈을 뜬 사람들은 부딪히기 전에 앞을 봅니다. 우리가 현재에 있지만 걸어갈 내일을 바라보고, 모레를 바라봅니다. 마음의 눈이 점점 더 좋아지면 더 밝게 보이는 것입니다.

몽고 사람들은 늘 평원에서 푸른 것을 보고 지내서 눈이 아주 좋다고 합니다. 한국 사람들은 시력이 아주 좋으면 2.0인데, 몽고 사람들은 평균 시력이 3.5라고 합니다. 그러니까 멀리 있는 것도 잘 봅니다. 아프리카 케냐도 푸른 초원이 많기 때문에, 한국 사람들이 케냐에 가면 시력이 좋아집니다.

케냐 미고리에서 선교하는 김경희 사모님이 얼마 전에 한국에 와서 안경을 다시 맞췄습니다. 처음 아프리카에 가면서 안경을 맞췄을 때 시력이 0.1이었는데, 그 안경을 끼고 아프리카에서 몇 년 살다 보니 안경을 끼면 이상하게 사물이 잘 안 보였습니다. 자꾸 흐릿해지는 것입니다. 그래서 한국에 왔을 때, 안경을 새로 맞추려고 제 딸이 자주 가는 단골 안경점에 가서 시력 검사를 했습니다. 안경점 주인이 "아주머니의 시력은 0.7인데 지금 0.1짜리 안경을 쓰고 있습니다. 그러니 안경을 끼면 안 보이지요."라고 했습니다. 시력이 많이 좋아졌던 것입니다. 그래서 전에는 잘 보였던 안경이 점점 안 보였던 것입니다. 눈 나쁜 사람이 케냐나 몽고에 가서 살면 눈이 아주 밝아집니다.

소경들은 문제를 만나도 그런 일이 자신에게 왜 닥치는지 모릅니다. 왜 고난이 오는지, 왜 슬픔이 오는지, 왜 고통이 오는지……. 소경들은 그런 것들에 부딪혀도 무엇에 부딪혔는지도 모릅니다. 그러나 눈을 뜬 사람은 현재만 보이는 것이 아니라 앞을 내다봅니다. 여러분, 다말이 다른 여자와 다른 점이 어디에 있습니까? 다말은 유다와 동침해서 그 씨를 얻어 임신했습니다. 그런데 다말은 그 전에 마음에서 그것을 그렸던 것입니다.

제가 한국에 돌아가면 곧바로 수양회를 준비해서 겨울 수양회, 학생 수양회, 대학생 수양회를 갖습니다. 지금은 그렇지 않지만, 처음 수양회를 할 때는 어떻게 진행해야 할 줄을 몰랐습니다. 그래서 시간표를 미리 짜 보았습니다.

'닷새 동안 수양회를 하는데 무슨 말씀을 전할까? 복음을 전해야겠다. 복음은 먼저 죄에 대해서 전하고, 다음에 심판에 대해서 전하고, 십자가에 대해서 전하고, 믿음에 대해서 전하고……. 그 다음에 또 뭘 전할까?'

전할 말씀들을 전부 메모지에 적고, 말씀 시간을 배정해 놓았습니다. 그러면 항상 전할 말씀이 정해놓은 시간보다 많아서, 시간을 촘촘히 당겼습니다. 그리고 접수, 식사 시간, 찬송 공부 시간, 그룹 교제……, 그렇게 시간표를 짭니다. 수양회를 어떻게 해야 할지 모르니까, 제 마음 속에 시간표를 그려놓고 마음에서 수양회를 수없이 해보는 것입니다.

'오늘은 시작하는 날이다. 그럼 접수를 해야겠다. 그것 외에 또 뭐가 필요하겠다. 그리고 사람들이 오면 점심을 먹게 하고, 텐트를 치고, 다음에 저녁 식사를 해야 하는데 식사는 이렇게 하고, 음식은 어떻게 장만하고. 저녁을 먹고 난 뒤에는 찬송 공부 시간이다. 그 시간에는 뭘 준비하고, 찬송 인도는 누가 하고, 피아노 연주는 누가 하고, 찬송 시간이 끝나 말씀 시간이 되면 어떻게 하고…….'

그렇게 수양회 시간표대로 제 마음 안에서 수양회를 몇 번 해봅니다. 준비를 하지 않고서 수양회를 하면 무슨 일이 닥칠지 모르니까, 제 마음에서 준비를 해 놓고 수양회를 시작했던 것입니다. 수양회가 시작되어 한 형제에게 접수를 받으라고 했습니다. 그 형제는 생각이 없으니까 그냥 접수처로 뛰어갔습니다. 뛰어가는 형제를 불러서 '접수를 어떻게 하겠느냐?'고 물으니, "글쎄요. 어떻게 하면 됩니까?" 했습니다. '접수는 그냥 참석자 명단만 받지 말고, 참석하는 사람들이 구원을 받았는지, 몇 번 그룹교제에 참석해야 하는지, 회비는 냈는지 등을 기록해서 받아야 한다'고 이야기해 주니까, 형제가 "그렇네요." 했습니다. 저는 정말 아무것도 모르는 사람이었는데, 형제들보다 먼저 마음에서 수양회를 치렀기 때문에 아는 것입니다.

다말은 마음에서 여러 번 생각했습니다.

'엘도 죽었고, 오난도 죽었고, 셀라는 안 되고, 이제 유다뿐인데 내가 어떻게 그 씨를 받지? 어떻게 그 씨를 얻어서 그리스도의 족보를 이어 하나님의 크고 놀라운 뜻을 이룰 수 있을까? 옳지, 내가 창녀 노릇을 해서 시아버지의 씨를 얻어야겠다.'

마음에서 그것을 여러 번 그려 본 것입니다.

'그런데 시아버지가 알면 안 될 텐데. 남편 없는 내 배가 불러지면 음행한 것이 드러나기 때문에 나를 불태워 죽일 것이 틀림없는데.

'그래, 이렇게 해야겠다.'

다말이 유다에게 도장과 끈과 지팡이를 달라고 해서 감춰놓은 것이 성경에는 너무 쉽게 한 마디로 기록되어 있지만, 다말은 그 일을 마음에서 여러 번 생각했던 것입니다.

'내가 아이를 가졌을 때, 누가 봐도 그 아이가 유다의 아이라는 것을 증명할 수 있는 증거물을 받아야겠다. 그럼 유다에게 어떻게 말할까? 나와 동침한 대가를 내놓으라고 하면 유다가 무엇을 줄까? 뻔하지. 있는 것이 양떼뿐이니 양이나 염소 한 마리 주겠지. 유다가 염소를 들고 다닐 수 없으니까, 염소를 줄 것이라는 약속으로 무얼 하나 달라고 하자. 그래서 그것을 간직하고 있다가 나중에 유다가 나를 불태워 죽이려고 할 때, "이것의 임자가 내 뱃속에 있는 아이의 아버지다." 하면 설마 나를 죽이겠는가?'

그런 계획이 다말의 마음에서 우연히 생겼겠습니까? 그렇지 않습니다. 말씀을 읽어 보면, 그런 계획이 그냥 즉흥적으로 일어난 것이 아니라는 사실을 확실하게 알 수 있지 않습니까? 다말은 정말 죽을지 모르는 위험을 무릅쓰고 그 일을 한 것입니다.

제가 여러 번 이야기했듯이, 저는 처음에 이 성경을 읽을 때 다말이 음탕한 여자인 줄 알았습니다. '이 여자는 정말 환장한 여자구나. 세상에 이런 여자가 어디 있나? 아무리 그래도 그렇지, 시아버지를……' 하고 생각했습니다. 그런데 성경을 깊이 읽어 보니까 다말은 음탕한 여자가 아니었습니다. 음탕한 여자였다면 젊은 남자에게 시집가서 그 남자와 더불어 얼마든지 즐길 수 있었습니다. 그런데 다말은 그것을 거절했지 않습니까? 그리고 늙은 시아버지에게서 씨를 받았습니다. 다말은 하나님의 섭리를 알았기 때문이었습니다.

생명의 약조물

마태복음 1장에 "유다는 다말에게서 베레스와 세라를 낳고"라는 말씀이 나오는데, 예수님의 족보에 다말이라는 이름이 올라가기 위해서는 많은 위험이 따랐습니다. 다말은 마음에 도저히 용납되지 않는 일도 해야 했습니다. 그런 일은 어느 누구라도 용납할 수 없는 일이고, 자존심 상하고 체면이 상하는 일입니다. 또 위험도 따릅니다. 그런데 다말은 그 일을 해내고 있는 것입니다.

다말이 그 일을 죽 생각해 보니 '아이를 가져도, 낳기도 전에 불타 죽겠다'는 마음이 들었습니다. 다말이 유다에게서 약조물을 얻어내기 전까지는 동침해서는 안 되겠다는 것을 생각하고는, '유다에게서 약조물을 얻어서 보관해야겠다'고 마음먹었습니다.

그 후 다말은 유다가 양털 깎는 일을 마치고 딤나로 들어오는 그날 저녁 어스름할 때, 창녀 옷을 입고 나가 유다를 유혹했습니다. 유다가 "어디 창녀가 부르고 있어? 기분 나쁘게." 하고 돌아서면 끝장인데, 그 아내가 죽고 외롭던 차에 창녀를 보니까 유다 마음이 끌렸습니다. 다말은 그때 가슴을 조이는 겁니다.

'그냥 지나가면 나는 정말 하나님의 뜻을 이루지 못해. 유다의 씨를 얻어야 해.'

마침 유다가 자기에게 관심을 보였습니다. 유다가 머뭇머뭇하고 있으니까, 다말이 '됐다' 하고는 그를 끌어당겨 집으로 데리고 갔습니다. 그리고 유다에게 "아저씨, 나는 창녀니까 나와 잠을 자면 돈을 내야 하는데 무엇을 주시겠어요?" 하고 물었습니다. 약조물을 얻어

놓으려는 것이었습니다.
"그래, 뭘 줄까? 내 염소 떼 가운데서 염소 새끼 한 마리를 주면 되겠냐?"
"예, 염소 새끼를 주시면 됩니다. 그런데 지금 염소 새끼를 안 가지고 왔잖아요."
"어떻게 할까? 지금 가서 가져올까?"
"아니 그럴 필요 없고요. 염소 새끼를 주겠다는 징표로 약조물을 주세요."
"뭘 줄까?"
"아저씨가 가지고 있는 그 지팡이와 도장과 끈을 내가 가지고 있을께요. 나중에 염소 새끼를 가져오면 돌려드릴께요."
"그래? 그럼 그러자."
그래서 둘이 동침했습니다. 유다가 나가면서 다말에게 다시 이야기했습니다.
"내가 며칠 안에 염소 새끼를 보낼 테니까 지팡이와 도장과 끈을 돌려주거라."
"예, 그럴께요."
유다가 나가자마자 다말이 창녀의 옷을 벗고 과부의 옷으로 바꿔 입은 후 태연스럽게 앉았습니다. 사단은 상황을 어렵게 하지만 그 어려움 속에서 포기하지 않고 하나님을 기다리면, 하나님은 길을 여시는 분입니다.
다말은 마음에서 이미 불에 타 죽는 데까지 갔다 왔습니다. 그때 약조물이 없으면 불에 타 죽는 것입니다. 유다의 지팡이와 도장과 끈이, 다말에게 아무 소용이 없는 것처럼 보이지만 실제로는 염소 새끼보다 중요합니다. 얼마만큼 중요합니까? 생명처럼 중요합니다.

  이런 이야기는 성경에 없지만, 우리가 능히 상상해 볼 수 있습니다. 다말이 그 지팡이를 마당 아무 데에나 던져 놓았겠습니까? 자기 생명과 같은 그것을 장롱 속 깊이 숨겨두고, 잠그고 또 잠그고 했을 것입니다. 어디에 다녀와서도 확인하고 '어휴, 있구나. 이거 없으면 큰일나지.' 하면서, 다말은 잊지 않고 지팡이와 끈과 도장을 보관했을 것입니다.

  시간이 흘러, 한 달이 지나고 두 달이 지나고 석 달이 지났습니다. 다말의 배가 점점 불러오기 시작했습니다.

  '아, 하나님이 나에게 씨를 주셨구나. 아이가 내 뱃속에서 자라고 있구나. 그러면 이 아이로 말미암아 예수 그리스도가 태어나서 온 인류를 죄에서 구원하게 되는구나.'

  하나님의 일에는 항상 부담스러운 일이 따릅니다. 다말과 비슷한 일이 예수님을 낳은 마리아에게도 있었습니다. 마리아는 누구의 씨를 받은 것이 아니었습니다. 아무 남자도 가까이 하지 않은 처녀였는데, 성령으로 말미암아 잉태했습니다. 마리아에게 일어난 그 일을 생각해 보면, 마리아에게도 시련이 많았을 것 같습니다. 이제 마리아의 배가 불러오기 시작합니다. 그런 상태에서 어느 날 약혼한 요셉을 만났는데, 요셉이 마리아 배 한번 쳐다보고 얼굴 한번 쳐다보고, 배 한번 쳐다보고 얼굴 한번 쳐다보고……. 말을 안 하는 겁니다.

  "자기, 왜 그래? 이야기해 봐."

  "그걸 꼭 이야기해야 알아?"

  "오해하지 마. 나 그런 거 아니야."

  "아니긴 뭐가 아니야?"

"요셉 나를 믿어 줘. 나는 절대 그런 여자가 아니야."
"그럼 불룩한 그 배는 뭐야?"
"이것은 하나님으로 말미암은 거야."
"듣기 싫어!"
요셉이 돌아가면서,
 '세상에 세상에, 못 믿을 것이 여자라더니……. 배를 불룩하게 하고 있으면서도 이유를 달아? 그러고는 자기는 결백하다니, 그걸 누구에게 믿으라는 거야? 뱀 혀가 둘인 것처럼 여자는 항상 두 마음을 가졌다더니, 마리아는 안 그럴 줄 알았는데 어떻게 이런 일이 일어났지?'
하고 한탄했습니다.
 '아, 내가 그런 인간을 믿고 인생을 설계했다니……. 사랑하고 내 마음을 다 주었는데, 세상에 배가 불룩한데도 안 그랬다고 갖다 붙이기는. 이제는 끝이다. 끝이야!'
그날 요셉이 술 한잔 했을 겁니다.
 그 일을 생각할 마리아는 마음이 얼마나 아팠겠습니까? 사랑하는 남자에게 불신을 받고 집에 돌아와서 시무룩하게 앉아 있습니다. 마리아 엄마가 와서 묻습니다.
"마리아야, 방에 좀 들어가자."
"네, 어머니."
"너, 도대체 어떻게 된 거냐?"
"뭐가요?"
"네 뱃속에 있는 아이 누구 아이냐?"
"엄마, 이 아이는 하나님이…….."

"시끄러워 이것아! 세상에 그렇게 순진하던 것이 이제는 에미를 속이고. 너 이거 세상이 알면 어떻게 되는 줄 알아? 돌에 맞아 죽어. 이것아, 정신 좀 차려. 어떻게 된 일인지 자세히 이야기해 봐."
마리아 엄마는 속에서 피를 토할 것 같은 겁니다.

여러분, 진리를 좇아가는 데에는 남들이 이해할 수 없는 일들이 많습니다. 왜 그렇습니까? 그것은 주님과 나 사이에서만 이루어진 비밀이기 때문입니다. 남들이 다 이해할 수 있으면 그것은 비밀이 아닙니다. 복음은 아무나 깨달을 수 있는 것이 아닙니다. 복음 자체가 비밀입니다. 공공연한 비밀. 다 드러내 놓았지만 사람들이 그것을 이해하지 못하게 되어 있습니다.

마리아가 당한 어려움처럼 다말에게도 그런 어려움이 오는 것입니다. 그래서 다말은 다른 것은 다 잃어버려도 지팡이와 도장과 끈은 잃어버릴 수 없는 것입니다.

오래 전에 약국을 하다 구원받은 한 자매님이 저에게 이렇게 말했습니다.

"목사님, 저는 세상을 살면서 평안이나 기쁨을 맛본 적이 없습니다. 제가 기쁨이나 즐거움을 얻어 보려고 별 것을 다 해보았습니다. 그 일들이 처음에는 좋은 것 같다가 며칠 지나면 시들해졌습니다. 그런데 구원을 받고 나니 너무 기쁩니다. 저는 옛날에 기쁨이 없어서, 특별히 부탁해 미국에서 사온 다이아몬드 반지를 끼고 다녔습니다. 그런데 이것도 며칠 지나니까 하나도 기쁘지 않았습니다. 이 반지를 주님께 드리고 싶습니다. 제가 구원받은 기쁨은 이것과 비교할 수 없이 큽니다."

그러면서 다이아몬드 반지를 저에게 주고 갔습니다. 그것을 교회

재정 맡은 분에게 줘야 하는데, 그날 모임이 없어서 집에 보관해야 했습니다. 그런데 그 비싼 걸 어디에 감춰야 할지 몰랐습니다. 호주머니에 넣고 다니려니 강도 만날까봐 겁나고, 집에 놔두려니 누가 훔쳐갈 것 같고……. 다이아몬드 반지를 끼고 그냥 다니는 사람들이 이해가 안 갔습니다.

곰곰히 생각하다가 비누 안에 숨겼습니다. 화장실에 새 비누들이 몇 개 있었는데, 그중 하나를 꺼내 포장을 벗기고 비누를 파낸 후 거기에 반지를 박아두고 다시 포장해서 제자리에 두었습니다. '비누는 안 훔쳐가겠지.' 하고는 화장실 문을 잠가 놓고, 제가 화장실에 갈 때마다 확인하고는 했습니다.

제가 복음을 전하러 교도소에도 자주 다니는데, 교도소에 가서 복음만 전하는 것이 아니라 재소자들과 함께 이야기도 나눕니다. 사생활 이야기도 하고, 재미있는 이야기도 하는데, 별별 이야기가 다 나옵니다. 저도 많은 것을 배웠는데, 도둑이 남의 집에 들어가서 숨겨진 보석 찾아내는 법, 그것 하나 소개해 드리겠습니다. 여름이 되면 사람들이 여행을 가는데, 귀한 것들은 감춰놓고 갑니다. 웬만한 부잣집에는 보석이 적어도 몇 점 있기 마련입니다. 도둑이 그 집에 들어갑니다. 도둑에게 쇠창살이나 자물쇠는 아무 의미가 없습니다. 아무리 굳게 잠긴 자물쇠라도, 도둑이 1분 안에 열지 못할 것은 없답니다. 도둑이 집에 들어가서는, 냉장고를 열어 양주를 한 잔 마시고 아랫목에 앉아서 주인 노릇을 합니다.

'내가 이 집 주인이다. 내가 오늘 여행을 가야 하는데, 보석들을 어디에 감춰놓아야 도둑이 들어와도 못 찾을까?'

도둑이 보석을 찾으려고 하는 것이 아니라, 감출 곳을 찾는다는 것입니다. 방에 앉아서 두리번두리번 돌아보며 '이걸 어디에 감춰야 도둑이 와도 못 찾을까?' 생각하다 '아, 여기에 감추면 좋겠다.'는 마음이 들어 거기에 손을 넣으면 틀림없이 보석이 나온답니다. 사람의 생각은 다 같아서, 주인이 감추고 싶었던 곳과 도둑이 감추고 싶었던 장소에는 오차가 크지 않답니다.

다말이 지팡이와 도장과 끈을 감추었다는 이야기를 하려다가 이야기가 옆으로 많이 갔습니다. 그 증거물들은 다말에게 있어서 어떤 보석보다 중요한 것이었습니다. 그것들을 잃어버린다는 것은 곧 생명을 잃어버리는 것이었습니다. 그 지팡이와 도장과 끈은 다말에게 생명과도 같은 것이었습니다.

그는 옳도다

석 달쯤 지난 후에 다말의 배가 불러오기 시작했습니다. 물론 석 달만에 불룩하게 나오진 않았겠지만, 사람들이 자꾸 쳐다보기 시작했습니다. '문은 문인데 걸어다니는 문은 소문'이라고 하던데, 소문이 걸어서 걸어서 퍼져나갔습니다. 그래서 '다말이 간음해서 임신했다'는 이야기가 유다의 귀에까지 들어갔습니다.

"뭐! 내 며느리가 아이를 가졌다고? 그런 일이 있을 수 있나. 당장 붙잡아 오너라. 우리 가문을 더럽혀도 분수가 있지, 불태워 죽여야겠다. 뭣들 하느냐? 빨리 장작을 쌓아 놓아라."

다말을 태워 죽일 장작더미가 차곡차곡 쌓이고, 그 위에 다말을 올려놓을 자리가 준비되고, 밑에 불쏘시개가 들어가고……. 이제 불만 붙이면 다말이 화형을 당하는 것입니다.

거친 청년들이 다말 집으로 달려갔습니다. 문을 땅땅땅 두드렸습니다. 다말이 문 두드리는 소리를 들어 보니, 생각했던 그때가 온 것이었습니다. 다말은 그때를 기다렸습니다.

'드디어 올 것이 왔구나.'

다말이 얼른 장롱으로 가서 무엇을 끄집어냈겠습니까? 지팡이와 도장과 끈. 그것을 가슴에 품고 나가서 문을 열어 주었습니다. 청년들이 바로 다말을 끌고 갔습니다. 유다가 청년들에게 다말을 장작더미에 올려놓으라고 하면서 말했습니다.

"이 나쁜 것 같으니라고. 도대체 네 배 안에 있는 아이의 애비가 누구냐?"

바로 그때 다말이 대답했습니다.

"아버님 죄송합니다. 그러나 한 말씀 드리겠습니다."

"말해 봐!"

"제가 이 지팡이와 도장과 끈의 임자로 말미암아 아이를 가졌습니다. 이것이 누구의 것인지 한번 살펴보아 주십시오."

유다가 그것을 보고는 현기증이 났습니다. '으흡' 하면서 깜짝 놀랐습니다. 주위에 한마당 늘어서 있던 사람들이 수군거렸습니다. 그런 일을 구경하러 사람들이 얼마나 많이 모였겠습니까? 사람들이 수군거리는 가운데 유다가 말을 꺼냈습니다.

"유다가 그것을 알아보고 가로되, 그는 나보다 옳도다."(창 28:26)

'옳도다' 라는 말은 의롭다는 말입니다. '그는 의롭도다.' 여러분, 무엇이 다말을 의롭게 했습니까? 분명히 다말은 남편 없는 여자로서 남자와 관계를 가져 임신했고, 그 죄로 인해 화형을 당해야 할 여자였는데, 무엇이 그를 의롭게 했습니까? 다말이 가지고 있던 증거물들이었습니다. 그것들은 바로 예수 그리스도의 의와 약속을 의미합니다.

지팡이는 목자를 의미합니다. 목자들은 항상 지팡이를 들고 다닙니다. 양이 구덩이에 빠지면 목자는 끝이 둥그런 지팡이로 양의 목을 걸어서 끌어올립니다. 또 양이 다른 곳으로 가려고 하면 역시 목을 걸어서 잡아당깁니다. 도장은 약속을 의미합니다. 그 도장과 지팡이는 끈으로 하나로 묶여 있습니다. 우리의 선한 목자 되신 예수 그리스도께서 우리에게 약속을 하셨다는 것입니다.

다말이 불에 타 죽을 위치에 놓였을 때, 살아나려고 '내가 예쁘게 화장하고 가면 안 죽일지 몰라.' 하고서 그렇게 했다면 살았겠습니까? 죽었습니다. '내가 좋은 옷을 입고 가면 아름답게 보여서 나를 안 죽일지 몰라. 아니면 내가 잘못했다고 빌면 안 죽일지 몰라.' 그러면 죽습니다. 살 수 있는 조건은 도장과 지팡이와 끈밖에 없습니다.

우리가 하나님의 심판대 앞에서 심판을 피할 수 있는 길이 그것입니다. 우리가 잘하고 선을 행하고 아름답게 행한 것을 가지고 나아가면 멸망을 당할 수밖에 없습니다. 유다의 것, 곧 심판하시는 자 예수 그리스도의 것을 가지고 나아가야 합니다.

이 이야기는 구원에 관한 하나님의 깊은 섭리를 우리에게 말해 주고 있습니다. 다말이 살아 남을 수 있었던 이유는, 그가 깊이 간직한 하나님의 약속 때문이었습니다. 여러분은 하나님 앞에 어떻게 서겠습니까? 어떤 사람은 하나님 앞에 갈 때, 자기가 십일조 잘한 것, 주일 잘 지킨 것, 백일 기도 한 것, 사십일 금식기도 한 것, 구제한 것 등을 가지고 자기를 아름답게 꾸며서 나아가려고 하는데, 그러면 멸망입니다. 저주입니다. 그렇게 해서는 구원을 받지 못합니다.

다말은 자신의 것이 아닌 유다의 지팡이와 도장과 끈, 곧 약속을 가지고 갔습니다. 하나님께서는 성경에서 우리에게 많은 약속을 하셨습니다. 더러운 죄인인 우리가 어떻게 죄를 씻음받는지 알려 주셨습니다. 죄 사함을 약속하셨습니다. 우리가 하나님 앞에 나아갈 때 다른 무엇을 들고 가야 하는 것이 아니라, 하나님의 약속의 말씀을 마음에 간직하고 그것을 들고 나아가야 하는 것입니다.

마태복음 7장에서 예수님께서 말씀하시기를,

"그날에 많은 사람이 나더러 이르되, '주여 주여, 우리가 주의 이름으로 선지자 노릇하며 주의 이름으로 귀신을 쫓아내며 주의 이름으로 많은 권능을 행치 아니하였나이까?' 하리니 그때에 내가 저희에게 밝히 말하되 '내가 너희를 도무지 알지 못하니 불법을 행하는 자들아 내게서 떠나가라.' 하리라." (마 7:22,23)

하셨습니다. 예수님 앞에 선 사람들이 '주를 위해서 선지자 노릇을 했다, 주의 이름으로 권능을 행했다, 주의 이름으로 귀신을 쫓아냈다' 하며 자기가 한 것을 가지고 섰습니다. 자기가 한 것은 아무리 아름다워도 하나님 앞에서는 저주요, 멸망입니다.

다말의 이야기는 구원의 이야기입니다. 다말은 죄를 지어 불 속에 들어가 죽을 수밖에 없는 여자였습니다. 그런데 그가 지팡이와 도장과 끈을 들고 나오니까, 유다는 '그가 옳다'고 했습니다. 그가 의롭다고 했습니다. 성경은 어떤 사람을 의롭다고 합니까? 예수님께서 우리 마음에 주신 약속의 말씀을 가지고 나오는 사람입니다.

저는 벤허 영화를 보면 제일 신나는 장면이 있습니다. 벤허가 멧살라에게 미움을 받아 노예선으로 끌려갔다가, 거기에서 집정관 아리우스를 구합니다. 멧살라는 예루살렘의 호민관, 요즘으로 말하면

위수지구 사령관쯤 되고, 아리우스는 로마제국에서 서열이 아주 높은 집정관이었습니다. 벤허의 도움으로 살아난 아리우스는 아들이 없어서 벤허를 자기 양아들로 삼았습니다. 아리우스 가문에는 대대로 내려오는 인장 반지가 있는데, 그 반지를 끼고 있는 사람은 아리우스 가문의 아들이라는 표시입니다. 인장 반지란 반지 앞면에 가문의 문장을 새긴 반지입니다. 아리우스가 그 인장 반지를 벤허 손가락에 끼워 주었습니다.

그 후 벤허가 다시 예루살렘으로 돌아가서, "아리우스의 아들로부터"라고 글을 적어 멧살라에게 칼을 하나 선물로 보냈습니다. 선물을 받은 멧살라가 그 글을 읽고는, "아리우스의 아들? 아리우스는 아들이 없는데……." 하자, 옆에 있던 사람이 근래에 아리우스가 양아들을 얻었다는 이야기를 전해 주었습니다. 멧살라가 "그래?" 하고 있는데 벤허가 나타나 "멧살라, 나다." 했습니다.

벤허가 돌아온 것을 보고는 멧살라가 깜짝 놀라면서 벤허에게 물었습니다.

"네가 무슨 요술로 아리우스의 아들이 되었지?"

"요술의 주인공은 너다. 네가 나를 노예선으로 보내서 내가 노예선에서 아리우스를 구했다. 그 일로 내가 아리우스의 아들이 되었다."

그러더니 벤허가,

"표식은 알겠지?"

하면서, 판을 들어 거기에 인장 반지를 콱 찍어서 멧살라 앞에 던졌습니다. 멧살라가 적어도 로마 황제의 인장이나 아리우스의 인장 정도는 알고 있으니까요. 그 표식을 보고는 멧살라의 표정이 굳어져버렸습니다. 벤허가 이야기했습니다.

"내 어머니와 여동생의 소식을 알아내라. 그러면 내가 노예선에서 괴로이 노 젓던 기억을 잊어버리겠다."

"그것은 총독의 허가를 받아야 한다."

"허가를 받아내!"

그렇게 말하고는 벤허가 나가버렸습니다. 옛날 같으면 멧살라가 당장 잡아 감옥에 넣을 건데, 이제는 벤허의 손가락에 아리우스의 아들이라는 인장 반지가 있는 것입니다. 아리우스 가문의 인장 반지는, 그것을 끼고 있는 사람이 아리우스의 아들이라는 사실을 증거해 줍니다.

다말이 유다의 도장을 가지고 있었다는 것은, 유다의 약속을 가지고 있었다는 것입니다. 우리 마음에도 예수 그리스도께서 우리에게 주신 약속을 간직해야 하는 것입니다. 예수 그리스도께서 어떻게 우리 죄를 사하시고, 어떻게 우리에게 은혜를 베푸시고, 어떻게 하겠다고 하신 약속이 우리 마음에 있어야 합니다.

다말이 그 지팡이와 도장과 끈을 가져가지 않고, 뉴욕에서 제일 훌륭한 미장원에서 파마를 하고 나가면 삽니까? 죽습니다. 뉴욕에서 제일 멋진 드레스를 입고, 제일 비싼 구두를 신고, 제일 멋진 반지와 귀고리를 하고 가면 삽니까? 죽습니다.

우리가 하나님 앞에 나아갈 때, 자신이 잘한 선한 행위를 가지고 가야 하는 것이 아닙니다. 주님의 약속이 어떻게 내 죄를 눈처럼 희게 씻었는지, 그 약속의 말씀이 있어야 합니다. 그 약속의 말씀이 우리 마음에 성령으로 인쳐 있을 때, 유다가 다말의 행위를 보지 않고 지팡이와 도장과 끈을 보고 이야기한 것처럼, 하나님은 우리가 잘하고 잘못한 행위를 보지 않고 우리 마음에 있는 약속을 보시고 우리를 의롭다고 하십니다.

다말이 그 품안에 유다의 지팡이와 도장과 끈을 간직했듯이, 오늘 여러분도 하나님의 약속을 받아 여러분 마음에 간직하길 바랍니다. 그러면 주님 앞에 서는 그날, 여러분이 비록 부족하고 연약하고 악할지라도 주님은 여러분 마음에 있는 약속을 보시고 여러분을 의롭다고 하시며 구원의 은혜를 베푸실 것입니다.

6. 하나님이 찾으시는 것

6. 하나님이 찾으시는 것

로마서 8장 31절 말씀부터 읽겠습니다.
"그런즉 이 일에 대하여 우리가 무슨 말 하리요. 만일 하나님이 우리를 위하시면 누가 우리를 대적하리요. 자기 아들을 아끼지 아니하시고 우리 모든 사람을 위하여 내어주신 이가 어찌 그 아들과 함께 모든 것을 우리에게 은사로 주지 아니하시겠느뇨. 누가 능히 하나님의 택하신 자들을 송사하리요, 의롭다 하신 이는 하나님이시니. 누가 정죄하리요, 죽으실 뿐 아니라 다시 살아나신 이는 그리스도 예수시니. 그는 하나님 우편에 계신 자요, 우리를 위하여 간구하시는 자시니라. 누가 우리를 그리스도의 사랑에서 끊으리요. 환난이나 곤고나 핍박이나 기근이나 적신이나 위험이나 칼이랴. 기록된 바 '우리가 종일 주를 위하여 죽임을 당케 되며 도살할 양같이 여김을 받았나이다.' 함과 같으니라. 그러나 이 모든 일에 우리를 사랑하시는 이로 말미암아 우리가 넉넉히 이기느니라."
37절 말씀까지 읽었습니다.

정말 장기를 잘 두는 사람

지금 시각이 오전 11시 5분이니까 한국은 밤 1시 5분입니다. 한국의 형제 자매들이 밤 두 시 반까지 인터넷으로 이 집회를 보고 늦게 잠을 잔다고 합니다. 오늘 한국 형제 자매들과 인터넷 채팅을 했는데, 뉴욕 교회 형제 자매들이 찬송을 너무 잘한다는 글, 감사하다는 글, 워싱턴에서 온 형제 내외의 찬송이 참 은혜로웠다는 글들이 올라왔습니다. 제 설교가 은혜로웠다는 말은 한 마디도 안 하던데, 제가 자각해야 할 상황인 것 같습니다. 하여튼 한국의 형제 자매들이 뉴욕 집회를 기뻐해서, 지금 한 시가 넘었는데도 백여 명이 이 집회와 함께하고 있다는 사실을 생각하니 주님 앞에 참 감사합니다. 이곳은 음식도 좋고, 날씨도 너무 따뜻하고, 또 어제 저녁에는 늦도록 형제들과 함께 도넛을 먹으면서 교제하고……, 여러 면에서 너무 감사합니다.

제가 옛날 이야기를 많이 해서 지금 하려는 이야기를 여러분이 들었을지도 모르겠습니다.

옛날 중국 어느 시골에 한 노인이 살고 있었습니다. 하루는 그 노인이 100리쯤 떨어진 성(城)에 볼일이 있어서 갔는데, 성에 들어가 보니 성문 가까이 있는 집에 "세계에서 장기를 제일 잘 두는 사람이 사는 집"이라는 팻말이 걸려 있었습니다. 노인이 그 집에 들어가 보니, 중년의 주인이 노인에게 어떻게 왔느냐고 물었습니다.

"여기에 세계에서 장기를 제일 잘 두는 사람이 사신다고 해서 왔는데, 그분이 누구입니까?"

"예, 섭니다."
"그렇소이까? 내가 주인장과 장기를 한번 두고 싶은데, 안 되겠습니까?"
그러자 주인이 웃으면서 물었습니다.
"저하고 장기를 두려고 하십니까? 팻말을 못 보았습니까?"
"보았습니다. 그렇지만 너무 잘 둔다고 하시니 한번 두어 보고 싶습니다."
"그러면 두어 봅시다. 그런데 우리 그냥 두지 말고 내기를 하지요."

그래서 노인과 주인이 20냥이라는 큰 돈을 걸고 장기를 두었습니다. 노인이 시골에서 타고 온 나귀를 대문 밖에 매어 두고 장기를 두는데, 세상에서 장기를 제일 잘 두는 사람을 당할 수가 있어야지요. 주인이 노인을 몰아붙이는 것입니다.

"할아버지, 장을 받으셔야지요."
"그 장을 받을 길이 없소이다."
"그럼 지신 겁니다."
"예, 내가 졌소이다."
"그럼 약속대로 20냥을 주시지요."

주인이 그렇게 말하자 노인이 얼굴이 빨개지더니 주인에게 사정을 했습니다.

"내가 분명히 졌는데, 돈이 없으니 어떻게 하면 좋겠소? 그렇다고 약속한 돈을 안 줄 수는 없고. 내가 타고 온 나귀가 있는데, 저 나귀는 50냥은 받을 수 있으니 20냥 대신 저 나귀를 드리면 안 되겠소이까?"

주인이 기분이 너무 좋았습니다. 나귀는 요즘으로 말하면 자가용입니다. 차 없이 지내다가 자가용이 생기면 얼마나 좋습니까? 노인이 미안해하면서 돈 대신 나귀를 받으라고 하니까, 주인이 기분은 좋지만 50냥이나 되는 나귀를 덥석 받을 수는 없어서 미안한 기색을 했습니다.

"나귀를 받아도 되겠습니까?"

"아니, 내가 장기에서 졌는데 무슨 이유가 있겠습니까? 돈 없는 내가 잘못이지요."

노인이 주인에게 나귀를 주고는 잘 있으라고 인사를 한 후 걸어나가는 것입니다. 나귀를 몰고 와서 주고 가니까 주인은 너무 신이 났습니다. 어느 날 느닷없이 자가용이 하나 생겼잖아요. 나귀를 타고 성을 한 바퀴 돌고 오니 기분이 너무 좋았습니다. 그 주인이 나귀를 위해 우리를 새로 짓고, 나귀를 냇가로 데리고 가서 목욕을 시키고, 나귀를 잘 먹였습니다. '내가 장기를 이렇게 잘 두는데 그 할아버지가 뭘 모르고······.' 하면서, 나귀 때문에 늘 기분이 좋았습니다.

그런데 일 주일쯤 지나서 그 노인이 또 찾아왔습니다. 주인이 '나귀를 찾으러 왔는가' 해서 약간 놀라며 그 노인을 맞았습니다.

"할아버지, 어떻게 또 오셨습니까?"

"내가 장기를 한 번만 더 두고 싶어서 왔습니다."

그러자 주인이 웃으면서 이야기했습니다.

"그 실력 가지고 되겠습니까?"

"내가 그 동안 연구한 것이 있으니, 한 번만 더 두어 보고 싶소이다."

"그러면 이번에는 어떤 내기를 하시렵니까?"

그러자 노인이 돈 스무 냥을 탁 내놓으면서,
 "내가 지면 이 돈을 주겠소이다. 그 대신 내가 이기면 내 나귀를 도로 몰고 가겠소이다."
하는 것입니다. 주인이 그 이야기를 들으니 기분이 너무 좋았습니다. '며칠 전에는 나귀를 한 마리 가져다주더니, 이번에는 돈 스무 냥을 주러 왔구나.' 생각하면서, 장기를 두자고 했습니다. 자기가 세계에서 장기를 제일 잘 두니, 그날은 재수가 너무 좋은 날인 겁니다.
 장기가 시작되었습니다. 그런데 일 주일 전에는 그렇게 장기를 못 두던 노인이 너무 잘 두는 것입니다. 주인이 노인에게 밀리기 시작하는데, 얼굴이 벌개졌습니다.
 "주인장, 이 장을 못 받으면 내가 이긴 것이오."
 "예, 제가 졌습니다."
 "그럼 약속대로 내가 나귀를 몰고 가도 되겠소?"
 "장기를 이겨서 나귀를 받았으니, 졌으면 내줘야지요."
 주인이 떫은 표정으로 우리에 가서 나귀를 몰고 나와 노인에게 주는데, 너무 섭섭했습니다. 안 주고 싶은 마음이 굴뚝 같지만 어쩔 수 없었습니다. 노인이 나귀를 넘겨받아 턱 타고, 주인에게 잘 있으라고 인사를 하고 가는 것입니다. 노인을 태운 나귀가 몇 걸음 옮겨 놓는데 뒤에서 주인이 "잠깐!" 하고 불렀습니다. 노인이 뒤를 돌아보면서 왜 그러냐고 하자, 주인이 한 가지 물어 볼 것이 있다는 것입니다.
 "그래, 궁금한 것이 무엇이오?"
 "노인장이 분명히 일 주일 전에는 장기를 잘 못 두었는데, 어떻게 일 주일 사이에 그렇게 장기를 잘 두게 되었습니까?"
 "아, 내가 그 이야기를 안 했소이까?"

"예, 안 하셨습니다."

"그랬구려. 나는 이 성에서 100리쯤 떨어진 시골에 사는데, 이 성에 나귀를 타고 와서 볼일을 보러 관에 들어가려고 하니까, 성문에 '누구든지 나귀를 타고는 관에 들어올 수 없다'고 방이 붙어 있었소이다. 그러니 나귀를 맡겨야 하는데, 맡길 데가 없어서 찾다가 '세계에서 장기를 제일 잘 두는 사람이 사는 집'이라고 쓰인 팻말을 보고 '장기에 지면 나귀를 맡길 수 있겠다' 싶었소이다. 그래서 주인장 집에 들어갔는데, 나귀를 맡기려면 장기에 져야 하지 않겠소이까? 그리고 이제 일을 다 봤으니, 나귀가 있어야 집에 가지 걸어갈 수는 없지 않소이까? 그러니 나귀를 찾아가려고 장기를 이긴 것이오. 이제 알겠소이까?"

그렇게 이야기하고는 노인이 나귀를 타고 가버리니까, 주인이 너무 속이 상해서 당장에 대문 밖에 걸려 있던 그 팻말을 떼서 조각조각 부숴버렸답니다.

정말 장기를 잘 두는 사람은, 원하는 대로 질 수도 있고 이길 수도 있는 사람입니다. 믿음의 사람은, 스스로 자신을 컨트롤하지는 못하지만 주님에 의해서 자신을 컨트롤할 수 있고, 스스로는 주님을 섬길 수 없지만 주님에 의해서 섬길 수 있는 사람입니다. 그런데 오늘날 사람들은 죄에 대해서 자유가 없습니다. 죄에 얽매이고 죄에 빠져서 죄악된 삶을 살고 있습니다. 그러면서도 교회만 다니면 예수님을 잘 믿는 것인 줄 압니다. 예수님은 우리를 죄에서 자유롭게 하시려고 이 땅에 오셨습니다.

우리는 이번에 다말에 대해서 이야기를 나누고 있습니다. 성경이 표면적으로는 그냥 지나간 옛 이야기 같지만, 그 속에 흐르는 내용은 너무 귀해서 말로 다 할 수 없습니다. 저는 여러분에게 다말에 대해서 이야기하려고 자면서도 다말과 교제하고, 일어나서도 다말과 교제하고, 머리를 감으면서, 길을 가면서, 밥을 먹으면서도 늘 다말 이야기를 생각하며 한 주간을 보내고 있습니다. 어떤 때는 다말이 어떻게 생긴 사람인지 얼굴을 한번 보고 싶기도 합니다. 정말 다말과 이야기를 한번 나눠 보고 싶은 마음도 듭니다.

제가 여러 번 이야기했듯이, 저는 다말에 관한 성경을 처음 읽었을 때 단순히 '이런 음탕한 여자가 있나?' 하고 생각했습니다. 그런데 다말에 대한 이야기를 읽고 생각하면 할수록, 다말은 음탕한 여자가 아니라 믿음의 여자였습니다. 다말은 사람들이 상상할 수 없는 어려운 형편, 풀 수 없는 불가능한 문제 앞에까지 갔습니다. 사단이 '이만하면 다말이 실망하겠지. 이만하면 포기하겠지. 이만하면 안 된다고 손을 들겠지.' 하는 형편까지 다말을 끌고 갔습니다. 다말은 그 가운데에서 하나님을 바라보며 소망을 가졌고, 결국 하나님의 뜻을 이루는 거룩한 믿음을 가지고 있었습니다.

다말은 목회를 한 여자도, 성경 공부를 열심히 한 여자도 아니었는데, 저는 다말의 믿음에 대한 이야기를 읽어 보면 한없이 부끄럽고 다말이 부러운 생각이 들 때가 많습니다. 오늘 오전 이 자리에 계신 여러분 모두가 다말이 가진 믿음을 가지고 있다면, 여러분의 신앙 문제나 가족의 구원 문제, 자녀들의 일이나 직장 일, 장래 일이나 병으로 인한 일 등 어떤 문제든지 간에 주님의 은혜를 입어서 믿음으로 다 해결할 수 있을 것입니다.

다말은 남들이 도저히 이해할 수 없는, 결코 남들의 동의를 얻을 수 없는 그런 깊은 믿음의 차원에서 하나님과 동행했습니다. 다말은 하나님만이 알 수 있는 마음 안에서 믿음으로 하나님의 뜻을 이루어, 예수 그리스도의 족보에 오르기에 정말 부족함이 없는 여인이라는 마음이 듭니다.

다말은 그냥 눈에 보이는 대로, 형편을 따라 자기에게 편한 대로, 자기가 좋아하는 대로 그 생각이 흘러가지 않았습니다. 다말은 남들에게 오해받을 수도 있고, 욕을 얻어먹을 수도 있고, 자기 생명이 위험할 수도 있는 일을 행했습니다. 그런 일은 어느 여자나 남자든지 다 싫어할 일입니다. 그런 일에 믿음으로 발을 내딛는 다말을 볼 때, 너무 귀하고 아름답다는 마음이 듭니다.

내가 아무래도 결핵인 것 같아

우리 교회의 부인 자매들 중에 제게 찾아와 "목사님, 저는 결혼한 지 5년이 되었지만 아이를 못 가졌습니다." "결혼한 지 10년이 되었는데 아이를 못 낳았습니다." 하는 분들이 있습니다. 그러면서 제게 안수 기도를 해 달라고 부탁하는데, 안수를 받은 뒤 아이를 가졌다는 이야기를 종종 듣습니다.

한번은 익산에 사는 젊은 부부가 저를 찾아왔습니다. 어떻게 왔냐고 물으니, 자기들은 결혼한 지 5년 정도 되었는데도 아기를 갖지 못했다면서 제게 기도를 받고 싶다고 했습니다. 제가 그 부부를 앉혀 놓고 기도를 했습니다. 그 후 어느 집회에서 우연히 그 자매를 만났는데, 자매가 "목사님, 저 아기 가졌어요." 하면서 너무 기뻐했습니다. 저도 기뻤습니다. 그리고 얼마 뒤에 자매가 아이를 낳았습니다.

그런데 자매가 아이를 낳고 난 뒤에 문제가 생겼습니다. 자매가 어렸을 때 아버지에게 맞아서 자기 코가 내려앉았답니다. 제가 볼 때는 정상인데, 하여튼 어렸을 때 그런 일이 있어서 아버지를 향한 미움을 가지고 살아왔답니다. 그런데 자기가 태어난 아이의 코를 잘못 때려서 아이 코가 내려앉았다는 것입니다. 그 일로 고민을 하고 있었습니다. 제가 보기에는 정상이어서 "무슨 소리를 해? 이 아이 코가 뭐가 이상하냐? 아주 정상인데." 했더니, "목사님, 저를 위로하려고 하지 마십시오." 하는 것입니다.

"자매, 정 그러면 이비인후과 병원에 가서 아이 코를 한번 진찰해 봐라."

자매가 제 말을 듣고 이비인후과에 가서 진찰해 보니, 의사가 정상이라는 것입니다. 그런데 의사 말도 믿지 않았습니다. 의사가 저와 짜고서 괜찮다고 한다는 것이었습니다.

여러분, 사람들이 어떤 생각에 사로잡히면 다른 사람을 믿지 않습니다. 사단이 주는 생각에 사로잡혀버리는 것입니다. 한번은 제가 아내와 함께 집에 있는데 어떤 아가씨가 찾아왔습니다. 서른 세 살 된 아가씨였는데 시집을 가지 않았습니다. 제가 왜 시집을 가지 않았느냐고 묻자, 자기는 성 불구자라서 결혼을 할 수 없다고 했습니다. 그 아가씨 이야기가 약간 이상해서, 우리 교회 김성훈 목사님 사모님에게 그 아가씨를 데리고 산부인과 병원에 한번 가보라고 했습니다. 사모님이 그 아가씨와 함께 병원에 갔다오더니, 웃으면서 정상이라는 것입니다.

제가 다시 그 아가씨를 만나서, "너, 내 말 안 믿지?" 하고 물어 보았습니다. 대답을 안 했습니다. 그래서 다시 "너, 의사 말도 안 믿지?" 하고 물었습니다. 제가 너무 정곡을 찌르니까 대답을 못했습니다. 그 아가씨 말을 들어 보니까, 자신의 생각에 사로잡혀서 그러는 것이었습니다. 의사는 극히 정상이라고 했는데 그 아가씨는 아니라는 것입니다. 우리가 의사와 짰다는 것입니다. 제가 무엇 때문에 의사하고 짜겠습니까? 사람들이 너무 어리석어서, 사단이 어떤 생각으로 이끌어가면 사실도 아닌데 그 생각에 속아넘어갑니다.

저에게도 그런 일이 한번 있었습니다. 제가 대구에 살 때였는데, 점심만 먹고 나면 나른하고 식은땀이 흐르고 자꾸 잠이 왔습니다. 그 전에는 점심을 빨리 먹고 잠깐 잤다가 일어나 뛰어나가고 했는데, 몸이 영 따라주질 않았습니다. 그 일 전에 결핵 증세에 대한 이야기를 들은 적이 있었습니다. 결핵에 걸리면 자기도 모르게 노곤해지고, 누우면 땅이 꺼지는 것 같고, 몸이 땅 속으로 끌려들어가는 것 같고……. 그런데 제 증세가 그와 똑같은 것입니다. 제가 혼자 진단을 해보니 틀림없이 결핵이었습니다. 일 주일쯤 지나니까 제가 생각 속에서 결핵환자가 되어버렸습니다.

그때 아이들이 어려서 저희 부부와 한 방에서 잤는데, 밤에 자려고 하면 제 입에서 결핵균이 나와 아이들에게 가는 것이 보이는 것 같았습니다. 그렇다고 추운 겨울에 따로 잘 수도 없고. 생각다 못해서 제 머리를 애들 발 쪽에 두고 거꾸로 누워서 잤습니다. 제 아내가, 안 그러던 사람이 그러니까 이상했던지 제게 물었습니다.

"여보, 당신 도대체 왜 그래요?"
"내가 아무래도 결핵인 것 같아."
"결핵인 것 같으면 병원에 가서 엑스레이 한번 찍어 보면 되지, 뭐가 문제예요? 내일 한번 찍으러 가요."
"참, 그렇지."

다음날 아침 아내와 둘이 대구 시내에 있는 방사선과에 갔습니다. 의사가 어떻게 왔느냐고 묻기에 결핵인 것 같아서 엑스레이를 한번 찍어 보고 싶다고 했습니다. 엑스레이를 찍고 기다리니 30분쯤 후에 의사가 불렀습니다. 제 가슴을 찍은 필름을 판독기 위에 올려놓고, 저에게 물었습니다.

"전에 결핵을 앓은 적이 있습니까?"

"아뇨, 없습니다."

"그런데 왜 결핵이라고 생각했습니까?"

"그냥 제 느낌에 그런 것 같아서요."

"아주 잘했습니다. 그럴 때는 한번 찍어 보는 것이 좋습니다. 오늘 잘 오셨는데, 선생님의 폐는 아주 깨끗합니다. 결핵 근방에도 안 갔으니 안심하십시오. 엑스레이를 찍어 보니 마음 편하고 좋지요?"

그 동안 밥맛도 없고 힘도 없고 그랬는데, 그 이야기를 듣고 나오니까 배가 고팠습니다.

"여보, 우리 뭐 좀 사먹고 가자."

아내와 둘이 시장에 가서 국밥을 한 그릇 사먹고 돌아왔습니다. 그 후로는 결핵이 다 어디로 도망가버렸습니다.

병이 없다는 의사의 말도 믿어야 하지 못 믿으면 문제입니다. 제가 생각했던 것은 '확실한 것은 아닌데 결핵인 것 같다. 결핵일지 모른다' 입니다. 그렇게 생각했다가도 제가 제 생각보다 의사의 말을 더 믿으니까, 엑스레이 찍은 결과를 더 믿으니까, 제 마음이 결핵에서 해방을 받은 것입니다.

자기 아이의 코뼈가 내려앉았다고 믿는 자매는, 제가 아무리 정상이라고 이야기해도 "목사님, 저를 위로하려고 하지 마십시오." 했습니다. 자기 생각이 아주 옳다는 것입니다. 죄송합니다만, 정신적으로 약한 사람일수록 자기 생각 속에 깊이 빠집니다. 정신이 건강하고 건전한 사람일수록 자기 생각 속에 빠져들지 않습니다.

저를 찾아왔던 나이 든 아가씨도, '나는 성 불구자다' 는 생각 하나가 들어와서 결혼을 안 한 것입니다. 자기가 그렇게 생각했을지라도 산부인과 의사가 정상이라고 하면 믿어야 합니다. 그런데 자기 생각 속에 빠져들어가면, 자기 생각에 맞는 이야기만 귀에 들어오지 생각에 맞지 않는 이야기는 절대 귀에 들어오지 않습니다. 그것이 가장 큰 문제입니다. 코뼈가 내려앉은 것이나 산부인과 질병이나 결핵 같은 것들은, 병원에 가서 진단을 받으면 분명한 결과를 얻을 수 있습니다. 그런데도 못 믿는 것입니다.

보이는 결과도 못 믿는 사람이 있는데, 눈에 보이지 않는 신비한 영적 세계를 믿는 사람은 얼마나 복된 사람입니까? 저는 목회를 하며 수많은 사람을 만나 상담도 하고 의논도 하면서, 많은 사람들이 자기 마음을 사단에게 내주어 사단이 넣어주는 생각에 끌리기 때문에 그 생각이 절대 옳다고 믿는 것을 보았습니다.

우리가 알고 있는 지식, 경험, 주관, 철학들은 대부분 우리 눈으로 보고, 귀로 듣고, 손으로 만지고, 생각해서 형성된 것들입니다. 그런데 우리 눈이 정확하게 보는 줄 압니까? 기분이 좋으면 아내가 너무 사랑스럽고 예쁘게 보입니다. 부부싸움을 하고 나서 아내를 보면 예쁘게 보입니까? 양 같은 아내가 첫 아이 낳고 나서 여우로 변한다고 하잖아요. 똑같은 아내인데, 보는 눈에 따라서 다르게 보입니다. 그 눈으로 보고 얻은 지식이 정확하겠습니까?

우리 눈에는 아주 멀리 있는 것도 안 보이고, 아주 작은 것도 안 보입니다. 우리가 볼 수 있는 것들이 얼마나 됩니까? 군대에 가면 '야간투시경'이라는 것이 있습니다. 밤에 적군이 침투하는 것을 막기 위해서 그것을 사용하는데, 그것을 쓰면 캄캄한 밤에도 사물이 환하게 보입니다.

여러분, 밤에 야간투시경을 쓰고 보면 얼마나 우스운지 압니까? 환히 다 보고 있는데, 안 보일 줄 알고 총을 들고 살살 기어오는 것을 보면 너무 우습습니다. 만약 여러분이 캄캄한 밤에 집에서 야간투시경을 쓰고 있는데, 도둑이 조심스럽게 살살 들어오는 것을 보면 얼마나 재미있겠습니까? 다 보고 있는데 자기는 숨었다고 생각하고 기어오니까요.

눈으로 보는 것과 보지 않는 것에는 큰 차이가 있습니다. 그런데 우리는 영적인 세계를 향해 눈을 감고 살아갑니다. 그렇기 때문에 하나님의 말씀 앞에서, 무엇이든지 우리 생각에 어떻게 느껴지는지를 전적으로 무시하고 말씀에 마음을 두어야 합니다.

사막에서 죽어간 여섯 명의 군인

사회하시는 김창규 목사님이 어제 '미국에서 일어나는 비행기 사고의 90%가 조종사들이 계기를 믿지 않기 때문이다'는 이야기를 했습니다. 제가 영화에서 조종사 교육시키는 것을 본 적이 있습니다. 거기에 조종사들로 하여금 자기 육감을 믿지 않고 계기를 믿도록 교육시키는 과정이 있는데, 그중에 이런 내용이 있었습니다.

이탈리아의 밀라노에서 아프리카 이집트로 가는 미 공군 수송기가 있었습니다. 그 거리는 평소 두 시간 비행하면 도착하는 거리였습니다. 그날 저녁 그 공군 수송기에 여섯 명의 군인이 탔는데, 다 지쳐 있었습니다. 모두들 피곤해 잠이 들었고, 조종사도 자동비행 상태에서 잠이 들었습니다. 그러다가 조종사가 잠에서 깨어 시계를 보니 한 시간 45분이 지났습니다. '이제 목적지에 거의 다 왔겠구나' 생각하고 계기를 점검해 보니, 계기에는 벌써 이집트 비행장을 지났다고 나타나 있는 것입니다. 두 시간이 걸리는 거리니까 조금 더 가야 되는데 계기에는 이미 지났다고 되어 있었습니다. 그래서 조종사는 비행기의 계기가 고장났다고 생각했습니다.

조종사는 비행기 고도를 낮춰서 불빛을 보고 활주로를 찾으려고 했습니다. 그런데 한 시간을 더 날아도 활주로가 나오지 않았습니다. 결국 비행기에 연료가 떨어져, 비행기에 탔던 사람들 모두 낙하산을 타고 뛰어내렸고, 비행기는 잠시 후 추락했습니다. 구조대원들이 그 사람들을 찾아나섰는데, 일 주일만에 아프리카 사막에서 다 찾았습니다. 하지만 모두 시체가 되어 있었습니다.

한 사람이 수첩에 일기를 적어 일기에 그런 내용들이 기록되어 있었습니다. 여섯 명이 낙하산을 타고 사막 가운데 떨어져, 뜨거운 사막 햇빛 아래서 목마름을 이기지 못해 다 죽었던 것입니다. 비행기 잔해는 시체를 발견한 곳에서 100km 정도 떨어진 곳에서 찾았는데, 검사원들이 조종석의 계기를 검사해 보니 모두 정상이었다고 합니다.

나중에 사고 원인을 조사해 보니, 그날 밤 비행기와 같은 방향으로 강한 바람이 불어서 두 시간 걸리는 거리를 비행기가 한 시간 반만에 지나쳤던 것입니다. 그러니까 조종사가 잠이 깼을 때는 이미 공항 활주로를 지난 후였습니다. 계기는 그렇게 가르쳐 주고 있었지만, 조종사는 '아직 한 시간 45분밖에 안 되었는데 목적지를 지날 리가 있나? 이 계기가 고장난 것이다'라고 생각했던 것입니다. 계기를 못 믿으니까 육안으로 활주로를 찾으려고 하다가, 결국 사막에서 비행기 연료가 떨어져 여섯 명이 다 죽고 말았습니다. 그래서 조종 교육에 있어서 반드시 계기를 믿으라는 사실을 조종사에게 교육시킨다고 합니다.

신앙의 세계에서도, 하나님의 말씀보다 내 육감, 내 생각을 믿으면 안 됩니다. 믿음의 세계는 눈에 전혀 보이지 않는 세계를 믿는 것이기 때문에, 하나님의 말씀을 믿는 믿음이 아니면 불신의 세계에서 결코 벗어날 수 없습니다.

없애지 않은 못 자국과 창 자국

우리는 계속 다말에 대한 이야기를 하고 있는데, 로마서 8장 말씀이 그 이야기를 보충해 주고 있습니다. 31절부터 읽어 보겠습니다.

"그런즉 이 일에 대하여 우리가 무슨 말 하리요. 만일 하나님이 우리를 위하시면 누가 우리를 대적하리요. 자기 아들을 아끼지 아니하시고 우리 모든 사람을 위하여 내어주신 이가 어찌 그 아들과 함께 모든 것을 우리에게 은사로 주시지 아니하시겠느뇨"

33절입니다.

"누가 능히 하나님의 택하신 자들을 송사하리요, 의롭다하신 이는 하나님이시니. 누가 정죄하리요, 죽으실 뿐 아니라 다시 살아나신 이는 그리스도 예수시니. 그는 하나님 우편에 계신 자요, 우리를 위하여 간구하시는 자시니라."

이 말씀에서 예수님은 우리를 위하여 죽으셨을 뿐 아니라 다시 살아 나셨다고 했습니다. 그러니 누가 우리를 정죄할 수 있겠느냐고 말합니다. 그리고 예수 그리스도는 하나님의 우편에 앉아 계신다고 했습니다. 어느 날 제가 이 성경 말씀을 깊이 생각해 보았습니다. 만일 제가 오늘 죽어서 하나님 앞에 서게 되면, 하나님의 심판대 앞에서 사단이 저를 송사할 것입니다.

"하나님, 박옥수라는 사람은 몇 년에 태어나 무슨 죄를 짓고, 무슨 죄를 짓고, 무슨 악을 행하고, 무슨 악을 행하고……."

하면서 제가 죄를 지은 것을 죽 이야기할 것입니다. 사단이 제가 저지른 죄를 하나도 잊지 않고 기억했다가 이야기하면, 아마 저도 깜짝 놀랄 것입니다.

'그랬구나. 맞아, 내가 그런 죄를 지었지. 내가 그랬구나.'

그러면 예수님께서 하나님 우편에 계시다가 나와서 말씀하시는 것입니다.

"박옥수라는 사람이 그런 죄를 지은 것이 맞습니다. 사실입니다."

그러면서 예수님이 손의 못 자국과 옆구리의 창 자국을 하나님께 보여 드립니다.

"방금 사단이 이야기한 박옥수라는 사람이 지은 그 죄 때문에 제가 벌을 받은 자국이 바로 이 못 자국과 창 자국입니다. 하나님, 이 손에 있는 못 자국을 보시고 이 옆구리에 있는 창 자국을 보십시오. 이게 바로 지금까지 사단이 열거한 그 모든 죄의 값을 지불하기 위해 제가 십자가에 못박혀 죽은 증거입니다. 그러니 그 죄의 값은 십자가에서 이미 다 치러졌습니다."

그러니 사단이 우리를 송사해도 송사가 안 됩니다. 그 죄의 값은 이미 다 치러진 것입니다. 너무 분명하게 치러졌습니다. 내가 죄를 지은 것은 분명한 사실인데, 그 죄의 값이 지불되었기 때문에 죄가 죄로 성립되지 않고 무죄가 되어버리는 것입니다. 예수님이 하나님 우편에 앉아 계신 이유가 바로 그것 때문입니다. 우리가 하나님 앞에 서서 심판을 받을 때, 사단이 송사할 때마다 예수님이 우리를 위해 증거하시는 것입니다. 예수님은 우리 죄를 위하여 십자가에 못박히셨다가 살아나셨습니다.

"예수는 우리 범죄함을 위하여 내어줌이 되고, 또한 우리를 의롭다 하심을 위하여 살아나셨느니라."(롬 4:25)

주님이 부활하셔서, 우리가 의롭다는 사실을 인정해 주셨습니다.

"내가 죽었다가 산 것은 바로 박옥수의 죄를 위하여 죽었다가 살아난 것이니, 내가 증인이 아니냐?"

그러면 송사할 사람이 없습니다.

우리 주님이 십자가에 못박혔다가 사흘만에 살아나셨는데, 그 손발의 못 자국과 옆구리의 창 자국을 없앨 수 있습니까, 없습니까? 없애려고 하면 얼마든지 없앨 수 있습니다.

얼마 전에 베트남에서 선교하던 박재윤 선교사님이 공안에게 체포되어 쫓겨나왔습니다. 우리는 다시 은밀한 방법으로 베트남에 들어갈 길을 모색해서 박 선교사님이 베트남에 다시 들어갔습니다. 그런데 박 선교사님은 턱 부근에 큼지막한 점이 있습니다. 제가 가만히 생각해 보니까 점이 있으면 누구라도 금방 알아볼 것 같았습니다. 그래서 박 선교사님에게 '그렇게 베트남에 들어가면 공안이 금방 알아볼 테니 점을 없애라'고 했습니다.

선교사님이 그날 성형외과에 다녀오더니, 수술비가 70만 원 든다고 했습니다. 공안에게 잡혀 쫓겨나면 비행기 표 값만 해도 그만큼 드니까, 비용이 비싸도 수술을 했습니다. 점이 있는 부분의 살을 떼어내고 귀 뒷부분에 있는 가죽을 이식해 다 가렸습니다. 그렇게 해서 베트남에 감쪽같이 들어갔습니다. 복음의 밀수꾼이지요. 박 선교사님이 공안이 자기를 몰라보더라면서 너무 좋아하기에, 제가 "박 선교사, 자네 아내는 자네를 알아보던가?" 하고 물어 보기도 했습니다.

여러분, 성형외과에서 박 선교사님에게 있던 커다랗고 두툼한 점을 깨끗하게 제거했는데, 하나님이 예수님 손의 그 흉측한 못 자국을 왜 제거하지 못하며 예수님 옆구리의 창 자국을 왜 제거하지 못하겠습니까? 제거할 수 있는데 그냥 놔둔 것입니다. 왜요? 그게 바로 약조물입니다. 무슨 약조물입니까? 우리 죄를 지워버렸다는, 십자가에서 피흘려 우리 죄를 사했다는 증거입니다.

어제 저녁에 한 이야기 중에, 다말이 분명히 남편이 죽고 없는데도 아이를 가졌다면 행음한 것이 틀림없습니다. 그런데도 다말이 옳다고 인정을 받았습니다. 유다가 다말을 옳다고 했습니다. 무엇을 보고서 그랬습니까? 그 도장과 끈과 지팡이를 보고서.

다말이 분명히 자기 남편이 아닌 다른 남자를 유혹해서 행음을 했지요? 그리고 아이를 가졌습니다. 분명히 그런 죄를 지었는데 약조물인 지팡이와 도장과 끈을 내놓자 유다가 의롭다고 하더라는 것입니다. 그 후 다말은 그 집안의 아주 귀한 여자가 되어 아들을 둘이나 낳았고, 예수 그리스도의 족보를 이었습니다.

도장과 끈과 지팡이가 죄를 지은 다말을 의롭게 만든 것처럼, 예수 그리스도의 이마에 있는 가시관 자국과 손발의 못 자국과 옆구리의 창 자국, 그것들이 우리를 의롭게 만듭니다. 우리가 죄를 지은 것은 분명한 사실이고 악을 행한 것이 사실인데, 예수님이 십자가에서 못박혀 죽으신 증거인 못 자국과 창 자국과 가시관 자국이 우리를 의롭게 만들어 주는 것입니다.

다말이 유다 앞에 끌려갈 때, 예쁘게 화장을 하고 머리를 꾸미고 멋진 옷을 입어 단정하게 보여서 '아이구 저렇게 예쁘고 단정한 여자가 어떻게 간음을 했겠나?' 하는 생각을 일으킨 것이 아닙니다. 아니면 다말이 고상한 말을 하고 예의 있는 사람으로 보여서 '이런 여자는 간음을 안 했을 거야' 하고 생각하게 만든 것도 아닙니다. 유다는 다말의 것은 아무것도 보지 않고, 도장과 끈과 지팡이만을 보고 다말을 의롭다고 말했습니다. 다말은 도장과 끈과 지팡이만 가져가면 자기가 의롭게 인정받을 수 있다는 사실을 확실하게 알았기 때문에, 자기 배가 불러지는 것이나 남들에게 어떻게 보이는 것을 상관치 않고 담대하게 행할 수 있었던 것입니다.

우리도 마찬가지입니다. 자기 자신을 바라보는 것은 신앙이 아닙니다. 자기가 얼마나 악하고 얼마나 추하고 얼마나 더럽고 얼마나 가증되든지 그런 것을 전혀 생각하지 않고, 주님이 우리를 의롭게 하신 증거를 의지하면 담대할 수 있습니다.

유다는 도장과 끈과 지팡이만을 보고 "그는 나보다 옳도다." 하며 다말을 정죄하지 않고 무죄로 돌렸습니다. 하나님은 다말의 이 이야기를 통해서, 예수 그리스도께서 십자가에 못박혀 죽으시면서 흘린 피와 그때 생긴 못 자국과 창 자국을 보시고 우리를 의롭다고 하신다는 사실을 가르쳐 주고 계십니다.

하나님은 우리가 죄를 적게 지었거나 회개를 잘했거나 눈물을 많이 흘렸거나 금식기도를 했거나, 그런 선한 일을 행한 것을 보고서 우리를 의롭다고 하시는 것이 결코 아닙니다. 우리가 예수님을 믿는다는 것은 어떤 뜻입니까? 나를 의지하지 않고 주님을 의지한다는 것입니다. 내 의(義)를 의지하지 않고 주님의 의를 의지하는 것을 말합니다.

도장과 끈과 지팡이, 그것은 다말에게 생명과 같은 것이었습니다. 그것처럼 우리가 하나님 앞에 설 때 생명처럼 내놓을 것이 있습니다. 그것은 우리의 선한 행동이 아닙니다. 여러분이 행한 선한 일을 하루종일 나열한다 해도 아무 쓸모가 없습니다. 하나님이 우리를 받으시는 조건은 단 하나 어린 양 되신 예수 그리스도의 피밖에 없습니다. 아무리 악을 행한 사람이라 할지라도 그것과 상관없이 예수 그리스도의 피는 그를 하나님 앞에 담대하게 설 수 있게 해 줍니다. 하나님은 예수 그리스도의 보혈만을 보시고 우리를 의롭다고 하십니다. 여러분이 선을 행한 것이나 악을 행한 것을 전혀 보지 않으십니다.

자기 생각

앞에서 이야기했던 자기 아이 코가 내려앉았다고 생각하는 자매, 자기는 성 불구자라고 생각하는 아가씨, 그들은 자기 생각만을 믿고 있었습니다. 남의 말을 믿거나 받아들이지 않았습니다. 사단이 많은 사람들을 그렇게 어떤 생각의 테두리 안으로 끌고 갑니다. 사람들이 생각의 테두리를 벗어나지 못해서, 그 생각에 매여 고통하고 어려움을 겪는 경우가 너무 많습니다.

어떤 부인이, 자기 아기를 목욕시킨 후 뉘어 놓고는 자고 있는 아기를 보니 너무 귀엽고 예쁘고 사랑스러웠습니다. 그런데 그 아기를 쳐다보다가 갑자기 생각 하나가 들어왔습니다.

'이렇게 예쁜 아기를 누가 칼로 죽이면 어떻게 하나?'

여러분도 그런 생각에 사로잡히면 가만히 있지 못할 것입니다. 그 부인이 깜짝 놀라면서 아파트 문을 다 걸어 잠갔습니다. 그리고 경비실에 전화를 했습니다.

"아저씨, 혹시 우리 집에 누구 올라온 사람 없어요?"

"없습니다."

"올라오지 못하게 하세요. 큰일나요."

저녁에 남편이 돌아왔습니다. 그 부인이 남편에게 '문을 밖에서 못 열게 잠금 장치를 하나 더 만들자'고 했습니다. 남편이 '잠금 장치가 두 개나 있는데 또 할 필요가 있느냐'고 하자, 부인이 소리를 질렀습니다.

"그러면 누가 우리 아기를 칼로 죽여도 좋단 말이야?"

남편이 깜짝 놀랐습니다. 아무도 아기를 칼로 죽이려고 하지 않고, 누구에게 원한을 산 일도 없는데, 그 부인은 그런 생각에 빠져서 고통스러워한 것입니다.

제가 아는 한 부인은, 자기 남편이 밤에 자다가 일어나 아파트 건너 동에 사는 독신녀와 자고 온다는 생각이 들어왔는데 그것을 그대로 믿었습니다. 그래서 남편을 칼로 죽이려고 해 남편이 아내를 정신병원에 입원시켰습니다. 정신병원 의사가 저를 불러서 제 아내와 함께 가서 그 부인을 만났습니다. 자기 남편이 건너 동 아파트에 사는 독신녀 집에 가서 자고 온다고 말하는 부인에게 제가 '무슨 증거가 있냐'고 물었더니, 다짜고짜 '목사님도 내 말을 안 믿는다'는 것입니다.

"내가 믿는다. 그런데 증거가 있냐고 묻잖아."

"목사님, 나는 잠들면 송장이에요."

"그래, 잠들면 송장인데, 남편이 건너동 아파트에 사는 독신녀와 자고 오는 것을 어떻게 알았냐?"

"그건 틀림이 없어요."

"어떻게 틀림이 없냐?"

"그건 사실이에요."

참 안타까웠습니다. 제가 그 부인에게 다시 이야기했습니다.

"너 정신병원에 와 있는 이유를 알아? 그런 소리를 하니까 정신병원에 와 있는 거야. 내가 가르쳐 줄 테니까, 내가 하는 말 그대로 따라해봐. 남편이 건너편 아파트에 사는 독신녀와 잠을 잤다고 하지 말고, '잠을 잤을 것이다'라고 하거나 '잠을 잤을지 모른다'라고 해. 그렇게 말해야 정상이지, 그건 추측이니까. 그런데 추측을 가지고 '잤다'하면 정신병자가 되는 거야."

"아니에요, 목사님. 그건 사실이에요."

"그러면 사실인 것을 믿을 만한 증거를 대봐."

여러분, 생각 하나에 끌리면 그렇게 되는 것입니다. 그래서 의부증 환자들이 많고, 의처증 환자들이 많습니다. 생각에 끌려다니는 것입니다. 사단은 여러분의 생각을 사실이 아닌 쪽으로 얼마든지 끌고 다닐 수 있습니다. 사단이 우리에게 어떤 생각을 넣어 주면 우리는 그 생각에 끌립니다. 사단이 여러분에게 미운 생각을 하나 넣어 주면 계속 미워하게 됩니다. 음탕한 생각을 넣어 주면 그 생각을 계속

합니다. '잘살고 부자가 되어야 한다'는 생각을 넣어 주면 그것이 옳다고 생각합니다. 우리 생각은 믿을 만한 것이 못 되는데 사람들은 그것을 모르고 자기 생각만은 확실히 옳다고 여깁니다.

저는 우리 교회에서 설교하다가 종종 "제가 가장 싫어하는 것이 '내가 옳다'는 소리입니다."라는 이야기를 합니다. 왜요? 사람들에게서 옳은 것만 빼내면 싸울 일이 없습니다. 싸움을 누가 붙입니까? 옳음이 다 붙입니다. '내가 틀렸다'고 하면서 싸우는 사람 있습니까? 한 사람도 없습니다. 여러분, 시어머니와 며느리가 싸울 때, 시어머니 말을 들으면 시어머니가 옳고, 며느리 말을 들으면 며느리가 옳습니다.

옛날에 사이가 아주 안 좋은 며느리와 시어머니가 있었습니다. 옛날이나 지금이나 그 관계는 안 좋다고 합니다. 하여간 시어머니가 너무 답답해서 절에 찾아가 스님 앞에서 며느리 욕을 실컷 했습니다. 스님은 그 이야기를 들으면서 아무 말도 안 했습니다. 시어머니가 아무 말도 안 하는 스님 앞에서 그러고 나니까 좀 미안해서 '하긴 뭐 나도 잘못한 게 많다'고 했습니다. 그러자 스님이 '전에는 당신도 며느리였다'는 말 한 마디를 해 주어, 시어머니가 부끄러워하며 돌아왔답니다.

그리고 며칠 후, 며느리도 시어머니가 너무 미워서 어쩔 줄 몰라 하다가 그 절에 찾아가 스님 앞에서 시어머니 욕을 실컷 했습니다. 이번에도 스님이 아무 말 않고 가만히 듣고만 있으니까, 며느리가 시어머니 욕만 한 것이 좀 미안해서 '하긴 나도 잘못한 게 많다'고 했습니다. 그러자 스님이 '당신도 조금 있으면 시어머니가 된다'는 말 한 마디 해 주고 돌려보냈답니다.

하나님 앞에 꼭 가져갈 것

신앙에 있어서 가장 어려운 점이, 자기 주관대로 신앙 생활을 하는 것입니다. 그래서 성경에는 우리 생각을 버리라고 되어 있습니다. 다말은 자기 생각을 가지고 행치 않았습니다. 다말은 하나님의 인도를 따라 행했고, 그 안에서 믿음을 가졌습니다.

'내가 아기를 가졌지만, 이 도장과 끈과 지팡이를 가져가면 내 의가 밝혀진다.'

결국 유다가 "그는 나보다 옳도다."라고 했습니다. "내가 셀라를 그에게 주어야 했는데, 셀라가 장성했어도 주지 않아서 그랬으니 그가 옳도다." 하고 다말을 인정해 주었습니다.

다말이 도장과 끈과 지팡이를 가져가면 자기가 의롭게 될 것을 알았듯이, 우리에게도 다말과 같은 믿음이 필요합니다. 그 믿음이 무엇입니까? 현재 우리 모습이 우리 보기에 어떠하든지 간에 예수 그리스도께서 십자가에서 흘리신 보혈과 나를 위해 심판당하신 못 자국과 창 자국만 있으면, 하나님이 그것을 보시고 우리를 의롭게 하신다는 믿음입니다.

그런데 사람들이 그 사실을 모릅니다. 예수 그리스도께서 십자가에서 흘린 피, 그것만을 의지하지 않고 다른 것을 내세웁니다. 자기가 좀 잘한 것, 선한 것을 자꾸 내세우다가 멸망을 당하는 것입니다.

만약 다말이 '내가 아무리 이 도장과 끈과 지팡이를 가져간다 할지라도 유다가 나를 밉게 보면 나를 불태워 죽일지 몰라. 그러니까 나를 꾸며야지' 하고는, 화장하고 머리 다듬고 멋진 드레스 입고 가느라고 도장과 지팡이와 끈을 다 잊어버렸다면 어떻게 되었겠습니까? 그러면 다말은 죽습니다. '어, 내 도장 어디 갔지?' 하다가 뜨뜻해서 보니, 장작에 이미 불이 붙었습니다.

다말은 자기를 다듬지 아니하고, 다른 아무것도 없이 지팡이, 끈, 도장, 그것만 가슴에 품고 갔습니다. 그것이 참된 믿음입니다.

우리는 신앙 생활을 하면서, 좀 정직하고 선을 좀 행하고 율법을 좀 지키고 십일조를 내면, 하나님이 보시기에 괜찮을 줄로 생각합니다. 그것은 전부 사단에게 속는 것입니다. 우리가 아무리 잘해도 그것은 하나님 앞에서 아무 의미가 없습니다.

유다는 다말이 예쁜 것을 보고, 다말의 귀걸이를 보고, 다말의 비싼 다이아몬드 반지를 보고 그가 옳다고 이야기하지 않았습니다. 유다가 본 것은 단 하나였습니다. 지팡이와 끈과 도장.

하나님이 여러분을 그렇게 보십니다. 하나님은 여러분을 보실 때, 여러분이 십계명을 얼마나 잘 지켰나, 주일을 얼마나 잘 지켰나, 십일조를 얼마나 잘 냈나, 그런 것을 전혀 보시지 않습니다. 하나님이 보시는 것은 단 하나, 우리 죄를 위하여 십자가에 못박혀 죽으신 예수 그리스도께서 흘린 피입니다.

만약 다말이 화장을 하고 멋진 드레스를 입고 좋은 구두를 신고 멋진 반지를 끼고 하다가 그만 지팡이 가져가는 것을 잊어버렸다면 죽임을 당합니다. 우리도 뭘 잘해서 인정받을 만한 것을 가지고 하나님 앞에 나아가려고 하다 보면 예수님의 피가 자꾸 멀어지고, 그러면 하나님 앞에 설 때 그 피만을 의지하지 않게 됩니다. 하나님 앞에 예수 그리스도의 피를 의지하지 않고 선다면 멸망을 당할 뿐입니다.

하나님의 아들 예수님이 흘린 피는 우리의 모든 죄를 씻기에 전혀 부족함이 없습니다. 더러운 우리를 하나님 앞에 세우기에, 우리를 거룩하게 하기에, 우리를 의롭게 하기에 전혀 손색이 없습니다. 우리를 하나님 앞에 의롭게 세울 수 있는 것은 예수님의 피밖에 없다는 것입니다. 거기에다 무엇을 더하려고 하거나 좀더 잘하려고 하면, 신앙이 비뚤어지고 맙니다.

다말은 지팡이와 끈과 도장만 가지고 갔습니다. 그것처럼 여러분도 하나님 앞에 나아갈 때, 여러분이 잘한 것이 있다고 그것을 만족해하며 내세우려고 하지 마십시오. 어떤 사람은 십일조를 잘 내고 주일을 지키고 성경을 좀 읽고 전도를 잘했을 때는 하나님 앞에 기쁨으로 나가고, 그러지 못할 때는 부끄러워서 못 나갑니다. 그 사람은 자기 행위를 믿고, 자기를 믿는 사람입니다.

여러분, 내 것은 아예 안 됩니다. 좋은 것도 안 되고, 나쁜 것도 안 되고. 그러니 내 것은 아예 버리고, 예수 그리스도께서 날 위해 십자가에서 흘리신 보혈만을 의지하고 하나님 앞에 가야 합니다. 우리가 많은 죄를 범했지만 십자가의 피가 그 죄를 씻었기 때문에 우리가 하늘나라에 갑니다.

여러분은 깨끗한 자로 드러나서 하나님 앞에 서려고 하지 마십시오. 우리는 정말 하나님 앞에서 죄인입니다. 그런데 그냥 죽을 죄인으로 끝나는 것이 아니라, 예수 그리스도께서 십자가에서 흘린 보혈로 말미암아 우리의 모든 죄가 눈처럼 희게 씻겨졌습니다.

오늘 한 다말 이야기에서 가장 중요한 핵심은 지팡이와 끈과 도장입니다.

"이 지팡이와 끈과 도장이 확실히 증거합니다. 이 뱃속에 있는 아이는 바로 당신의 아들입니다. 하나님은 당신의 씨를 통해서 그리스도가 태어나기를 원하시는데, 당신의 아들 엘도, 오난도 그것을 거절해서 멸망을 당했고, 셀라도 당신이 허락하지 않았습니다. 그래서 당신의 씨를 받기 위해 이렇게 했습니다. 이렇게 해서 하나님의 뜻을 이루려고 했습니다."

지팡이와 끈과 도장이 다말의 의를 인정해 주었습니다. 다말이 음탕한 여자가 아니라는 사실을 인정해 주었습니다. 하나님의 뜻을 이루려고 한 여자라는 사실을 인정해 주었습니다.

그것처럼 우리를 인정할 수 있는 것은 예수님의 피밖에 없습니다. 예수 그리스도께서 십자가에서 흘린 보혈이 우리를 모든 죄에서 정결케 한 사실을 믿는 믿음으로 설 때 하나님이 여러분을 받으십니다. 여러분이 하나님 앞에 설 때, 다른 어떤 것에도 기대를 두지 않고 예수님이 십자가에서 흘리신 피에만 기대를 두고 나아간다면, 하나님이 여러분을 기쁘게 받으실 줄 믿습니다.

7. 하나님이 하시는 것과 내가 하는 것

7. 하나님이 하시는 것과 내가 하는 것

마태복음 1장 1절부터 제가 읽겠습니다.
"아브라함과 다윗의 자손 예수 그리스도의 세계라. 아브라함이 이삭을 낳고, 이삭은 야곱을 낳고, 야곱은 유다와 그의 형제를 낳고, 유다는 다말에게서 베레스와 세라를 낳고, 베레스는 헤스론을 낳고, 헤스론은 람을 낳고, 람은 아미나답을 낳고, 아미나답은 나손을 낳고, 나손은 살몬을 낳고, 살몬은 라합에게서 보아스를 낳고, 보아스는 룻에게서 오벳을 낳고, 오벳은 이새를 낳고, 이새는 다윗 왕을 낳으니라. 다윗은 우리야의 아내에게서 솔로몬을 낳고, 솔로몬은 르호보암을 낳고, 르호보암은 아비야를 낳고, 아비야는 아사를 낳고, 아사는 여호사밧을 낳고, 여호사밧은 요람을 낳고, 요람은 웃시야를 낳고, 웃시야는 요담을 낳고, 요담은 아하스를 낳고, 아하스는 히스기야를 낳고, 히스기야는 므낫세를 낳고, 므낫세는 아몬을 낳고, 아몬은 요시야를 낳고, 바벨론으로 이거할 때에 요시야는 여고냐와 그의 형제를 낳으니라. 바벨론으로 이거한 후에 여고냐는 스알디엘을 낳고, 스알디엘은 스룹바벨을 낳고, 스룹바벨은 아비훗을 낳고, 아비훗은 엘리아김을 낳고,

엘리아김은 아소르를 낳고, 아소르는 사독을 낳고, 사독은 아킴을 낳고, 아킴은 엘리웃을 낳고, 엘리웃은 엘르아살을 낳고, 엘르아살은 맛단을 낳고, 맛단은 야곱을 낳고, 야곱은 마리아의 남편 요셉을 낳았으니 마리아에게서 그리스도라 칭하는 예수가 나시니라."
16절 말씀까지 읽었습니다.

육신적인 사모님

오늘 저녁에는 마태복음 1장에 나오는 예수님의 족보를 전부 읽었습니다. 사람들이 신약성경을 펴서 마태복음 1장에 나오는 '낳고, 낳고, 낳고……' 하는 내용을 보고는 처음부터 지겨워서 계속해서 못 읽는 경우가 많습니다. 그러나 실제로 알고 보면 너무 은혜로운 이야기입니다.

우리 선교회에 선교사님들이 많이 계십니다. 한번은 가나 테마에 있는 선교사님의 사모님이 저에게 자신의 간증을 적은 편지를 보내왔습니다. 죄송합니다만, 목사님이나 선교사님이라고 해서 다 신앙이 좋은 것은 아닙니다. 그분들도 시험에 들 때가 있고, 더욱이 사모님들은 시험들 때가 많고 육신적일 때가 참 많습니다. 그 사모님이 아프리카에 가서는 '세상에 이게 뭐냐. 내가 이런 나라에 와서 살다니……' 하며 한국에 돌아가고 싶은 마음이 굴뚝 같았습니다. 어떤 사람이 굴뚝 하나 그려놓고 옆에다 새 한 마리를 그려놓았다고 하던데, 가고 싶은 마음은 굴뚝 같지만 갈 새가 없어서 못 간다는 뜻이랍니다.

하여튼 이 사모님이 시험에 들어서, 어떻게 해서든지 한국으로 돌아가려고 했답니다. 그런데 하루는 그 곳에서 먼저 선교하고 계시던 선교사님이 그 내외를 부르더니, 정글에 가서 말씀을 전하고 오라고 했습니다. 얼마 전에 정글에 사는 분이 테마에 와서 구원을 받고 돌아간 후, 가족과 친척들에게 복음을 전하고 싶은데 말씀을 모르니까 선교사님에게 누구를 좀 보내 달라고 했던 것입니다. 그 곳은 너무 깊은 정글이라서 가기 어려운 곳인데, 그 선교사님 부부에게 거기에 가라고 했습니다.

사모님이 그 이야기를 듣고는 '세상에 나는 여기도 싫어서 한국에 가고 싶은데 정글에는 왜 가? 나는 못 가. 두고 봐라, 내가 거기에 가나!' 하고 마음을 먹었습니다. 그런데 남편이 오더니, "여보, 참 감사하다." 하는 것입니다.

"뭐가 감사한데?"

"생각을 해 봐. 우리는 영어도 서툴고, 정글의 원주민들이 쓰는 말도 서툰데, 여기 형제들 중에 영어나 원주민 말을 우리보다 훨씬 잘하는 사람들이 얼마나 많아? 그런데 장 목사님이 우리에게 가라고 그랬어. 이게 웬 은혜야."

사모님이 속으로는 '피, 은혜도 되게 없다' 하는 마음이 들면서도, 남편이 너무 진지하게 감사해 하니까 차마 못 가겠다는 말을 못했습니다. 너무 감사해 하며 복음을 사모하는 남편의 마음을 꺾을 수 없어서 '죽기 아니면 까무러치겠지' 하면서 따라갔습니다. 테마에서 가나 제2의 도시인 쿠마시까지는 자동차를 타고 갔습니다. 다시 쿠마시에서 정글로 들어가는 비포장 도로를 여덟 시간 버스를 타고 갔는데, 가다가 버스가 구덩이에 빠지고, 또 빠지고…….

저도 몇 년 전에 차를 타고 거기에 가 본 적이 있습니다. 거기는 외국인들이 발을 들여놓지 않은 정글입니다. 우리 일행이 그 곳에 도착해 차에서 내리자, 아이들이 이리 뛰고 저리 뛰면서 소리를 질렀습니다. 옆에 있던 형제에게 '뭐라고 소리치냐?'고 물었더니, '흰둥이 왔다, 하얀 사람이 왔다'고 고함을 치며 뛰어다니는 것이라고 했습니다. 아프리카 사람은 복잡한 것을 싫어해서 흑인 외에는 전부 백인이라고 합니다. 그러니까 우리도 백인에 속하는 것입니다.

저는 거기에서 참 많이 떨었습니다. 제가 정글에 들어가다 보니까 정글 도로에서 5미터나 10미터쯤 떨어져 있는 나무에 카카오가 주렁주렁 달려 있었습니다. 카카오 아십니까? 코코아 만드는 열매인데, 코코아나무에 익은 카카오가 주렁주렁 달려 있었습니다. 주인이 없는 자연산이어서 따러 들어가려고 차를 세웠는데, 정글이니까 겁이 났습니다. 반바지를 입고 있다가 뱀이 있을까봐 긴 바지로 갈아입고 목이 긴 양말을 신은 후, 사자가 나타나나 망보라고 하고는 후닥닥 내려서 열매를 따가지고 차 안으로 들어왔습니다.

이야기가 자꾸 옆으로 흘러가는데, 하던 이야기니까 조금 더 하겠습니다. 제가 1995년에 처음 가나를 방문했는데, 그때 차를 운전한 아싸리 형제가 사는 마을에 가 보았습니다. 한번은 아싸리 형제의 사촌동생이 저에게 "목사님, 코코넛 따러 갈까요?" 했습니다. 저는 코코넛을 참 좋아했습니다. 정글에 가면 대부분 도랑물을 마시는데, 저는 그 도랑물을 마실 자신이 없었고, 여행 중이라서 물을 끓여 먹는 것도 여의치 않았습니다. 그래서 코코넛 열매 속에 들어 있는 물을 마셨습니다. 그런데 마침 그 형제가 코코넛을 따러 가자고 해서 좋아하며 따라갔습니다.

그 형제가 컴컴한 정글을 앞서가고 저는 뒤따라가는데, 겁이 나서 괜히 따라왔다 싶었습니다. 꼭 뭐가 나올 것 같았습니다. 코코넛나무가 있는 곳에 이르러, 그 형제가 저에게 기다리라고 하고는 코코넛을 따러 나무 위로 올라갔습니다. 아주 가느다랗고 높은 코코넛나무를 원숭이처럼 잘 올라갔습니다. 형제가 나무에 올라가고 나니까 저 혼자 남았습니다. 정글에서 꼭 뭐가 튀어나올 것 같아 겁이 나서, 형제에게 '빨리 따서 내려오라'고 했습니다.

정글에 들어가면 실제로 2, 3미터 앞도 잘 안 보입니다. 그러니까 바로 옆에 표범이 와 있어도 전혀 모르는 것입니다. 하여튼 그날 다시는 따라가지 않을 거라고 마음에 각오를 했습니다.

그런 정글로 그 사모님이 선교사님과 함께 들어갔습니다. 여덟 시간 버스를 타고 간 후, 거기에서 정글길로 10km를 걸어서 들어갔습니다. 한 사람이 겨우 지나갈 만한 정말 울창한 정글이었습니다. 곧 뱀이 나올 것 같고, 짐승이 나올 것 같은 그 길을 네 시간 정도를 걸어서 갔답니다.

정글에서 3주 정도 지냈는데, 거기에 있는 집들은 다 흙으로 지어져 있었습니다. 훌륭한 목사님들의 설교를 듣고도 전혀 움직이지 않았던 사모님의 마음이, 거기에서 사는 사람들의 모습을 보고는 움직이기 시작했습니다.

'거의 짐승처럼 사는 사람들도 있구나. 여기에 비하면 나는 얼마나 부유하게 사는가? 그러면서도 나는 무엇을 갖고 싶었고, 더 못 가져서 욕심을 부렸고, 더 좋은 것을 사고 싶어했고…….'

마음에 큰 가책을 느꼈답니다. 그 사람들은 가구도 전혀 없고, 그냥 맨흙바닥에 나무토막 몇 개 걸쳐놓고 그것을 침대 삼아 그 위에서 잤습니다. 저도 그분들 침대에서 한번 자 보았는데, 침대가 아니라 사다리였습니다. 나무 사이사이에 잔 나무들을 촘촘히 대면 등이 더 편한 텐데, 둥그런 나무 다섯 개 정도 놓고 그 위에 천 하나 깔아 놓으면 그게 침대입니다. 그리고 모기도 얼마나 많은지 모릅니다. 사모님이 거기에서 3주를 지내는 동안, 마음에서 한없이 가책을 받았습니다. 그 사람들은 아무것도 없이 맨바닥에서 살면서도 불평하지 않았습니다.

정글에 무서운 것이 여러 가지 있는데, 그중에 파리가 아주 무섭습니다. 여러분은 파리를 별로 겁내지 않을 겁니다. 그런데 거기에는 메뚜기 만한 파리도 있고, 아주 작지만 주로 사람들 피를 빨아먹는 파리도 있습니다. 파리가 피를 빨아먹는 동안에는 감각이 없다가 나중에 가렵기 시작합니다. 너무 가렵고, 또 긁으면 덧나고 그럽니다. 그래도 그 파리는 괜찮습니다. 더 무서운 것이 채채파리인데, 그 주둥이에는 벌레가 들어 있습니다. 그래서 채채파리가 사람의 피를 빨아먹을 때 벌레가 살갗을 뚫고 들어갑니다. 그 벌레는 몸 안에 들어가서 등골만 찾아간답니다. 지도도 없는데 정확하게 찾아갑니다. 벌레가 등골을 파먹기 시작하면, 사람이 잠에만 빠져 일어나지를 못합니다. 그냥 놔두면 자다가 오줌 싸고 똥 싸고, 그냥 굶어서 죽습니다. 채채파리에 물린 사람은, 자는 것 두들겨 깨워서 밥을 먹이면 눈 감고 먹는답니다. 또 깨워서 변소에 앉혀 놓으면 앉아서 꾸벅꾸벅 잡니다.

그렇게 무서운 곳이니, 이 사모님이 거기에서 지내면서 하나님을 찾지 않을 수 없었습니다. 그렇게 사는 사람들을 보면서, 자기는 아프리카에서 살지만 신발도 신을 만한 것 신고, 옷도 입을 만한 것 입고, 칫솔도 있는데 자꾸 무엇을 더 갖고 싶어했던 것에 대해 많은 가책을 느꼈답니다.

이 닭들은 다 아내 것입니다

　더 중요한 일이 하나 있었습니다. 선교사님을 초청한 형제가 사는 집에는 닭이 스무 마리 정도 마당에 있었답니다. 그런데 형제가 닭 한 마리 안 잡아 주더라는 것입니다. 하루는 형제가 오더니, 닭을 못 잡아줘서 너무 미안하다고 했습니다. 자기 집에 있는 닭들은 전부 아내 닭이고, 자기 닭은 두 마리밖에 없는데 다 장닭이라 못 잡는다는 것입니다. 그리고 코코넛나무도 열매 달리고 좋은 것은 다 아내 것이고, 바나나나무도 아내 것이라고 했습니다. 그래서 아무것도 줄 것이 없다는 것입니다.

　한국에서는 아내가 빚을 지면 남편이 다 갚아 주고, 돈도 남편과 같이 쓰는데 거기에서는 절대 안 그렇습니다. 정글 안에 살면서, 이것은 남편 닭 이것은 아내 닭, 이것은 남편 코코넛나무 이것은 아내 코코넛나무, 이것은 남편 바나나나무 이것은 아내 바나나나무, 그 구분이 아주 분명합니다. 옷도 이것은 네 것, 이것은 내 것. 그러니까 남편이 아내 것은 만지지를 못하는 것입니다.

　그 형제 집에 있는 것은 전부 아내 소유고 남편 것은 하나도 없었습니다. 그 아내는 구원받지 않은 사람이어서, 남편이 손님을 초대해 놓고 자기 닭을 잡아 줄까봐 늘 감시했습니다. 자기 바나나를 따서 손님 대접하는가 싶어서 바나나 나무를 살피고. 이 사모님이 보니까, 거기에서는 다 그렇게 사는 것입니다. 그 모습을 보면서 사모님에게 이런 마음이 들었답니다.

'세상에, 저게 무슨 부부냐? 한 집에 살면서도 저렇게 따로따로면 부부도 아니다. 부부지간이 한 몸이어서 얼마나 복되고 좋은데, 내 것 네 것 하면서 사냐?'

그때 하나님의 성령이 이 사모님의 눈을 탁 띄워 주셨습니다. 형제 아내의 모습이 꼭 자기 영혼의 모습이었던 것입니다. 자기는 '내 닭, 내 코코넛나무, 내 바나나나무'는 안 했지만, 자기 세계를 지키려고 하고, 자기 자신을 지키려고 자기를 꾸미고 세우고……. 자기가 그리스도 안에 들어가버리면 사랑하는 주님께서 자신의 모든 것을 책임져 주시는데, 자기가 주님의 신부라고 하면서도 '내 것, 내 것' 한 것이 너무 부끄러워졌습니다.

이 사모님이 자기가 너무 어리석었고, 너무 미련했고, 너무 악했다는 사실을 마음에서 깊이 깨달았습니다. 그러면서 자신이 확 무너져버렸습니다. 너무 이상한 것은, 자신의 생각이 탁 무너져버리니까, 예수님의 마음이 자기 마음에 들어와서 충만하게 채우더라는 것입니다. 이 사모님이 너무 변했습니다. 아프리카에 가서 선교한다고 하면서도 자신의 세계를 지키고 자기를 감싸느라고 정신이 없었는데, 그것이 너무 어리석었다는 사실을 알게 되었습니다.

디엘 무디가 살아 있을 때 어떤 사람이 무디에게 진지하게 권고했다고 합니다.

"무디 씨, 내가 당신에게 충고할 일이 하나 있는데, 당신은 어떻게 이런 큰 집회를 하며 거기에 필요한 많은 돈을 씁니까? 혹시 부정한 방법으로 돈을 끌어 쓰는 것 아닙니까?"

그러자 무디가 허허 웃으면서 '그것을 아직 몰랐냐'고 되물었습니다.

"예, 모릅니다. 이야기 좀 해보십시오."

무디가 웃으면서 이렇게 대답했답니다.

"그것은 전혀 어려운 일이 아닙니다. 하나님이 내 창고에다 창고를 하나 더 지었는데, 나는 내 창고에 있는 것을 삽으로 퍼서 밖으로 내던집니다. 나는 그 물질의 창고에 들어 있는 것들을 복음 일에 쓰고 또 씁니다. 내가 그렇게 한 삽 퍼내면 하나님이 한 삽 퍼넣어 주시고, 한 삽 퍼내면 또 한 삽 퍼넣어 주십니다. 그런데 하나님의 삽이 내 삽보다 약간 커서 퍼내도 퍼내도 부족함이 없이 채워집니다."

저도 처음 신앙 생활을 할 때, '내 것'이 있었습니다. 그런데 주님이 저에게 "박 목사야, 네 것 다 내놓고 나도 다 내놓고 해서 둘이 같이 쓸래?" 하셨습니다. 예수님이 우리에게 자주 하시는 이야기이지요. 저는 아무것도 없는 사람이어서 그렇게 하면 예수님이 손해입니다. 그런데 주님이 그렇게 하고 싶다는 것입니다. 그날부터 내 것이 전부 주님의 것이 되었습니다. 놀라운 것은, 그렇게 되니까 주님의 것이 내 것이 되어버린 것입니다.

저는 옛날에 이 사실을 깨닫지 못해서 굉장히 가난하고 어렵게 살았습니다. 이런 소리를 들으면 여러분이 시험들지 모르겠지만, 지금은 주님께서 제게 복을 주셔서 세계 수십 개국에 제가 머물 곳이 있습니다. 세계 각처에 우리 선교사님들이 계시니까요. 제가 언제든지 가기만 하면 사람이 공항에 마중나오고, 잠자리 주고, 음식 주고, 또 심심할까봐 말씀 들을 사람 데려다 주어 말씀 전하게 해 주고……. 세상에 이런 부자가 어디 있습니까? 그리고 저는 개인 TV 스튜디오를 가지고 있습니다. 그것을 갖추려면 돈이 굉장히 많이 들어서 웬만한 사람은 갖지 못합니다. 저는 우리 선교센터 건물 7층에 살고 지하 1층에 TV 스튜디오가 있어서, 언제든지 거기서 방송 설교를 녹화할 수 있습니다.

옛날에 제가 극동방송국에서 방송할 때는, 늘 방송국에 전화를 해야 했습니다.

"거기 방송국이죠? 저 박옥수 목사인데, 스튜디오 몇 시부터 몇 시까지 빕니까?"

그때 극동방송국에 스튜디오가 다섯 개 있었는데, 그 다섯 개를 팔십 명의 목사들이 썼습니다. 그러니까 항상 시간이 잘 나지 않았습니다. 그래서 방송국측에서 시간이 나면, 제가 아무리 바빠도 가서 녹음해 놓아야만 했습니다. 그런데 지금은 전화해서 '오늘 두 시에 녹화한다'고 하면 형제들이 바로 준비해 놓습니다.

우리가 전 세계에 선교사들을 보낼 때도 돈이 없어서 일을 못 해본 적이 한 번도 없었습니다. 내 모든 것이 하나님의 것이 되니까, 하나님의 모든 것이 내 것이 되었습니다. 잘 믿어지지 않지요? 여러분이 이 사실 하나를 깨달으면 가난에서 벗어납니다. 여러분의 모든 것이 주님의 것이 되면, 주님의 모든 것이 여러분의 것이 됩니다. 그런데 '주님과 나' 사이의 관계를 모르는 사람들은, 자기를 지키려고 하고, 스스로 잘되게 하려고 합니다. 그런 사람들은 주님께 마음을 열지 못해서 주님이 그 사람 속에 들어가지 못하시는 것입니다.

여러분이 주님 앞에서 명백하게 하나 알아야 할 것은, 여러분이 여러분의 운명을 어떻게 한다는 것은 너무나 어리석은 일입니다. 반대로 우리 주 예수 그리스도께서 여러분의 남은 삶을 지켜 주시면, 그것만큼 완벽한 길이 없습니다. 제가 어린아이에게 과자 한 봉지를 주려고 갖고 있다가, 아이가 과자 하나를 들고 있는 것을 보고는 "할

아버지 한 입만." 하고 입을 벌리면 아이는 그것을 탁 감춥니다. 할아버지는 과자 한 봉지를 다 주려고 하는데 과자 하나를 달라고 하면 아이는 감추는 겁니다. 제가 그 아이와 똑같으면 당장 가지고 있던 과자를 먹으면서 '맛있다, 약오르지?' 할 텐데, 제가 아이가 아니니까 그냥 줍니다.

우리 인간들이 하나님 앞에서 꼭 그렇습니다. 쉽게 말해서, 예수님을 못 믿어서 내 생애를 예수님께 드리지 못하는 것입니다.

한번은 제가 교도소에서 어느 사형수에게 복음을 전했습니다. 그 사람이 복음을 다 듣고 구원받을 때쯤 되었는데, 도중에 어떤 사람이 우리를 이단이라고 하며 그 말씀을 들으면 망한다고 했습니다. 그러자 언제 사형당할지 모르는 그 사람이 망할까봐 우리 말을 더 이상 듣지 않았습니다. 사형수면 망할 대로 다 망했는데 더 망할 게 뭐가 있습니까? 사람들이 그처럼 참 어리석습니다. 사단에게 속아서 아무것도 아닌 자기를 세우려고 합니다. 저는 자주 '내 모든 것이 주님의 것이고, 내 생명도 주님의 것이다' 는 생각을 합니다.

호리병에 갇힌 물고기

종종 병이 심해서 죽을 지경에 있는 사람들을 봅니다. 제가 미국에 오기 전에, 이성기 목사님이 간이 너무 나빠서 병원에 입원했습니다. 제가 그 소식을 듣고서 교회에 전화를 하니까 교회에 있던 전도사님이 "목사님, 어쩌면 좋습니까?" 하고 물었습니다. 왜 그러냐고 했더니, 이 목사님이 새벽에 일어나더니 자기가 쓰던 물건들을 정리하고는 몇 가지 외에는 다 불태우라고 했다는 것입니다. 그러고는 아침에 바로 119 앰뷸런스에 실려가 병원에 입원했다는 것입니다. 제가 다시 병원에 전화를 하니까 사모님이 받는데, 그 마음에 죽음이 거의 와 있었습니다.

죽음이 마음에 먼저 오면, 몸도 회복할 길이 없습니다. 제가 뉴욕으로 떠나오기 전에, 비행기 시간이 월요일 오전 열 시여서 주일 오후에 서울에 올라가 병원을 찾아갔습니다. 너무 재미있는 것이, 이 목사님이 2인실에 입원해 있는데 환자 둘 다 목사였습니다. 다른 한 분은 장로교회 목사님이었습니다. 제가 병실에 들어가니까 누워서 둘이 싸우고 있는데, 장로교회 목사님은 '박옥수 목사는 이단이다'고 하고 이 목사님은 아니라고 하고. 그때 제가 문을 열고 쓱 들어간 것입니다. 저는 옆에 있는 목사님이 누구인지 모르고 이성기 목사님과 말씀으로 교제를 나누었습니다. 이성기 목사님이 마음에 힘을 얻었습니다.

기도하고 나서 그냥 나가려다가 어색해서 옆에 있던 분에게 "안녕하세요?" 하니까, 이 목사님이 "이분도 목사님입니다." 했습니다.

"목사님이 하나님의 복음을 전하셔야지, 누워 있어서 되겠습니까? 하나님의 은혜로 일어나세요. 제가 기도해 드리겠습니다." 그러자 그분이 얼른 무릎을 꿇어, 제가 그분 손을 잡고 기도해 주었습니다. 조금 전에는 저를 이단이라고 하면서 싸우더니 그분이 너무 고마워했습니다. 그분이 "사진에서 본 것과 달라서 박 목사님인 줄 몰랐습니다." 하며 저를 잘 안다고 했습니다.

오늘 이성기 목사님이 저에게 전화를 했습니다. 전에는 움직이지도 못하던 사람이었는데, 많이 나았다고 했습니다. 저를 이단이라고 했던 장로교회 목사님도, '나는 박 목사님이 그런 분인 줄 몰랐다.

이번 겨울 수양회에 우리 아이들을 전부 보내고 싶다'고 했답니다. 그렇게 마음을 열었답니다. 그 이야기를 들으니 그런 병문안 자주 가야겠다 싶습니다.

이 구원은 너무 쉬운데, 사단이 인간의 마음을 자기 생각이라는 테두리 안에 집어넣어서, 자기가 경험한 것 안에서, 자기가 알고 있는 지식 안에서, 자기가 할 수 있는 능력 안에서만 맴돌게 했습니다.

여름 수양회 때가 되면 전도자들이 수양회를 준비하기 위해 일 주일 동안 수양회 장소인 솔밭에 미리 가서 말씀을 나누면서 일을 합니다. 솔밭 옆에는 강이 흐르는데, 목사님들이 이른 아침에 물고기 잡는 호리병을 강바닥에 묻어 둡니다. 그리고 오전 열 시쯤 되어서 가보면, 그 안에서 물고기 서너 마리가 놀고 있습니다. 점심때 가 보면 물고기가 반은 들어 있고, 저녁때쯤 가면 그 안이 물고기로 꽉 차 있습니다. 그 병 아래쪽에 물고기가 들어가는 구멍이 있는데, 안으로 들어가기는 쉽지만 나오기는 쉽지 않습니다. 바보 같은 녀석들이, 가만히 생각해 보고 들어온 데로 나가면 되는데도 들어올 줄은 알지만 나갈 줄은 모릅니다. 하여튼 물고기의 그런 특성을 이용해서 병을 그렇게 만들어 물고기를 잡습니다. 저녁때가 되면 물고기들이 가득 차 서로 부딪치면서 발버둥을 칩니다. 성미가 급한 놈은 더 날뜁니다. 하지만 나가지를 못합니다. 우리 인간들의 생각이 꼭 그렇습니다. 자기 테두리 안에서 벗어나지를 못합니다. 그러다가 병(病)이나 어떤 생각에 빠지면 더욱 벗어나질 못합니다.

성경은, 하나님의 생각은 인간이 생각할 수 있는 세계보다 훨씬 높다고 이야기합니다. 예를 들어, 어느 집에 여덟 살, 아홉 살, 열두 살 먹은 아이 셋이 함께 산다고 생각해 봅시다. 아이들 셋만 산다면 어떻게 되겠습니까? 있는 돈으로 매일 아이스크림 사먹고, 비디오나 보고 전자오락이나 하며 자기들이 좋아하는 대로 할 것입니다. 그런데 그 집에 한 어른이 가서 "얘들아, 이제 그만하고 이렇게 하자." 해서, 아이들이 그 어른의 말을 따르면 생활에 규모가 있고 좋지 않겠습니까? 반대로 "안 해요. 나는 오락게임 할래요." 하면 그 생활이 어떻게 되겠습니까?

그것처럼 우리 인간의 생각은, 아무리 뛰어나도 하나님이 보실 때 너무 유치한 것입니다. 너무 미련한 것입니다. 하나님의 차원에서는 인간의 생각이 어리석은 것입니다. 그래서 하나님은 우리 마음을 하나님의 세계로 이끌어가려고 하시는데, 우리는 '내 것'을 지키려고 합니다. 내 생각을 지키고, 내 재물을 지키고, 내 체면을 지키고……. 자기 자존심을 깨뜨리기 싫어서 마음을 열지 않습니다. 그로 인해 하나님과 한 마음이 안 되는 것입니다.

저는 1962년에 구원을 받았습니다. 그때 열 아홉 살이었는데, 무엇 하나 제대로 되는 일이 없었습니다. 마지막으로 군에 가려고 지원했다가 앞니가 부러졌다고 신체검사에서 떨어졌습니다.

'나는 군대에서도 안 받아 주는구나!'

제가 정말 몇 번을 자살하려고 했습니다. 저는 종종 거울 앞에서 제 얼굴을 쳐다보면서 스스로를 저주했습니다.

"박옥수, 이 더러운 놈의 자식! 이 나쁜 놈의 자식! 이 야비한 놈!"

"세상에 너 같은 놈은 죽어야 돼!"

하며 저를 미워했습니다. 하여튼 세상에서 저만큼 더러운 인간이 없는 것 같고, 저만큼 야비한 인간이 없는 것 같아서, 거울에 비친 제 얼굴을 주먹으로 때리고 싶은 마음이 일어나곤 했습니다.

그러다가 구원을 받았습니다. 1962년 10월 7일이었습니다. 저는 구원받기 전에 저 자신을 철두철미하게 불신했습니다. '내가 지금 열 다섯 살만 되어도 이렇게는 안 살겠다!' 싶고, 정말 죄악된 삶을 살지 않겠다는 마음을 가졌지만 거기에서 벗어날 수 없었습니다. 그러다가 구원을 받고 난 뒤, 주님 앞에 처음으로 제 마음을 열었습니다. 찬송가에

   그 사랑 내 맘 여시고 소망을 주셨네

라는 가사의 찬송이 있습니다. 저는 제 마음을 열어 속에 있는 것을 다 이야기하면 어느 누구도 저 같은 사람과 상대하지 않을 것 같고, 멸시하고 미워할 것 같았습니다. 그래서 항상 저를 가리기에 바빴고, 잘난 척하려고, 아는 척하려고 애썼습니다. 거짓말하면서 그렇게 살았습니다. 그런데 구원받은 후, 제가 더러운 것을 알면서, 못난 것을 알면서, 추한 것을 알면서도 저를 사랑하신 예수님의 사랑을 느꼈습니다. 그래서 처음으로 예수님께 제 마음을 열었습니다.

그때부터 예수님께서 제 생각을 자꾸 이끌어가셨습니다. 옛날에 제가 하지 못했던 생각들이 제 마음에 떠올랐습니다. 한번은 무릎꿇고 기도하고 있는데, '선교학교를 시작해라' 는 마음이 일어났습니다.

   '선교학교? 안 돼. 내가 그걸 어떻게 해? 내가 무슨 학교를 해? 말도 안 돼.'

처음에는 그 마음을 뿌리쳤습니다. 그리고 몇 달이 지났습니다. 전에는 그런 생각을 꺾어버리면 다시 안 들었는데, 몇 달 후에도 그 생

각이 마음에 남아 있는 것입니다.

 '선교학교를 해? 안 되는데, 어떻게 하지? 어떻게 하면 선교학교를 할 수 있을까?'

그렇게 생각을 좀 하다가 '안 돼' 하고는 잊어버리고 지냈습니다. 그런데 또 몇 달 뒤에도 그 생각이 마음에 남아 있는 것입니다.

 '이상하네. 이 생각이 아직도 남아 있네. 전혀 불가능한데, 주님이 원하시는가 보다.'

다말이 유다의 씨를 받는 것이 불가능해 보였던 것처럼 그 모든 것이 불가능하게만 보였습니다. 그런데 주님이 길을 열면서 선교학교를 할 수 있도록 이끄셨습니다.

선교학교에서 학생들을 훈련시키다 보면, '절구에 넣고 찧어도 그 미련이 벗어지지 않는다'고 하는 말이 정말 맞다는 마음이 듭니다. 사람들 마음에 미련이 있는데 때리고 찧어도 벗겨지지 않습니다. 자기 생각, 자기 고집을 세우는 그것이 미련한 것입니다. 마음을 탁 열어버리면 되는데, 그것을 못합니다.

제가 기쁜소식사에 원고를 보낼 때, 옛날에는 일일이 글을 써서 팩스로 보냈는데 요즘은 이메일로 보냅니다. 원고 파일을 첨부해서 보내면, 그 안에 있는 점 하나 잘못되지 않고 그대로 갑니다. 제가 늘 선교학생들에게 이렇게 이야기합니다.

 "여러분은 아무것도 할 수 없다. 주님의 마음을 받아라. 그러면 같은 마음이 되고, 여러분이 그 마음으로 살면 믿음으로 살게 된다."

그런데 그들이 미련하게도 자기를 지키려고 합니다. 그래서 우리가 선교학생들 때문에 기도를 많이 합니다. 결국 하나님이 그들을 바꿔 가시는 것입니다. 한국 소식을 들어 보니, 지금 이 추운 겨울에 선교학생들이 전도 여행 중이라고 합니다. 중국에도 가 있고, 한국에서도 전도 여행 중이고, 하나님이 그들을 바꾸시는 것을 봅니다.

나는 안 돼, 그러나 하나님이 하시면 돼!

마태복음 1장에서 "아브라함과 다윗의 자손 예수 그리스도의 세계라." 하면서,

"아브라함은 이삭을 낳고, 이삭은 야곱을 낳고, 야곱은 유다와 그 형제를 낳고, 유다는 다말에게서 베레스와 세라를 낳고, 베레스는 헤스론을 낳고, 헤스론은 람을 낳고, 람은 아미나답을 낳고, 아미나답은 나손을 낳고, 나손은 살몬을 낳고, 살몬은 라합에게서 보아스를 낳고, 보아스는 룻에게서 오벳을 낳고, 오벳은 이새를 낳고, 이새는 다윗 왕을 낳으니라."

라고 했습니다. 우리는 지금 "유다는 다말에게서 베레스와 세라를 낳고"라는 한 구절의 말씀을 가지고 여섯 시간 동안 이야기를 했습니다.

성경에는 간단하게 "아브라함은 이삭을 낳고"라고 몇 자로 기록되어 있지만, 아브라함이 이삭을 낳는 과정을 알아보면 그것은 하나님으로 말미암아 된 일이었습니다. 아브라함은 백 살이나 된 할아버지였고, 그 아내 사라는 늙어서 경수가 끊어진 할머니였는데, 하나님께서 그들에게 믿음을 주시려고 '사라가 아들을 낳으리라'고 하셨습니다. 그러자 아브라함이 웃으면서 "백 세 된 사람이 어떻게 아이를 낳으리이까? 사라는 구십 세니……." 했습니다. 사라도 웃으면서 속으로 '내 주인도 늙었고 내가 노쇠하였거늘 내게 무슨 낙이 있으리요?' 했습니다.

그런데 아브라함이 사라를 통해 아들을 낳아야 했기 때문에, 하나

님은 그들에게 아들을 주어야만 했습니다. 그것은 인간의 생각으로는 불가능해 보이는 일이었기 때문에, 하나님의 말씀을 듣고서 사라가 웃었습니다. 하나님께서 '사라가 왜 웃느냐?'고 하자 사라는 안 웃었다고 거짓말을 했습니다. 하나님께서 '아니, 네가 웃었느니라' 하자, 그때 사라가 정신이 들었습니다.

'그래, 나를 보면 늙었지만, 하나님이 하시겠다.'

저는 그게 너무 좋습니다. 저는 우리 교회에서 늘 '나는 안 된다' 뒤에다가 '그래서 이건 안 된다' 라는 말을 붙이지 말라고 합니다. '나는 안 돼' 다음에 '그러나 하나님이 하시면 돼' 라는 말을 붙이라고 합니다.

"나는 안 돼. 그러나 하나님이 하시면 돼."

"나는 못 해. 그러나 하나님이 하시면 돼."

"나는 아이를 못 낳아. 그러나 하나님이 하시면 낳아."

"나는 이 병에서 나을 수 없어. 그러나 하나님이 낫게 하시면 나아."

그렇게 항상 '우리' 라는 조건 뒤에 한 마디 덧붙이라고 늘 가르칩니다. 여러분도 그렇게 하십시오. '나' 만 보면 정말 안 될 것 같습니다. 여러분, 사라가 젊어서도 아기를 못 낳았는데, 늙어 경수가 끊어진 상태에서 어떻게 아기를 낳습니까? 그것은 인간적으로는 절대 안 됩니다. 그런데 하나님을 바라보면 그런 여자도 소망이 있습니다. 아멘?

다말 이야기도 똑같은 내용입니다. 다말 마음에 믿음이 왔습니다.

'하나님이 나를 이 집안에 시집오게 한 것은, 나로 말미암아 그리스도의 족보를 잇게 하기 위해서이다. 하나님이 나를 통해서 그

일을 이루시겠구나.'
 그런데 믿음대로 되는 것 같지 않습니다. 일이 안 되는 쪽으로만 흘러갔습니다. 엘이 덜컥 죽고, '그러면 오난을 통해서 아들을 얻어야겠다'고 생각했는데 마귀가 오난 마음에도 일을 했습니다. '다말에게 씨 주지 마라. 아들을 낳아 봐야 네 형 자식밖에 안 된다. 그러니까 아이를 못 낳게 해라.' 오난에게 그런 생각 하나가 들어가서, 그 생각을 따라서 다말에게 씨를 주지 않았습니다. 하나님의 섭리를 모르고 땅에 설정해 버렸습니다. 그로 인해 오난도 죽었습니다. 다말은 기가 막혔습니다.
 '이 집안이 하나님의 복을 받은 집안인데, 왜 하나같이 이렇게 풀리나?'
 이제 다말은 세 번째로 셀라를 통해서 아들을 낳아야 하는데, 마귀가 또 유다 마음에도 생각을 하나 넣어 주었습니다.
 '며느리라고 들어온 것이 여우가 둔갑을 했는지, 내 아들들이 저것과 자기만 하면 죽잖아. 셀라도 죽을지 몰라.'
 유다가 그 생각에 잡혀서 셀라를 다말에게 주지 않으려고 다말을 친정으로 내쫓아버렸습니다.
 그때 다말 마음에 믿음이 없었으면, '그래, 친정에 갈 테니 잘 먹고 사십시오. 나는 다른 데로 시집가렵니다.' 했을 것입니다. 그러나 다말은 그렇게 하지 않았습니다. 다말이 남자가 없어서 시아버지를 유혹한 것이 아닙니다. 다말은 그 집안에 대한 믿음을 가졌습니다. 그 믿음이 이뤄지는 것이 인간적으로는 전혀 불가능한데, 하나님이 당신의 능력으로 그 일들을 이루어 가셨습니다.
 우리는 마태복음 1장을 그냥 "아브라함은 이삭을 낳고, 이삭은 야곱을 낳고, 야곱은 유다와 그의 형제를 낳고, 유다는 다말에게서 베레스와 세라를 낳고……" 하고 읽어 내려가지만, 그 한절 한절 속에 들어가서 살펴 보고 파헤쳐 보면 하나님의 역사 없이 되어진 일은 하나도 없다는 사실을 발견할 수 있습니다.

오늘날 이 땅의 많은 사람들이 하나님은 캐비닛 안에 넣어 두고, 자기 지식으로, 자기 방법으로 살아갑니다.

'그래도 나는 미국에 건너와서 이 정도 재산을 모았어.'

'나는 부자는 아니라도 그래도 성공했어.'

'내가 이렇게 하면 될 거야.'

하며 모두 자기 방법으로 인생을 사는데, 하나님이 보실 때 그것은 다 죽은 것입니다. 아무 의미가 없는 것입니다. 하나님은 우리 인생들에게 하나님께로 오라고 하십니다. 하나님의 세계 속에 들어와, 하나님의 방법으로 신령한 세계를 이어가라는 것입니다.

하나님이 쫓아내셔야 쫓겨나지

'살몬은 라합에게서 보아스를 낳았다'고 했는데, 살몬은 여리고 성을 정탐하러 들어간 사람이었습니다. 살몬이 줄을 타고 성을 뛰어 넘어 여리고 성을 정탐하고는 기생 라합의 집에 들어갔습니다. 여리고 사람들이 그것을 알고는 군인을 보내 그 집을 포위하고, 문을 두드리면서 기생 라합을 불렀습니다. 라합이 문을 열자, 군인들이 "이 집에 어떤 사람들이 들어왔지. 어디 있나?" 하고 물었습니다. 마귀가 여리고 군인들을 통해 살몬과 다른 정탐꾼을 죽이려고 계획을 세웠는데, 하나님이 순식간에 라합의 마음을 바꾸셨습니다. 라합은 여리고 여자인데 이스라엘 편이 되어버렸습니다. 아주 아슬아슬한 순간이었습니다. 생각해 보고 결정할 틈이 없었습니다. 라합이 살몬 편이 되어 이야기했습니다.

"아, 그 사람들이요. 왜 그들이 도둑놈입니까?"

"아니, 정탐꾼이란 말이야."

"그래요? 나는 정탐꾼인줄 몰랐네. 아유, 큰일날 뻔했네."

"어디 갔어?"

"아까 성문을 닫을 때 나갔어요."

사실은 라합이 정탐꾼들을 지붕에 숨겨놓고서 그렇게 이야기했습니다. 살몬은 여리고 성에 처음 들어갔는데, 하나님이 미리 살몬 편을 만들어놓고 살몬을 지켰습니다. 라합이 그렇게 죽을 뻔했던 살몬을 살려서, 나중에 살몬과 결혼해 예수님의 대를 이었습니다.

마리아가 예수님을 잉태했을 때도, 요셉이 마리아와의 관계를 끊으려고 했습니다. 요셉은 의로운 사람이어서, 마리아가 임신한 것을 드러내지 않고 그냥 조용히 끊으려고 했습니다. 그러면 시간이 지나서 마리아의 배가 점점 불러질 것이며 임신한 것이 드러날 것입니다. 유대 나라에서는 결혼하지 않은 여자가 임신하면 돌아 맞아 죽어야 합니다.

요셉이 약혼녀 마리아의 배가 불러오는 것을 보면서 너무 큰 배신감을 느껴 마리아와의 관계를 끊으려고 생각하고 있을 때 하나님의 천사가 나타났습니다. '마리아를 네 아내로 맞아 집으로 데려오라'고 했습니다. 요셉이 천사의 말을 듣고 마리아를 데려와서 다행입니다. 요셉과 한 집에 살면 마리아의 배가 아무리 불러와도 상관없으니까요. 그러다가 예수님이 태어났을 때 동방의 박사들이 와서 헤롯에게 '유대인의 왕으로 나신 이가 어디 있냐'고 물어서, 헤롯이 예수님을 죽이려고 베들레헴에 있는 두 살 아래의 사내아이들을 다 죽였습니다.

우리가 성경에 나타난 역사를 보면, 그냥 되어진 것이 하나도 없습니다. 한 구절 한 구절 읽을 때마다 사단의 역사와 주님의 역사가 계속 교차되면서 싸움이 일어났습니다. 너무 감사한 것은, 사단이 계속해서 예수 그리스도의 대를 끊으려고 했지만, 주님이 기적적으로 그 일들을 지켜서 "마리아에게서 그리스도라 칭하는 예수가 나시니라."는 하나님의 뜻이 이루어졌습니다.

한번은 어떤 부인이 저에게 전화를 했습니다. "목사님." 하고 부르기에 "예." 하고 대답했더니, 그 부인이 갑자기 우는 것입니다. '누군데, 왜 우느냐'고 '이야기를 좀 해보라'고 했더니, 한참 후에 이야기를 했습니다.

"목사님, 저는 코스타리카 교회의 자매예요."

"그런데 왜 울어요?"

"목사님, 큰일났어요. 우리는 어떻게 살아요?"

"도대체 왜 그런지 이야기를 좀 해보세요."

그러자 자매님이 구체적인 이야기를 했습니다. 조성주 선교사님이 복음을 전하러 코스타리카에 가서 말을 배우기 위해 학교에 다녔습니다. 그런데 한인 교회 목사들이 그 학교에 가서 조 선교사님을 이단이라며 쫓아내라고 해서 쫓겨났답니다. 그래서 조 선교사님이 대학에서 스페인어를 가르치는 분을 만나 개인적으로 스페인어를 배웠습니다.

그러는 동안 조 선교사님은 복음을 너무 전하고 싶은데 의사 소통이 되지 않아 안타까워했습니다. 그래도 복음을 전하고 싶어서 어느 날 말을 배우다가 그 선생님에게 성경 공부를 하자고 했습니다. 그랬더니 그분이 "아니, 조 선교사님. 스페인어도 모르면서 어떻게 성경 공부를 합니까?" 하면서 웃더랍니다. 그래도 해보자고 해서 서너 명을 모아놓고 성경 공부를 시작했습니다. 그런데 언어 소통이 안 되니까, 사람들이 조 선교사님이 무슨 말을 하는지 알아듣지를 못하는 것입니다. 그래서 조 선교사님이 한 마디 하면, 잠깐 기다리라고 하고는 자기들끼리 '이게 무슨 말이지?' 하고 의논을 하는 것입니다. '그런 말 아니겠냐? 그래 이런 말이 맞을 거야.' 하고 자기들이 선교사님의 말을 정리한 다음 다시 이야기를 계속하는 것입니다. 그 다음 이야기를 하면, 또 잠깐 기다리라고 해놓고 자기들끼리 의논을 했습니다. 선교사님이 말은 잘 못하지만 마음에 복음이 있어서 '이 사람, 지옥에 가는데……' 하고 생각하니까 마음이 너무 안타까웠던 것입니다. 그렇게 계속 복음을 전했는데, 로엘이라는 사람과 그 아내가 구원을 받았습니다. 그분들이 구원을 받고 너무 기뻐했습니다. 그분들이 저에게 편지를 보냈습니다.

"박 목사님, 우리는 살았습니다. 오랫동안 종교 생활에 찌들려 있었는데, 조성주 선교사님을 보내 주셔서 우리가 구원을 받았습니다."

뭐, 제가 보낸 겁니까? 하나님이 보내신 건데 저에게 감사하는 편지를 보내왔습니다.

그런데 그 곳 한인회에서 '조성주 선교사는 이단이니까 쫓아내자'고 결정을 했답니다. 그 자매님이 가만히 보니까 조 선교사님이 꼭 쫓겨나갈 것 같았던 것입니다. 그래서 저에게 "목사님, 선교사님이 가면 우리는 못 살아요." 했던 것입니다. '이제 예수님을 맛보며 너무 좋은데 선교사님이 가면 어떻게 살라는 거냐' 는 것입니다. 그 이야기를 들으니까 너무 우스웠습니다.

"아니, 자매님. 도대체 무슨 말씀을 하시는 거예요?"

"그 사람들은 능력도 있고요, 쫓아낸다면 쫓아낼 수 있는 사람들이에요."

"자매님, 제 이야기를 들으세요. 조성주 목사가 코스타리카에 간 것은 사람으로 말미암은 것이 아니라 하나님으로 말미암은 거예요. 하나님이 보냈는데 하나님이 쫓아내셔야 쫓겨나지 사람이 쫓아낼 수 없습니다."

"목사님, 그럴까요?"

"그럴까요가 뭡니까? 그렇지요. 두고 보세요, 쫓겨나나."

저는 그 사실을 확실히 믿습니다. 케냐에서도 그랬습니다. 우리 선교회는 이 지구상에서 유일한 막무가내 선교회입니다. 다른 선교회에서는 선교사를 파송할 때, 그 나라에 대해서 교육시키고 그 나라 말을 가르쳐서 보냅니다. 우리는 그렇게 하지 않습니다. 그냥 어느 날 브라질로 가라고 합니다. 어떻게? 비행기 타고. 그리고 "비행기 안에서 전도하면 브라질 사람 많을 거야. 거기서 사람 만나서 집도 구하고 그래." 합니다. 그 나라 말을 전혀 모르는데도 우리는 그렇게 선교사를 보냅니다.

우리 선교사들이 해외에 가서 종종 다른 선교회 사람들을 만나서 이야기를 한답니다. 그러면 그들이 '당신에게도 후원하는 선교회가 있느냐?'고 물어 본답니다. 그렇다고 하면, '선교회가 있는데 그렇게 보냈느냐' 며 웃는답니다. 아무것도 모르고 왔으니, 그들이 볼 때는 기가 막히는 것입니다. 처음에는 사람들이 그럽니다. 일 년 가량은 무시합니다. 그런데 2년쯤 지나면 그들이 생각지도 못한 일들을 우리 선교사들은 척척 해냅니다. 베트남 같은 곳에는 몇백 명의 선교사들이 가 있지만, 그들은 선교를 전혀 하지 않습니다. 하면 잡혀 가니까 그냥 놀면서 그 나라의 방침이 바뀌기만을 기다리고 있습니다. 그런데 우리는 들어가면서부터 말도 못하는데 전도하고, 집회하고, 수양회 하고……. 잡혀 들어가고 또 나오고, 감옥에 들어갔다가 벌금 내고 나오고, 쫓겨나면 여권에 이름 바꿔서 또 들어가고.

제가 중국에 있는 우리 선교사들에게 이렇게 말했습니다.

"쫓겨나면 나와라. 다른 사람 보내면 되지. 우리는 중국에 보낼 선교사가 적어도 삼백 명이 있다. 자꾸 더 일어난다."

지금 중국에는, 우리가 보낸 전도자보다 중국인 전도자 수가 더 많습니다. 감옥에 가면서도 수십 년 동안 지하 교회에서 신앙 생활을 하던 사람들이 우리가 전하는 복음을 듣고 구원을 받아, 그 지하 교회들이 거의 우리 선교회에 속해졌습니다. 그들이 복음을 듣고서 눈물을 흘리며 감사해 합니다.

제가 금년에 중국에 갔을 때, 화호또와 북경과 하얼빈 세 곳에서 전도자들을 모아놓고 집회를 했습니다. 중국인 목회자를 포함해서 100명에서 200명이 모여 말씀을 들었습니다. 가로 15cm, 세로 30cm 되는 나무토막에 다리를 세워 만든 의자에 앉아서 말씀을 듣는데, 등받이도 없는 그 의자에 앉아 하루 종일 말씀을 듣는데도 일어날 생각을 하지 않았습니다. 그 모든 일은 하나님으로 말미암아 된 일입니다. 우리는 인간의 힘으로 가능한 일만을 하지 않습니다. 인간적으로 불가능한 일들이 하나님으로 말미암아 이루어지는 것을 우리는 정말 많이 보았습니다.

그래서 우리는 마태복음을 읽을 때마다 '이건 정말 우리 이야기다' 하는 마음이 듭니다. 아브라함이 이삭을 낳는 것, 다말이 베레스와 세라를 낳는 것, 마리아가 예수 그리스도를 낳는 것, 그것은 정말 위험한 일처럼 보이고, 안 될 것처럼 보이고, 그렇게 하면 망할 것처럼 보입니다. 그런데 결론은 하나님의 뜻대로 되었습니다.

사단이 예수 그리스도를 십자가에서 끌어내리려고 '네가 그리스도 여든 십자가에서 내려와 봐라' 고 조롱했습니다. 예수님을 십자가에 못박히지 못하게 하려고, '내게 절하면 천하만물의 권세를 네게 주겠다. 구태여 십자가에 못박힐 필요가 어디 있냐?' 고 유혹했습니다. 사단은 예수님이 태어나지 못하게 하려고 마리아를 돌에 맞아 죽게 하려고 했고, 예수님이 태어났을 때 베들레헴에 사는 두 살 아래의 모든 사내아이를 죽였습니다. 예수님이 태어나서 십자가에서 죽기까지 많은 일들이 있었지만, 결국 하나님의 뜻이 이루어졌습니다. 하나님과 동행하는 하나님의 사람들은 그런 어려움들을 많이 만나지만, 하나님으로 말미암아 그것을 다 거뜬히 넘어갑니다. 얼마나 놀랍습니까?

하나님이 지키는 삶

이제 예수님이 오늘 저녁 여러분에게,

"늘 육체에 매여 머지 않아 흙으로 돌아갈 육체에 종살이할래, 거기에서 마음을 열고 벗어나 나와 마음을 같이해서 하나님의 길을 갈래?"

하고 묻습니다.

다말도 그런 유혹을 받았습니다. 다말이 시아버지를 유혹해서 씨를 얻어내는 것은 자기 마음에 도저히 용납이 안 되는 일이었습니다. 그래서 아마 다말이 많은 고민을 한 후에 결정했을 것 같습니다. 사단이 다말에게 얼마나 많은 유혹을 했겠습니까? 제가 볼 때, 다말이 무분별하지 않고 지혜로운 여자니까, 뭇 남자들이 다말을 보며 '다말 같은 여자를 내 아내로 맞았으면 좋겠다'는 마음을 가졌을 것 같습니다. 다말 주위에 "사랑하는 다말 씨, 좀 만나 주세요. 커피 한 잔 해요. 우리 데이트 한번 해요." 하는 남자들이 많았을 것입니다.

다말이 정말 멋진 남자 만나서, 유행가 가사처럼 "저 푸른 초원 위에 그림 같은 집을 짓고 사랑하는 우리 님과 한평생 살고 싶어" 할 기회가 없었겠느냐는 것입니다.

'나는 안 돼. 유다 집안에 가서 하나님의 일을 한번 해보려고 했더니 하나님이 막는가 보다. 안 되는 것은 다 없었던 일로 하고, 멋지게 생긴 미스터 김에게 시집가서 오래오래 행복하게 살련다.' 그런 생각이 다말 마음에 찾아와서 자리를 잡으려고 얼마나 시도했겠느냐는 것입니다.

여러분에게도 마찬가지입니다. 마귀는 틈이 있을 때마다 '하나님과 함께하는 삶 말고 네 육신과 짝해서 사는 삶이 좋다'고 여러분에게 소곤소곤거립니다. '저거 봐라. 예수 믿는 것들 바보 같지. 저렇게 해서는 어려움만 당하지, 뭐가 될 것 같아?' 하는 것입니다.

'그냥 저 남자와 살아. 유다 집은 안 돼. 유다 씨를 받아내도 너 불타 죽을지 몰라. 뭐하려고 위험한 길을 가려고 해?'

사단이 다말에게 "믿음을 가지고 유다 집에 가서 아기를 낳아 그리스도의 대를 이으세요." 그렇게 했겠습니까? 사단이 그러면, 누가 그걸 사단이라고 하겠습니까? 결코 그렇게 하지 않았습니다. 하나님의 뜻을 이루려고 하면 그 길이 위험해 보이고, 두려워 보이고, 마음에서도 싫습니다. 그래서 하나님이 자기 마음에 전혀 들지 않기도 합니다. 반대로 '내 님은 누구일까? 어디에 계실까?' 하고, 미스터 김을 보면 마음이 끌릴 수도 있습니다. 여러분, 다말에게 그런 일이 없었겠습니까?

"다말, 나와 결혼해요. 나이가 더 많아지면 시집도 못 가요. 나와 결혼해요."

남자들의 많은 유혹도 있었을 것이고, 세상적으로 편안한 길은 항상 많았습니다. 믿음이 없는 눈으로 보면, 주님의 길을 가는 것보다 그런 길이 행복해 보이고, 아름답고 귀해 보입니다. 주님을 따라가는 것은 위험해 보이고, 안 될 것 같고, 어려움을 겪을 것 같고, 핍박이 올 것 같습니다.

'내가 유다와 동침해서 씨를 얻으면 누가 나를 이해해 주겠나? 친정 아버지가 이해해 주겠나, 친정 어머니가 이해해 주겠나?'

다말이 그런 결정을 할 때는, 친정 식구들과도 아예 담을 쌓아야만 할 수 있었습니다. 그런 이야기를 했다가는 분명히 '너 미쳤냐?' 하는 소리를 들었을 것입니다.

"미쳐도 분수가 있지. 너 어떻게 된 것 아니야? 네가 제 정신으로 이야기하는 거야? 우리 가문을 어떻게 하려고?"

그러니 누구에게 의논할 수 있겠습니까? 말도 안 되는 소리입니다. 친정 식구들만 있겠습니까? 친구들도 있고, 다른 아는 사람들도 있고. 그들이 다 "너 어쩌다가 그런 생각을 했냐? 그게 말이 돼? 안 돼. 안 돼." 하지 않았겠습니까? 백이면 백, 천이면 천, 다 물어 보아도 "아이고, 다말이 남편 죽고 나더니 어떻게 된 것 아니야? 저 여자 환장한 여자 아니야?" 하며 별별 소리를 다 했을 것입니다.

그런데 다말의 마음이 주님께 이끌림을 받았습니다.

'이 일은 온 인류를 죄에서 구원하는 귀한 일이야. 하나님께서 그 아들 예수님을 보내시는 일에 나를 써 주신다면, 내가 욕 좀 얻어먹지 뭐. 내가 미친 여자 취급받지 뭐. 어려움 좀 겪지. 하나님이 그렇게 하신다면 핍박 좀 당하지.'

다말 마음이 정해져버렸습니다. 너무나 아름다운 이야기입니다.

그때부터 주님이 일하기 시작했습니다. 유다가 왔는데, 손에 지팡이와 끈과 도장이 들려 있었습니다. 첫눈에 그것이 딱 띄는 것입니다. '저것을 빼앗아 약조물로 삼아야겠다.' 다말이 마음에 그렇게 계획했습니다.

"아저씨, 나와 자는 대가를 주셔야지요. 뭘 주실래요?"

"나는 목자니까, 염소 새끼를 한 마리 줄게. 그러면 되겠냐?"

"돼지요. 그런데 염소 새끼 안 주고 그냥 가면 어떻게 해요? 무슨 약조물을 줘야지요."

"그건 그렇다. 무슨 약조물을 줄까?"

"그 도장과 지팡이와 끈을 주세요. 그건 나한테 필요없는 거니까 염소 새끼를 가져오면 다시 줄게요."

"그래, 그러자."

유다가 도장과 지팡이와 끈을 순순히 주는 것입니다.

다말이 창녀로 변장하고 길가에서 유다를 기다리고 있어도, 유다가 그날 마음이 상해서 다른 길로 가면 어떻게 하겠습니까? 헛걸음

치는 것입니다. 계획이 다 무너지는 것입니다. 그런데 다말이 마음을 정하니까, 하나님께서 정확하게 이끄신 것입니다. 다말이 면박으로 얼굴을 가리고 창녀 복장으로 나가니까 유다가 왔습니다.

"아저씨, 좀 쉬었다 가세요."

"그럴까?"

일이 너무 잘 되는 것입니다. 인간적으로는 불가능해 보이는데, 하나님이 다 행하시는 것입니다.

다말이 들에 일하러 갈 때도 지팡이를 가져가지는 않았을 것입니다. 그 지팡이는 작은 것이 아니라 목자들이 쓰는 기다란 지팡이입니다. 다말이 들에서 일하고 있을 때 남자들이 우르르 와서 '너 다말 맞지. 배 보자. 배부른 것 보니 맞다' 하고는 묶어서 끌고 가면 지팡이를 못 가져갑니다. 그러면 됩니까, 안 됩니까? 그런데 들에서 일하다가 집에 와서 '지팡이 잘 있는가' 하고 장롱 밑에 감춰놓은 지팡이를 만지고 있는데 누가 잡으러 온 것입니다. 그러니까 딱 맞게 지팡이를 가져가게 된 것입니다. 하나님이 그렇게 일을 하셨습니다. 그런 일을 경험해 보면 너무 신기합니다.

김수연 선교사님이 인도 뭄바이에서 선교를 하는데, 얼마 전에 뭄바이에서 동쪽으로 차로 40시간 걸리는 벵골만 근처에 사는 어떤 목사가 와서 구원을 받았습니다. 그분이 김 선교사님에게 자기 고향에 와서 복음을 전해 달라고 사정해서 선교사님이 갔습니다. 거기는 얼마 전에 힌두교도들이, 자동차를 타고 가는 호주 선교사 일가족을 차에 탄 채로 불질러 죽인 곳입니다. 저는 우리 선교사들이 그런 데에 가는 게 겁나는데, 김 선교사님은 거기에 들어가 한 주간 집회를 해서 서른 아홉 명이 구원을 받았습니다.

김 선교사님이 저에게 전화해 그 소식을 전하면서,

"목사님, 영어를 조금만 아는 사람 있으면 제가 있던 뭄바이 교회를 맡기고, 저는 여기 와서 일하고 싶습니다. 한 사람만 보내 주시면 안 되겠습니까?"

하였습니다. 그 사람, 어떻게 보면 좀 돈 사람 같습니다. 거기는 얼마나 위험한지, 언제 죽을지 모릅니다. 힌두교도들이 기독교인들을 죽입니다. 그런데 그 마음에 그런 두려움이 전혀 없고 하나님으로 충만했습니다. 제가 '거기에 누구누구 갔냐?'고 물으니까, 아이들을 다 데리고 갔답니다. '아이들은 왜 데려갔냐'고 하니까, '얘들이 앞으로 선교사가 될 텐데, 이런 것을 경험해야 한다'는 것입니다. 거기는 인도산 호랑이도 많은 곳입니다. 그 사람들이, 그 마음이 너무 아름다웠습니다.

김종덕 선교사님이 선교하고 있는 케냐 미고리에서도, 얼마 전에 인근 마을에 사자 세 마리가 나타나서 소를 잡아먹었습니다. 사자가 배가 고프니까 동네에 들어와 소를 잡아먹은 것입니다. 그래서 집주인이 소를 지키려고 창을 들고 나가 있다가 밤에 사자를 한 마리 죽였습니다. 케냐에서는 사람 한 명 죽는 것은 아무렇지도 않은데, 사자가 죽으면 정부의 조사를 받습니다. 사자로 인해 벌어들이는 관광 수입이 크기 때문입니다. 요즘은 케냐에서 에이즈 때문에 얼마나 많은 사람들이 죽어가는지 모릅니다. 거기에 가면 참으로 복음을 전하고 싶어집니다. 하여튼 우리 선교사들이 다말처럼 위험을 무릅쓰고 복음을 전하는데 그들은 안전합니다. 하나님이 다말을 죽도록 내버려두지 않고 하나님의 뜻을 이루셨습니다.

오늘 저녁 여러분에게 말씀드리고 싶은 것은, 여러분이 자신을 지키려고 하는 생각을 한번 깨야 한다는 것입니다. 하나님과 하나가 되기 위해 그 생각을 한번 깨뜨려야 합니다. 그것을 깨뜨리면 하나님이 여러분을 지켜 주십니다. 하나님이 여러분의 가정, 여러분의 자녀, 여러분의 장래, 여러분의 노후를 지켜 주십니다. 하나님이 지켜 주시는 것과 내가 하는 것은 비교가 안 됩니다.

사단에게 속은 사람들이 스스로 자기를 지키려고 합니다. 오늘 저녁 주님 앞에 여러분 자신을 드리십시오. 그러면 주님께서 여러분의 삶을 맡으십니다. 열이면 열, 백이면 백, 천이면 천, 만이면 만, 무슨 일이 닥치든지 사랑하는 주님이 해결해 주십니다. 실패할 것 같지만, 너무 은혜롭게 하나님이 이끌어 주십니다.

8. 생명을 가로막는 욕망

8. 생명을 가로막는 욕망

성경 말씀, 요한복음 8장 1절부터 읽겠습니다.
"예수는 감람산으로 가시다. 아침에 다시 성전으로 들어오시니 백성이 다 나아오는지라. 앉으사 저희를 가르치시더니, 서기관들과 바리새인들이 간음 중에 잡힌 여자를 끌고 와서 가운데 세우고 예수께 말하되 '선생이여, 이 여자가 간음하다가 현장에서 잡혔나이다. 모세는 율법에 이러한 여자를 돌로 치라 명하였거니와 선생은 어떻게 말하겠나이까?' 저희가 이렇게 말함은 고소할 조건을 얻고자 하여 예수를 시험함이러라. 예수께서 몸을 굽히사 손가락으로 땅에 쓰시니 저희가 묻기를 마지아니하는지라. 이에 일어나 가라사대 '너희 중에 죄 없는 자가 먼저 돌로 치라.' 하시고 다시 몸을 굽히사 손가락으로 땅에 쓰시니, 저희가 이 말씀을 듣고 양심의 가책을 받아 어른으로 시작하여 젊은이까지 하나씩 하나씩 나가고 오직 예수와 그 가운데 섰는 여자만 남았더라. 예수께서 일어나사 여자 외에 아무도 없는 것을 보시고 이르시되 '여자여, 너를 고소하던 그들이 어디 있느냐? 너를 정죄한 자가 없느냐?' 대답하되 '주여 없나이다.' 예수께서 가라사대 '나도 너를 정죄하지 아니하노니 가서 다시는 죄를 범치 말라.' 하시니라."
11절 말씀까지 읽었습니다.

셰퍼드 훈련

오늘은 간음한 여자와 다말에 관한 이야기를 비교해서 말씀드리려고 합니다. 간음한 여자도 하나님의 은혜를 입었고, 다말도 하나님의 은혜를 입었습니다.

제가 셰퍼드 훈련시키는 이야기를 종종 합니다. 셰퍼드를 여러 목적으로 사용하기 위해서는 훈련을 시킵니다. 대덕산에 있는 우리 수양관에도 셰퍼드들이 있는데, 그 개들은 신기하게도 산에 올라오는 사람을 보고 무조건 짖는 것이 아니라 구원받지 않은 사람이 오면 꼭 짖습니다. 그래서 형제들이 농담으로 "너 진짜 구원받았어? 셰퍼드에게 한번 가볼까?" 합니다. 그 개는 구원받은 사람이 가면 꼬리를 흔들며 좋아하고, 구원받지 않은 사람이 가면 놀란 듯이 짖어서 '신령한 개'라고 별명을 붙여 주었습니다.

셰퍼드를 훈련시킬 때 여러 가지 훈련을 시킵니다. 그중에서 가장 기본적인 훈련 하나가, 주인이 주는 음식 외에는 아무것도 먹지 않게 하는 훈련입니다. 물론 셰퍼드가 사람의 말을 알아들어서, "셰퍼드야, 세상에는 나쁜 사람이 많아. 그런 사람들이 너를 죽이려고 고기에다 독을 넣어서 줘. 그걸 먹으면 죽으니까, 주인이 주는 것 외에 먹지 마." 해서 주인이 주는 것만 먹으면 훈련받아야 할 필요가 없습니다. 그런데 개는 이성이 없고 본능에 의해서 배가 고프면 아무것이나 덥석 주워먹기 때문에 치밀하게 훈련을 시켜야 합니다.

어떻게 훈련시키는가 하면, 셰퍼드를 얼마간 굶겨서 배가 고플 때 주인이 아닌 다른 사람이 고기를 던져 줍니다. 그러면 셰퍼드가 너무 좋아서 고기를 꽉 뭅니다. 그런데 그 고기 안에는 바늘 같은 날카로운 것들이 듬뿍 들어 있어서, 셰퍼드가 온 입을 찔려 먹지도 못하고 피만 줄줄 흘리게 됩니다. 그때 주인이 나타나서 '거봐, 남이 주는 것을 먹으면 그래' 하며, 입을 치료해 주고 음식을 줍니다.

그렇게 해서 훈련이 다 된 것은 아닙니다. 일 주일쯤 후에, 또 셰퍼드를 굶긴 다음 주인 아닌 다른 사람이 고기를 슬쩍 던져 줍니다. 개니까 고기를 얼마나 먹고 싶겠습니까? 그런데 지난번에 당해 봐서, 이제는 고기 안에 바늘이 있는가 발로 만져 봅니다. 바늘이 없는 것을 확인하고는, 안심하고 그 고기를 먹습니다. 그런데 그 안에는 쓴 독이 있어서 다 토하고 고통을 당하는 것입니다. 그런 훈련을 언제까지 하는가 하면, 아무리 굶어도 주인이 주는 것 외에는 먹지 않을 때까지 합니다. '이 셰퍼드는 아무리 배가 고파도 주인이 주는 것 외에는 절대 안 먹는다' 는 사실이 확인되었을 때, 그 셰퍼드는 임무를 시작할 수 있는 것입니다.

신앙의 세계에서도 보면, 셰퍼드가 고기의 유혹을 받듯이 우리도 많은 유혹을 받습니다. 물론 우리가 고기의 유혹을 받는 것은 아닙니다. 마귀는 예수님을 시험할 때, 천하만국과 그 영광을 보이며 "만일 내게 엎드려 절하면 이 모든 것을 네게 주리라."고 했습니다. 하나님께서 아담과 하와에게 에덴을 다스리고 지킬 권세를 주셨는데, 그 권세를 마귀에게 빼앗겼습니다. 마귀가 그 권세를 다시 예수님께 주면, 이제 되찾았으니까 예수님이 십자가에 못박히지 않아도 되는 것입니다. 마귀는 그렇게 천하만국과 그 영광을 걸고 '내게 순종하면 이것을 줄께' 하고 예수님을 유혹했습니다.

마귀가 여러분을 유혹한다면 온 천하를 다 주지 않아도 됩니다. 처녀들에게는 멋진 신랑감 하나만 주면 그냥 유혹되어 따라갑니다. 총각들에게는 아주 예쁜 신부감 하나만 주면, 셰퍼드가 바늘 든 고기를 덥석 물듯이, 나중에 어찌 될지라도 꽉 잡으려고 합니다. 그런 것에 유혹될 수 있는 사람은, 유혹에서 벗어날 때까지 셰퍼드처럼 계속해서 훈련을 받아야 합니다.

우리가 믿음의 삶을 살면서 마음에 분명한 선을 긋지 못할 때, 셰퍼드가 고기를 보면 본능적으로 덤벼들듯이, '이게 아닌데, 아닌데' 하면서도 유혹에 끌려다니는 것입니다. 그러는 동안에는 하나님이 절대로 역사하실 수 없습니다.

여러분, 믿음이라는 것이 뭡니까? 셰퍼드에게 '주인이 주는 것 외에는 먹으면 안 돼' 하는 선이 확실하게 그어지듯이, 어떤 유혹을 받을지라도 빠져들지 않는 마음의 상태를 믿음이라고 합니다. 교회에 와서 말씀을 들으면 '맞아, 하나님의 말씀이 맞아. 말씀대로 해야지' 하다가 집에 가면 유혹을 받아 세상에 빠지는 것은 믿음이 아닙니다. 어떻게 보면 성경 말씀이 맞는 것 같고 어떻게 보면 세상이 맞는 것 같은 것은 아직 믿음이라고 말할 수 없고 혼동 상태입니다.

그럼 영어는 할 줄 아느냐?

우리 선교사들이 선교지에 갓 나갔을 때 일어나는 에피소드가 많습니다. 그런 것들만 모아놓으면 아주 재미있는 책이 될 것입니다. 폴란드에 있는 최승철 선교사님은 학교에 다닐 때 공부를 거의 안 했답니다. 그래서 졸업은 했는데 영어를 전혀 못합니다. 누구 말마따나, 영어를 떼어놓으면 '에이, 비, 시' 하고 다 읽는데, 붙여 놓으면 하나도 못 읽습니다. 그런 상태에서 폴란드에 선교를 나갔습니다. 한번은 우크라이나의 키예프 교회에서 집회를 인도해 달라고 최 선교사님을 초청했습니다. 그래서 우크라이나 비자를 받으려고 우크라이나 대사관을 찾아갔습니다. 그날 비자를 받으려고 온 사람들이 너무 많아 100m 가량 줄을 섰는데, 드디어 최 선교사님 차례가 되었습니다.

영사가 최 선교사님에게 뭐라고 말을 하는데, 도대체 무슨 말인지 몰랐습니다. 영사가 '폴란드 말을 할 줄 아느냐?' 하고 묻는데 무슨 말인지 몰랐습니다. '러시아 말은 할 줄 아느냐?' 역시 무슨 소리인지 몰랐습니다. '독일어는 할 줄 아느냐?' 그것도 모르는 것입니다. '그럼 영어는 할 줄 아느냐?' 하는데 모르겠는 겁니다. 많은 사람들이 줄서 있는데, 영사가 최 선교사님과 30분 동안을 이야기하다가 안 되니까 안으로 들어오라고 했습니다.

들어가니까, 영사가 종이에 그림을 그리더랍니다. 사람을 하나 그리더니 '이건 나'고, 또 사람을 하나 그리더니 '이것은 당신'인데, 처음 사람에 입을 그리더니 '내가 말해도', 저쪽 사람에 귀를 그리더니 '당신이 듣지 못한다'며 가위표를 치더랍니다. 그러고는 가라고 했습니다. 참 기가 막히는 일입니다.

최 선교사님이 '다른 것은 몰라도 공부 못한 것이 죄가 되나?' 하면서 하나님 앞에 기도했습니다. 그런데 너무 감사한 것이, 다음날 폴란드 대학 한국어과에 다니는 학생을 만났습니다. 한국 사람이 폴란드에 와서 사는 경우가 거의 없는데 최 선교사님이 한국 사람같아

보이니까, 그 학생이 '한국 사람이냐?' 고 물었습니다. 그렇다고 하자 학생이 너무 반가워했습니다. 서로 한국말로 의사가 통했습니다. 한참 이야기를 하다가, 최 선교사님이 '내가 여기 선교사로 온 지 며칠 안 되어서 우크라이나 비자를 받아야 하는데 영사의 말을 못 알아듣는다' 고 했습니다. 그러자 그 학생이 자기가 도와주겠다며 통역을 해 주었습니다.

폴란드에 한국어를 통역할 사람을 만들어 놓은 것이 너무 신기했습니다. 하여간 그 일로 최승철 선교사님은 대사관에서 유명해졌습니다. 30분 동안이나 직원들마다 와서, 폴란드어로, 러시아어로, 독일어로, 영어로 '이 말 아느냐?' 고 했으니까요.

그 일이 있고 한참 후에 또 키예프에 가야 할 일이 생겼습니다. 그때는 영어를 잘하는 심동수 선교사님과 독일어를 잘하는 권오선 선교사님과 동행하게 되었습니다. 네 명이 갔는데 최 선교사님은 말을 못하니까 아예 뒤에 앉아 있고, 심 선교사님이 영어로 이야기했습니다. 그런데 영사가 안 된다며 입국을 허락해 주지 않았습니다. 그래서 네 사람이 돌아가는데, 영사가 최승철 선교사님을 알아보았습니다. 영사가 최 선교사님을 부르더니 '어떻게 왔느냐' 고 물으며 들어오라고 했습니다. 그리고 일행을 보며 '같이 가느냐' 고 묻더니, 모두에게 입국 허락 도장을 찍어 주었습니다.

영어를 아주 잘하는 사람이 나서도 비자가 거부되었는데, 최 선교사님은 영어 한 마디 못해도 다른 사람들 비자까지 다 받았습니다. 그래서 수양회를 잘 치렀답니다. 하여튼 선교지에서 일어난 재미있는 일들이 많습니다.

옛날에 스탈린이 러시아를 지배했을 때, 그는 독일이나 유럽의 적들이 쳐들어올까봐 두려워했습니다. 그때는 도로 사정이 굉장히 나빴고 철도가 주 교통수단이어서, 스탈린은 독일군이 기차를 이용해 러시아로 바로 쳐들어올까봐 러시아 기차를 국제 규격보다 10cm 정도 폭을 좁게 만들었습니다. 그 후 러시아에서는 그 규격에 맞추어서 철도가 발달했습니다.

그래서 유럽 철도와 러시아 철도는 규격이 서로 맞지 않습니다. 유럽에서 기차를 타고 러시아로 들어갈 때 국경에 도착하면, 기차가 공장으로 들어갑니다. 그 공장에서는 기차를 들어올린 후 폭이 좁은 바퀴로 바꿉니다. 그 작업을 하는 데 두 시간 정도 걸립니다. 공장에 들어올 때는 폭 넓은 바퀴로 들어왔다가 나갈 때는 폭 좁은 바퀴로 바뀌어 나가는 것입니다.

지금 러시아에서 선교하고 있는 류의규 선교사님이 처음으로 러시아에 들어갈 때였습니다. 기차가 국경에 도착하자 경찰이 기차에 올라오더니 류 선교사님에게 여권을 보자고 했습니다. 여권을 보고는 '잠깐 따라오라'고 해서 사무실로 갔습니다. 거기에서 잠깐 시간을 보내고 '다 됐다'고 해서 나와 보니, 기차가 어디 가고 없는 겁니다. 아내는 그 기차에 타고 있는데 아내와 생이별을 한 것입니다. 따뜻한 기차 안에서 와이셔츠만 입고 있다가 잠깐이면 된다고 해서 그대로 나왔는데, 잠깐 사이에 기차가 없어졌습니다. 거기가 얼마나 추운 나라입니까? 그 나라 말을 한 마디도 모르는데다가 그 추운 데서 와이셔츠만 입고 덜덜덜 떨면서 마음이 얼마나 초조하고 답답했겠습니까?

다급하니까 지나가는 사람을 붙들고 사정을 이야기했습니다. '내가 기차 타고 여기 왔는데, 잠깐 저기에 들어갔다 오니까 아내가 탄 기차가 없다'고 표현했습니다. 그 사람이 한참을 쳐다보다가 이해가 갔는지 '여기에 두 시간 서 있으면 그 기차가 온다'고 가르쳐 주었습니다. 바퀴를 갈아 끼우러 기차가 공장에 간 것이었습니다. 그것이 그 사람들에게는 상식이지만, 류 선교사님은 전혀 모르니까 앞이 캄캄했던 것입니다.

저도 러시아에 가 보았는데, 바퀴를 갈아 끼우러 기차가 공장으로 들어갔습니다. 저도 처음에는 '무슨 기차 바퀴를 바꾸냐? 기차 바퀴도 펑크 나나?' 했는데, 바퀴 폭이 달라서 그런 것이었습니다. 공장에 들어가자 직원들이 달려들어서 바퀴를 하나씩 갈아 끼웠습니다.

지금은 류 선교사님이 러시아말을 정말 유창하게 합니다. 류 선교사님이 처음 선교했던 키예프 사람들이 하는 말이 있습니다. 키예프교회는 처음에 마약 환자들에게 복음을 전한 것을 시작으로 후에는 마피아 출신 사람들이 많이 구원을 받았습니다. 그 사람들은 다들 덩치도 크고 거친 사람들입니다. 그들이 간증할 때, '우리가 류 선교사님보다 덩치도 크고 인물도 잘났고 특별히 겁나는 것도 없는데, 왜 한국에서 온 조그마한 저 사람에게 쩔쩔매는지 이해가 안 간다' 고 합니다. 그 사람들이 류 선교사님을 무서워했습니다. 제가 옆에서 보면, 류 선교사님이 한번 쓱 쳐다보면 그들이 쩔쩔맵니다. 그런 일들을 보면, 하나님이 그 선교 속에 일하시는 것이 뚜렷하게 보입니다.

지난번에 제가 모스크바에 가서 집회를 인도했을 때, 북한에서 온 시베리아 벌목공 세 명이 도망쳐 나왔다가 어떻게 수양회 장소에 들어왔습니다. 러시아 수양회 때에는 주로 러시아 음식을 먹는데, 한국에서 함께 간 형제들이 고추장, 깻잎 등 한국 음식 캔을 여러 개

가져가, 하루는 형제들이 '오늘 저녁에는 한식 한번 먹자'고 했습니다. 된장찌개도 끓이겠다면서 '식당에 가지 말고 2층 로비에서 먹자'고 했습니다.

저녁 식사 전에 정원에 가보니 북한에서 온 세 사람이 앉아 있었습니다. 저는 그분들을 처음 보았지만, 그분들은 제가 강사니까 저를 알아보았습니다. 제가 그분들에게 '혹시 한국 음식을 먹고 싶지 않나?' 물었더니, 눈이 번쩍 뜨였습니다. '오늘 저녁에 한국 음식이 많은데 다섯 시 반까지 2층 로비로 오라'고 했더니 알겠다면서 고마워했습니다. 그들이 다섯 시 반쯤에 왔는데, 부끄러워서 안으로 못 들어왔습니다. 한국 사람들은 부끄러움을 많이 탑니다.

우리가 들어오라고 해서 한국 음식을 대접했습니다. 그분들이 된장에 넣어 먹는 풋고추 삭인 것을 먹더니, '이것 조선 고추 아니냐'면서 너무 잘 먹었습니다. '이것 러시아 시장 조선 음식 파는 데서 한 개에 1달러다'고 하면서, 세상에 세 사람이 고추 한 접시를 먹었습니다. 정말 그 고추의 효과가 컸는지, 그날 저녁에 세 명 다 구원을 받았습니다. 얼마나 감사하던지…….

이처럼 하나님이 일하시는 것이 보이는데, 하나님은 그냥 일하시는 것이 아닙니다. 야고보서 1장에 보면,

"너희 중에 누구든지 지혜가 부족하거든 모든 사람에게 후히 주시고 꾸짖지 아니하시는 하나님께 구하라. 그리하면 주시리라. 오직 믿음으로 구하고 조금도 의심하지 말라. 의심하는 자는 마치 바람에 밀려 요동하는 바다 물결 같으니 이런 사람은 무엇이든지 주께 얻기를 생각하지 말라. 두 마음을 품어 모든 일에 정함이 없는 자로다."(약 1:5~8)

라고 했습니다.

선교사들이 외국에 가서, 그 나라가 공산국가든 기독교를 박해하는 국가든 정글이든 불교 국가든 힌두교 국가든 상관없이, 하나님의 역사를 경험합니다. 저는 그런 나라들에 집회를 인도하러 다니면서, 선교사님들과 며칠 동안 같이 먹고 자며 함께 지냅니다. 그러는 동안에 '이건 정말 인간으로 말미암아 된 게 아니야. 이건 하나님이 하셨어' 하는 흔적을 보는 것이 큰 기쁨이 됩니다. 똑같이 아브라함이 아들을 낳았지만, 인간의 방법으로 낳은 아들은 이스마엘이고 하나님의 약속을 믿음으로 낳은 아들은 이삭입니다. 제가 여러 선교지에 가서 '저건 정말 하나님이 하셨다. 저건 하나님이 아니고는 할 수 없는 일이다' 하는 일들을 볼 때, 제 마음이 감격스럽고 뜨거워집니다.

우리 중에 거짓된 마음 없는 사람이 하나도 없고, 욕망 없는 사람이 하나도 없습니다. 음란한 마음 없는 사람도 없고, 이중적인 마음 없는 사람도 없습니다. 그런데 그런 사람들이 하나님의 이끌림을 받으면 거짓된 데에서 벗어납니다. 하나님의 이끌림을 받을 때 욕망에서 해방을 받습니다. 하나님의 이끌림을 받을 때 음란에서 자유로워집니다. 하나님과 동행할 때, 미움이나 정욕에서 벗어나게 되는 것입니다.

이번에 제가 미국으로 오는 비행기 안에서 중국 영화를 보았는데, 미국에서 납치된 중국 공주를 중국 사람들이 와서 구하는 내용이었습니다. 영화 중에 공주를 구하러 온 사람이 미국 감옥에 갇히게 되었는데, 그 사람이 바지를 벗어 띠를 만들어서 창살을 묶더니 나무로 바지를 죄니까 창살이 굽혀져 그 사이로 나왔습니다. 나무가 감옥 어디에 있었는지 모르지만, 영화니까 있었겠지요.

그 중국 사람이 감옥에 갇혀 있다가 나오는 것처럼, 우리가 육신의 정욕이나 욕망에서 한번 벗어나 보면 그렇게 자유롭습니다. 만일 여러분이 감옥에 갇혀 있다가 거기에서 벗어나면 얼마나 자유롭겠습니까? 만일 여러분이 굴에 갇혀 있다가 거기에서 벗어나면 얼마나 자유롭겠습니까?

목회자들은 제일 먼저 사람들을 죄에서 자유롭게 해방시켜야 합니다. 다음에 자기 행위에서, 율법에서, 물질에서 해방될 수 있도록, 그런 데에서 자유로워질 수 있는 믿음을 증거합니다. 그러면 믿음이 와서 주님과 각 사람을 연결시켜, 주님의 힘으로 말미암아 죄에서 자유를 얻습니다. 정욕이나 욕망이나 음란한 생각에서 벗어날 수 있습니다. 주님께로부터 오는 힘이 우리를 그 모든 데에서 해방시켜 줍니다.

예수님의 힘 없이는, 우리는 욕망이나 정욕에서 벗어나지를 못합니다. 그렇기 때문에 선교사님들의 사역을 보면, 하나님이 어떤 일을 하셨다는 부분이 드러날 때마다 선교사들 마음에서 믿음이 일한 흔적을 볼 수 있습니다. 믿음 없이, 부지런히 심방 다니고 전도하고 열심히 해서는 절대 역사가 일어나지 않습니다.

믿음이 들어오면서 우리 마음에 분명한 선이 생깁니다. 개에게 '아, 이것은 먹으면 안 된다, 정말 안 돼' 하는 선이 생길 때 주인이 그 개를 들어 사용하듯이, 하나님은 믿음의 선이 생긴 사람을 들어 사용하십니다. 마음에 믿음이 없는 사람은 선이 애매하고, 믿음을 가진 사람은 선이 분명하게 세워져 있습니다. 믿음이 없는 사람은 인간적인 방법도 좋게 보이면 자꾸 쓰고 유혹을 받지만, 믿음의 사람들은 그 방법이 아무리 좋아도 그것은 망하는 길인 줄 알기 때문에 거기에 빠져들지 않습니다.

경지에 들어간 사람들

오늘 오전에 우리는 간음한 여자 이야기를 읽었습니다. 이 간음한 여자와 다말은 비슷한 점들이 참 많은데, 그중에 하나가 세상적인 면으로 아무것도 기대할 것이 없는 상황에 처했다는 것입니다. 서기관들과 바리새인들이 간음하다가 잡힌 그 여자를 돌로 때려 죽이려고 끌고 갔습니다. 간음한 여자는 돌에 맞아 죽을 것이었기에, 기대할 만한 것이 아무것도 없었습니다. 자랑할 만한 것도 없고, 그 어떤 것도 아무 소용이 없었습니다.

옛날에 어떤 사람이 미국에 와서 박사 학위를 받으려고 공부를 했답니다. 그런데 어느 날 자기 몸이 이상해서 병원에 가 보니 암이었습니다. 의사가 깜짝 놀라면서 '이제 당신은 일 주일밖에 살지 못한다'고 했습니다. 이 사람이 너무 낙심이 되어 집으로 돌아와 누워 있는데, '따르릉' 하고 전화벨이 울렸습니다. 전화를 받아 보니, 자기가 사랑하는 여자 친구의 전화였습니다.

"기뻐하세요. 아버지가 우리 결혼을 승낙했어요. 우리 이젠 결혼해도 돼요."

그 아가씨와 너무 결혼하고 싶었지만 아가씨 아버지가 반대했는데, 이제 허락했다면서 아가씨가 너무 좋아하는 것입니다. 옛날 같으면 기뻐 뛰며 즐거워하겠지만, 이제는 그 이야기가 남의 이야기처럼 들리는 것입니다. 그래서 담담히 전화를 끊었습니다. 잠시 후에 또 전화가 왔습니다. 자기 지도 교수에게서 온 전화였습니다.

"여보게, 기뻐하게. 이번에 자네 논문이 합격되었네. 자네가 박사가 되었네."
 일 주일 후에 죽으니, 박사 그것도 전혀 남 이야기처럼 들리는 것입니다.
 "교수님, 저는 이제 박사도 필요없습니다."
 "아니, 그게 무슨 소리야?"
 "다음에 말씀 드리겠습니다."
전화를 끊었는데, 조금 있으니까 또 전화가 왔습니다. 자기가 입사하고 싶어서 이력서를 낸 큰 회사에서 온 전화였습니다.
 "기뻐하세요. 당신이 입사 시험에 합격되어 우리 회사에서 근무하게 되었습니다. 우리 회사 직원이 된 것을 환영합니다."
그러나 아무 소용이 없는 것입니다.
 옛날에 어느 임금님이 궁중 악단의 연주를 듣다가 양금 소리가 너무 묘해 감동을 받았답니다. 그래서 양금 켜는 사람에게 상을 내리려고 하자, 그 악사가 이렇게 말했습니다.
 "이 상은 제가 받아야 할 상이 아닙니다. 양금 소리가 아름다운 것은, 제가 양금을 잘 켜서가 아니라 이 양금이 고운 소리를 내기 때문입니다. 그러니 상은 이 양금을 만든 사람이 받아야 할 줄 아옵니다."
 그래서 임금님이 양금 만드는 사람을 불렀습니다. 임금님이 그 사람에게 물었습니다.
 "그대는 어떻게 해서 그렇게 아름다운 소리를 내는 귀한 양금을 만들 수 있었는가?"
 "예, 임금님. 저는 지금까지 수없이 많은 양금을 만들었습니다. 그런데 만들 때마다 소리가 마음에 안 들어서 만들었다 부수고, 만들었다 부수곤 했습니다. 어느 날, 제가 양금을 잘못 만드는 것은 제 마음에 문제가 있기 때문이라고 생각해 마음을 비우려고 음식을 먹지 않기 시작했습니다. 처음에 한 이틀 금식하니까 양금을 잘 만들어야겠다는 생각이 사라지고, 이틀을 더 금식하니까 양금을 잘 만들어서 유명한 사람이 되어야겠다는 생각도 마음에서 떠나갔습니다. 그렇게 여러 날 금식하다 보니, 제가 양금을 잘 만들어서 돈을 벌어야겠다는 마음도, 임금님의 상을 받아야겠다는 마음도 다 떠나갔습니다. 처음 양금을 만들 때는 그런 욕망들이 가득했는데, 금식하며 시간을 보내다 보니 그 모든 욕망이 떠나가버렸습니다. 마음에 아무 사심이 없을 그때, 어디에선가 너무 아름다운 음악 소리가 귀에 들려와 그 소리에 취해서 양금을 만들었습니다. 다 만들고 보니 그 양금이 고운 소리를 내는 양금이 되었습니다."

일본에서 만드는 자동차와 한국에서 만드는 자동차를 비교해 보면, 한국 자동차가 일본 자동차에 비해 별 손색이 없습니다. 그런데 단 하나, 쇠를 연마하는 것만큼은 한국이 일본을 못 따라간다고 합니다. 자동차 엔진 같은 경우, 일본에서 만든 것은 피스톤이 그 뜨거운 열에 많이 움직여도 닳지를 않는데, 한국에서 만든 엔진은 시간이 갈수록 피스톤이 헐거워져 힘이 없어진다는 것입니다.

일본 사람들이 그렇게 쇠를 잘 다루게 된 것은, 옛날 일본인들이 쇠로 칼을 잘 만든 데에서 연유했다고 합니다. 일본도(刀)라는 일본 칼은 유명합니다. 칼을 만드는 사람들은 진검을 만들기 위해 온갖 정성을 다 기울였는데, 진검은 칼을 소유한 사람을 해하려는 사람이 오면 부르르 떤다고 합니다. 그 사람들이 칼을 만들 때면, 그냥 만드는 것이 아니라 마음을 잡기 위해 금식을 하고 마음을 가라앉힌 후 쇠를 다루었답니다. 쇠를 어떻게 다루어야 진검을 만들 수 있는지 여러 가지 해보는 것입니다. 쇠를 달군 후 물에 넣어 보기도 하고, 그것을 일본 말로 '물야끼'라고 합니다. 쇠를 달군 후 기름에 넣어 보기도 하고, 그것은 '기름야끼'라고 합니다. 그렇게 하다 보니 쇠를 다루는 기술이 아주 발달했습니다. 그래서 한국 자동차가 일본 자동차에 비해 외형이나 성능에서 뒤지는 것이 별로 없는데 수명에서 못 따라갑니다. 쇠를 다루는 기술이 뒤떨어지는 것입니다. 쇠를 다루는 그 기술은 비밀이어서 일본 사람들이 공개하지 않습니다.

사람들은 그처럼 명품을 만들기 위해 마음을 가다듬는데, 간음한 여자는 자기 마음을 비우기 위해 참선하거나 가다듬은 것이 아니었습니다. 양금을 만든 사람이나 일본도를 만든 사람이 몇 날 며칠을 굶어서 들어갈 수 있는 그 경지에, 간음한 여자는 단 몇 분만에 들어가버렸습니다.

어떤 경지에 들어갔습니까? 간음한 여자가 돌에 맞아 죽게 되었는데, 좋은 약혼자, 좋은 드레스, 좋은 차, 좋은 아파트, 좋은 직장이 마음에 남아 있겠습니까? 그런 것들을 초월해버렸습니다. 간음하다가 잡혀서 죽으러 끌려가는 여자에게 아무것도 매력이 될 수 없고, 그 마음을 끌 수 없는 것입니다.

셰퍼드가 고기를 못 본 체하고 지나갈 수 있는 경지는 개에게 있어서 최고의 경지입니다. 그것은 고도의 훈련에 의해서 이루어집니다. 그때부터 셰퍼드는 집을 지킬 자격이 있는 것입니다. 아무에게나 꼬리를 살랑살랑 흔들고, 주는 것 다 먹는 개에게 집을 맡겼다가는 도둑이 다 들어갑니다.

우리도 세상의 유혹에 마음이 계속 끌립니다. 죄송합니다만, 여러분에게 아직도 세상의 즐거움에, 돈에, 좋은 위치에, 명예에, 지위에 끌리는 마음이 있습니다. 그런 유혹들이 여러분의 마음을 쉽게 흔들 수 있다면, 하나님이 여러분 속에 어떻게 일할 수 있겠습니까? 반드시 믿음의 선이 그어져야 합니다.

간음한 여자가 선을 행하거나 금식을 해서 그 마음이 모든 것에서 벗어난 것이 아니었습니다. 간음하다 잡혀서 죽으러 끌려가는데, 무슨 벼슬이나 좋은 직장이나 금덩어리나 옷에 마음이 끌리겠습니까? 그 마음이 아무것에도 끌리지 않고 거기에서 벗어나버렸습니다.

양금을 만드는 사람이 자기 욕망에서 다 벗어났습니다. 임금님께 상을 받겠다는 생각에서, 세상에서 양금을 제일 잘 만드는 사람이 되겠다는 욕망에서, 돈을 벌어보겠다는 욕망에서, 세상에서 소리가 제일 아름다운 양금을 만들겠다는 욕망에서……. 욕망이 다 떠나가고 귀에 아름다운 음악 소리만 들려오는 가운데서 만든 양금이 그렇게 아름다운 소리를 낸 것입니다.

내가 무슨 공로가 있어야 가지

우리는 수많은 욕망에 끌리는 삶을 살고, 욕망을 놓지 않고서 주님을 붙들려고 하기 때문에 신앙이 잘 안 되는 것입니다.

제가 복음을 전해 보면, 어떤 사람들은 구원받은 것을 인정받으려고 합니다. 그것은 욕망입니다. 구원은 인정받는 것이 아니라 그 자체를 받아야 합니다. 그런데 인정받으려고 하는 사람들이 있습니다. 그것은 잘못된 것입니다. 교회에서 겸손하다고 인정받고 싶고, 믿음이 좋다는 소리를 듣고 싶고……, 그런 생각들이 우리를 믿음으로 나아가지 못하게 막고 있습니다.

간음하다가 잡힌 여자가 예수님 앞에 끌려왔을 때, 이제 그 여자는 아무것도 바랄 것이 없었습니다. 제가 교도소에 가서 종종 사형수들을 만나 보았습니다. 여러분 사형수와 이야기해 본 적이 있습니까? 그들을 만나 보면 참 특이합니다. 사형수들은 교도소에서 겁나는 사람이 없습니다. 누구에게도 도움을 받으려고 하지 않습니다. 그들은 교무과장이 와도 하고 싶은 대로 다 합니다. 교도소장이 와도 일어나지도 않고 "왔소?" 합니다. 그래서 교도소장은 절대 사형수 방에 가려고 하지 않습니다. 욕을 당할지 모르니까요.

제가 교도소에 가서 재소자들과 신앙 상담을 할 때면, 교도소 규정상 항상 교도관 입회 하에 성경 공부나 개인 면담이 이뤄집니다. 제가 재소자들과 면담을 해보면, 다른 재소자들은 저와 상담을 하면서도 옆에 있는 교도관을 의식합니다. 그런데 사형수들은 그런 것이 전혀 없습니다.

"이 교도소는, 보안과장이라는 녀석이 하는 짓을 보면……." 하면서 아무것도 의식하지 않습니다. 왜 그렇습니까? 눈치 본다고 사형 안 당하는 것이 아니기 때문입니다. 자기는 이미 사형을 언도받았으니까요. 사형을 언도받았다고 해서 바로 집행되는 것은 아니고 법무부장관의 결재가 나야 합니다. 법무부장관의 결재가 나면 그로부터 24시간 안에 사형을 집행하는데, 결재가 언제 날지 모릅니다. 그러니까 다른 사람들은 교도관들의 눈치를 보고 벌벌벌 떠는데 사형수들은 교도소 안에서 아주 자유롭습니다. 물론 마음은 안 그렇습니다.

간음한 여자는 돌에 맞아 죽기 위해 끌려가는 사형수입니다. 이제 그 여자는 아무것도 바랄 것이 없고, 욕망도 없습니다.
 인간들은 세상과 그 욕망을 놓지 못해서, 주님을 따라가려고 하다가 주님을 힘껏 잡지 못해 믿음에 서지 못합니다. 신앙이 어떤 경지에 도달하게 되면, 주님이 주는 것 외에 모든 것은 자기를 해하는 것인 줄 알기에 취하지 않습니다. 셰퍼드에게 아무리 맛있는 고기를 던져 주어도, 주인이 주는 것이 아니면 거들떠보지도 않는 것처럼 말입니다.
 언젠가 제가 '동물의 왕국'이라는 TV 프로그램을 보니까, 메뚜기들이 두꺼비 머리에 날아와 앉고 그 앞에 앉아도, 두꺼비가 잡아먹을 생각을 않는 것입니다. 해설자가, '이 메뚜기는 독이 있는데, 아마 전에 두꺼비가 이 메뚜기를 먹었다가 혼이 났던 모양이다'고 이야기했습니다. 메뚜기들이 자기 머리 위로 뛰어다녀도, 두꺼비가 눈만 껌벅껌벅 하고는 거들떠보지도 않았습니다.
 '옳거니, 저것이 완전히 해방받은 자세다' 하는 마음이 들었습니다. '나는 메뚜기 같은 것 안 먹어' 하고 해방을 받은 것입니다. 두꺼비가 그러는 것이 참 신기했습니다. 본능을 따라서 메뚜기를 잡아먹어야 하는데, 그냥 눈만 껌벅껌벅 하고 있는 것입니다. 간음한 여자가 그 경지에 들어간 것입니다. 그의 본능으로는 정욕으로, 육신으로 흘러가야 하는데, 이제 그것들이 아무것도 아닌 것이 되어버렸습니다.
 사람들이 간음하다 잡혀 죽게 된 그 경지에 들어가기가 어렵습니다. 왜 그렇습니까? 욕망을 벗어버리지 못해서입니다. 그래서 길이 아닌 줄 알면서도 육신의 정욕과 욕망에 끌려가고, 재물에 끌려가고, 명예에 끌려갑니다. 마음이 유혹을 받고 흔들리는 것입니다. 그 상태는 아직 하나님이 역사하실 때가 아닙니다. 해외에 나가 있는 선교사님들의 삶을 보면, 그 속에 하나님의 일하심이 보입니다. 그런 하나님의 역사는 결코 그냥 만들어지지 않고, 간음한 여자의 마음과 같은 경지에 도달해야 일어나는 것입니다. '이건 아니야' 하는 믿음의 선이 그어져서 마음에 믿음이 확고하게 세워져야 합니다.

언젠가 제가 아프리카에 갔을 때, 한번은 나무 밑을 지나는데 기분이 이상했습니다. 그래서 위를 쳐다보니까, 새파란 나무에 나뭇잎 색과 똑같은 초록색의 커다란 뱀이, 한두 마리가 아니라 수십 마리가 기어다니고 있었습니다. 저는 초록색 뱀은 그때 처음 보았습니다. 연초록색이 나뭇잎 색과 똑같아서 움직이지 않으면 모를 것 같았습니다. 깜짝 놀라며 가슴이 섬뜩했습니다. 여러분, 나무 위에 뱀들이 기어다니고 있다는 사실을 알면서 그 밑에서 자겠습니까? 그 아래서 점심을 먹거나 놀이를 하겠느냐는 것입니다.

김종덕 선교사님이 사는 케냐 미고리에서는, 얼마 전에 커다란 뱀이 나타나서 학교에 가는 아이를 통째로 삼켜버렸답니다. 주민들이 그 일을 알고는 그 뱀을 죽인 후 병원으로 실어가서 뱀의 배를 갈라 아이를 꺼냈는데, 아이가 몇 분 있다가 죽었습니다.

여러분 그런 뱀들이 머리 위에서 기어다니는데, 거기에서 밥을 먹거나 잠을 자겠습니까? 정말 아무도 그렇게 하지 않을 것입니다. 뱀이 있는데도 그 사실을 모르니까 그 밑에서 놀기도 하고 그러는 것입니다. 저는 그 나무 아래로 몇 번을 왔다갔다하면서도 뱀이 있는 줄 몰랐습니다. 그러다가 기분이 이상해서 나무 위를 자세히 쳐다보니까, 그 나무에만 뱀들이 스무 마리는 되어 보였습니다.

우리의 삶도 마찬가지입니다. 우리는 우리의 많은 욕망, 체면, 자존심 같은 하찮은 것들을 세우려고 귀한 영혼을 팔아먹습니다. 그것 때문에 멸망을 당합니다. 지옥에 간 사람들이 후회할 것입니다.

'내 체면, 자존심 그게 뭐라고 그것 때문에 내 영혼을 망쳤던고!
돈, 정욕이 뭐라고 어리석게 내 영혼을 멸망에 방치했던고!'
하며, 통곡 소리가 지옥문에서부터 날 것입니다.

다행히 간음한 여자는 복을 받았습니다. 간음하다 잡혀 죽음의 현장으로 끌려가면서, 그 여자가 참선을 하거나 마음을 가다듬지는 않았지만, 그 마음에서 세상의 것들이 이미 다 허무한 것이 되어버렸습니다. 그런 것들이 아무 가치가 없었습니다.

저의 아버지가 세상을 떠나실 때도 그랬습니다. 아버지는 살아 계실 때 많은 욕망을 가지고 계셨습니다. 아버지와 이야기를 나누어 보면, 그 마음에 늘 요구가 많고 욕망이 많았습니다. 그러다가 어느 날 위궤양이 악화되어 피를 토하셨습니다. 그때 아버지와 저와 제 아내 셋이 방안에 있었는데, 아무도 말은 안 했지만 셋 다 아버지가 세상을 떠난다는 사실을 알고 있었습니다. 아버지가 유언을 하셨습니다. 유언을 마친 후, 제가 아버지께 물었습니다.

"아버지의 말씀대로 하겠습니다. 그런데 돌아가신 후 아버지의 영혼은 어디로 가시겠습니까?"

그 전날 제가 아버지에게 복음을 전하니까 아버지가 노여워하고 책망을 하셨는데, 그날은 달랐습니다.

"내가 하늘나라에 가고 싶다. 그러나 너무 늦었다. 내가 무슨 공로가 있어야 가지."

저는 그때까지 아들로서 아버지를 보아 왔지만, 그렇게 깨끗한 마음의 아버지는 처음 보았습니다. 제가 그 전까지 본 아버지는 많은 욕망에 사로잡혀 있는 아버지였습니다. 그런데 그 모든 욕망이 하나도 없이 다 벗겨진 것입니다. 복음을 전하니까 금방 구원을 받으셨습니다. 간음한 여자처럼 아버지 생각이 다 비워진 것입니다. 이젠 잘난 것도 필요없고, 못난 것도 필요없고, 내 생각도 필요없고…….

어떤 사람들과 이야기를 해보면, 그 마음에 자기 생각이 꽉 차서 자꾸 그 생각을 이야기하느라 제가 하는 이야기가 그 마음에 들어가지 않습니다. 그런데 어떤 사람은 간음한 여자처럼 자기 생각이 다 비워져 있습니다. 양금 만드는 사람처럼, 일본도 만드는 사람처럼 말입니다. 우리는 지금 시시한 양금이나 일본도를 만들기 위해서 마음을 비우라는 것이 아닙니다. 귀하신 하나님을 우리 마음에 모셔들이기 위하여 마음을 비우는 것입니다.

생각을 버리고

창세기 38장에서, 만일 다말이 자기 생명을 생각했다면 결코 그 위험한 일을 하지 않았을 것입니다.

'내가 시아버지의 씨를 받았다고 하면 친정 식구들이 뭐라고 할까? 내 배가 불러지면 주위 사람들이 나에게 뭐라고 할까? 내 자존심이나 체면이 뭐가 되나? 내게 어떤 어려움이 올까? 내게 어떤 핍박이 올까?'

이런 것들을 염려했다면, 다말이 예수 그리스도의 계보를 잇는 그 복된 자리에 절대 들어가지 못했을 것입니다. 다말이 은혜를 입을 수 있었던 것은, 간음한 여자처럼 그 마음이 다 비워졌기 때문입니다.

사격하는 사람들이 이런 말을 합니다. "사선에서 총의 가늠자에

눈을 대면 모든 생각이 떠나가 버립니다." 생각이 있으면 명중이 안 된답니다. 그래서 마음 정돈이 잘 되는 사격 선수가 일류 선수가 될 수 있답니다.

붓글씨를 쓰는 사람들도, 생각이 많은 상태에서 글씨를 쓰면 옆에 있는 사람이 "정신 어디 갔어? 마음이 떴네." 합니다. 마음이 모아지지 않으면 글씨가 이상하게 되는 것입니다. 그래서 서예 하는 사람들은 조용히 벼루에 먹을 갑니다. 그냥 먹을 가는 게 아니라 마음을 가는 것이라고 합니다. 그렇게 마음을 가다듬은 후 자세를 바로하고 한지를 펴놓고 붓에 먹물을 묻혀서 들 때도, 그때 다른 생각이 들어가면 절대 글씨가 안 됩니다. 마음을 하나로 모아서 글씨를 써야 바른 글씨가 됩니다.

간음한 여자는 마음을 비우지 않을 수 없었습니다. 곧 돌에 맞아 죽을 것인데, '우리 집에 찌개가 끓고 있는가' 하는 걱정을 했겠습니까? '세탁소에 맡겨놓은 드레스 언제 찾지' 그런 걱정 했겠습니까? '받을 빚 있는데 그것도 못 받겠다' 했겠습니까? 돌에 맞아 죽으러 가는 그 여자가 '아이고, 고추밭 매야 하는데' 그런 생각 했겠습니까? 그런 생각들은 세상에 깊이 빠진 사람들이 하는 생각입니다. 간음한 여자는 마음이 이미 세상에서 떠났습니다.

하나님이 우리를 사랑해서, 세상에 깊이 빠져 있는 우리 생각을 하나님의 세계 속으로 이끌어들이십니다. 다말이 자기를 생각하고, 자기를 위하고, 자기를 높이고, 자기가 인정받는 여자가 되려고 하면, 절대로 유다에게서 씨를 받아낼 수 없습니다. 남들에게 존경을 받거나 대접을 받고 싶다는 것은 다말 마음에 꿈같은 이야기입니다. 다말에게는 '내가 맞아 죽으면 죽고, 욕을 얻어먹으면 먹고, 잘못되면 된다'는 마음이 있었습니다. 다만 하나, 다말은 하나님의 뜻이 이루어지기를 바라는 마음으로 유다에게서 씨를 얻으려고 했습니다.

제가 수원교도소에 성경 공부를 하러 다닐 때, 한번은 교무과 직원이 저를 불렀습니다.

"박 목사님."

"예."

"재소자들에게 집 주소나 전화번호를 가르쳐 주지 마십시오. 유익될 것이 하나도 없습니다."

"예, 알겠습니다."

얼마 후에 다른 직원이 저를 보더니 또 그랬습니다.

"목사님, 혹시 집 주소나 전화번호를 재소자들에게 가르쳐 주십니까? 그러면 안 됩니다. 그 사람들……."

"예."

물론 그 전에도 우리 집 주소나 전화번호를 가르쳐 주지 않았지만, 그 이야기를 듣고 나니까 '가르쳐 주지 말아야겠다'는 생각이 들었습니다. 그런데 이상한 것은, 성경 공부를 하려고 재소자들과 앉아 있는데 제가 뭔가 그 사람들을 속이고 있는 것 같은 생각이 들었습니다. 그래서 전도자들이 모였을 때 이런 이야기를 했습니다.

'교도관들이 재소자들에게 집 주소나 전화번호를 가르쳐 주지 말라고 하는데, 안 가르쳐 주려고 하니까 마음에 거리낌이 있다. 내가 가르쳐 주면 무슨 해를 입겠나? 재소자들이 우리 집에 오면 무슨 해를 끼칠 것이 있겠나? 고작해야 전화기나 TV를 가져가겠지.'

제 마음에 '전화기 가져가면 주지, TV 가져가면 잃어버리지' 하는 마음이 들었습니다. 그러니까 마음이 자유로웠습니다. 그 다음 성경 공부를 할 때, 칠판에다 우리 집 전화번호를 커다랗게 적었습니다.

"이것 우리 집 전화번호인데, 여러분 출감하거든 전화하고 우리 집에 한번 오세요."

그러니까 제 마음이 재소자들을 향해 확 열렸습니다.

나중에 알고 보니까, 제 책에 우리 집 전화번호가 다 적혀 있는 겁니다. 그 사람들이 그 번호를 다 알고 있었던 것입니다. 하여간 그 후로 교도소에서 나온 사람들이 우리 집에 많이 찾아왔습니다만, 한 사람도 우리 집에 손해를 보인 적이 없었고, 오는 사람마다 토마토를 사오고, 딸기를 사왔습니다.

우리 마음이 복음을 향해 막혀버리면, 마음이 다른 곳으로 끌려갑니다. 그것을 잘 아는 사단은, 여러분이 복음을 들으러 올 때 여러분에게 생각이나 자존심이나 체면을 세우게 해서, 온 마음으로 복음을 받아들이지 못하게 합니다.

만일 여러분이 간음한 여자처럼, 다말처럼 여러분의 생애나 자신을 주님의 손에 맡기고 믿음 안으로 들어가면, 다말이 받은 은혜나 간음한 여자가 받은 은혜를 충분히 얻을 수 있습니다. 그런데 우리는 하나님을 믿는 믿음 앞에 나아가면서도 자기 생각이 많습니다.

사람들과 이야기를 나눠 보면, 하나님과 거리가 먼 사람일수록 생각이 복잡하고 자기 생각 속에 빠져 있습니다. 궁금해하는 것을 다 이야기해 주고 나면, 또 자기 생각 속에 있는 엉뚱한 것, 말도 안 되는 것들을 질문합니다. 다시 그 부분에 대해 죽 설명해 주면, 하나도 제대로 듣지 않고 좀전에 했던 말을 또 합니다. 어떤 사람은, 성경에 대한 질문에 대답해 주면 전혀 들으려고 하지 않고 질문만 하려고 합니다. 전혀 받아들이지 않고 자기 주관만 내세웁니다.

소망이 없었던 다말과 간음한 여자는 마음을 비웠습니다. 생각을 버렸습니다. 이사야 55장에,

"너희는 여호와를 만날 만한 때에 찾으라. 가까이 계실 때에 그를 부르라. 악인은 그 길을, 불의한 자는 그 생각을 버리고 여호와께로 돌아오라. 그리하면 그가 긍휼히 여기시리라. 우리 하나님께로 나아오라. 그가 널리 용서하시리라."(사 55:6,7)

라고 기록되어 있습니다. "생각을 버리고"라는 말씀, 너무나 감사한 말씀입니다.

오늘 여러분이 사단이 주는 여러 유혹에 머물러 있지 않고 생각을 비우면, 다말처럼, 간음한 여자처럼 생명을 얻고 하나님의 역사를 이루는 사람이 될 것입니다.

우리 선교사들이 세계 여러 나라에 가 있는데, 하나님의 역사가 일어나는 곳을 가보면 동일합니다. 자기 욕망을 따르던 생각을 버리고 마음을 정했을 때, 항상 하나님의 역사가 일어났습니다. 오늘 오전, 여러분도 그렇게 생각을 버리면 하나님이 여러분 마음에도 역사하실 줄 믿습니다.

9. 우리가 할 수 있는 가장 위대한 일

9. 우리가 할 수 있는 가장 위대한 일

창세기 38장 1절부터 읽겠습니다.
"그 후에 유다가 자기 형제에게서 내려가서 아둘람 사람 히라에게로 나아가니라. 유다가 거기서 가나안 사람 수아라 하는 자의 딸을 보고 그를 취하여 동침하니 그가 잉태하여 아들을 낳으매 유다가 그 이름을 엘이라 하니라. 그가 다시 잉태하여 아들을 낳고 그 이름을 오난이라 하고 그가 또 다시 아들을 낳고 그 이름을 셀라라 하니라. 그가 셀라를 낳을 때에 유다는 거십에 있었더라. 유다가 장자 엘을 위하여 아내를 취하니 그 이름은 다말이더라. 유다의 장자 엘이 여호와 목전에 악하므로 여호와께서 그를 죽이신지라. 유다가 오난에게 이르되 네 형수에게로 들어가서 남편의 아우의 본분을 행하여 네 형을 위하여 씨가 있게 하라. 오난이 그 씨가 자기 것이 되지 않을 줄 알므로 형수에게 들어갔을 때에 형에게 아들을 얻게 아니하려고 땅에 설정하매 그 일이 여호와 목전에 악하므로 여호와께서 그도 죽이시니, 유다가 그 며느리 다말에게 이르되 '수절하고 네 아비 집에 있어서 내 아들 셀라가 장성하기를 기다리라.' 하니 셀라도 그 형들같이 죽을까 염려함이라. 다말이 가서 그 아비 집에 있으니라. 얼마 후에 유다의 아내 수아의 딸이 죽은지라. 유다가 위로를 받은 후에 그 친구 아둘람 사람 히라와 함께 딤나로 올라가서 자기 양털 깎는 자에게 이르렀더니, 혹이 다말에게 고하되 '네 시부가 자기 양털을 깎으려고 딤나에 올라왔다.' 한지라. 그가 그 과부의 의복을 벗고 면박으로 얼굴을 가리고 몸을 휩싸고 딤나 길 곁에 나임 문에 앉으니 이는 셀라가 장성함을 보았어도 자기를 그의 아내로 주지 않음을 인함이라. 그가 얼굴을 가리웠으므로 유다가 그를 보고 창녀로 여겨 길곁으로 그에게 나아가 가로되 '청컨대 나로 네게 들어가게 하라.' 하니 그 자부인줄 알지 못하였음이라. 그가 가로되 '당신이 무엇을 주고 내게 들어오려느냐?' 유다가 가로되 '내가 내 떼에서 염소 새끼를 주리라.' 그가 가로되 '당신이 그것을 줄 때까지 약조물을 주겠느냐?' 유다가 가로되 '무슨 약조물을 네게 주랴?' 그가 가로되 '당신의 도장과 그 끈과 당신의 손에 있는 지팡이로 하라.' 유다가 그것들을 그에게 주고 그에게로 들어갔더니 그가 유다로 말미암아 잉태하였더라."

18절 말씀까지 읽었습니다.

스타트 모터

이번에 며칠 동안 다말에 관한 이야기를 했는데 벌써 마치게 되었습니다. 하고 싶은 이야기들이 참 많지만, 다말에 관한 말씀을 마지막으로 전하려고 몇몇 가지를 정리해 보았습니다.

창세기를 읽어 보면, 37장에는 요셉에 관한 이야기가 나옵니다. 요셉이 형들에 의해 팔려서 애굽으로 내려가 보디발 집의 종이 되는 이야기가 37장 마지막 부분에 나옵니다. 그리고 39장에는 요셉이 보디발 집에서 종살이하는 이야기가 나옵니다. 그 사이에, 이야기를 딱 끊어서 38장에 다말이 베레스와 세라를 낳는 이야기가 나옵니다.

성경을 읽고 사람들을 대할 때마다 하나님이 생각하는 세계와 인간이 생각하는 세계의 차이를 강하게 느낍니다. 제가 서울에 있었을 때, 한번은 나이가 아주 많은 목사님 한 분이 저를 찾아오셨습니다. 그 목사님이 저에게 자신에 대한 이야기를 했습니다.

"내가 옛날에 이승만 대통령이 계실 때 경무대에 가서 예배를 인도했고…… 4·19 때 종로 경찰서장을 찾아가서 학생들에게 총을 쏘지 못하게 했고……."

그렇게 자신이 살아오면서 하나님 앞에서 한 많은 일들을 이야기하셨습니다. 저는 가만히 앉아서, 그 목사님이 하시는 이야기를 40분 남짓 들었습니다. 그분이 이야기를 끝낸 후, 저에게 '이제 박 목사님이 한번 이야기해 보라'고 하셨습니다. 제가 "오늘 목사님 말씀을 듣고 크게 실망했습니다" 하고 말씀드렸습니다.

"왜 그럽니까?"

"목사님이 저에게 말씀하신 40분 동안, 주님께서 목사님을 위해서 어떤 일을 하셨다는 말씀은 한 마디도 안 하시고, 목사님이 주님을 위해서 일하신 이야기만 했습니다. 목사님, 생각해 보십시오. 목사님이 하신 일이 크겠습니까, 예수님이 하신 일이 크겠습니까? 목사님이 40분 동안 하신 이야기는 예수님이 하신 일에 비하면 손톱만큼도 안 되는데, 목사님은 예수님이 일하신 이야기는 안 하시고 목사님이 하신 이야기만 하셨습니다. 그것은 목사님은 예수님을 위해서 많은 일을 하셨는데, 예수님은 목사님을 위해서 하신 일이 없다는 이야기입니다. 만일 예수님께서 목사님에게 큰

일을 행하신 것을 깨닫는다면, 그 앞에서 목사님이 한 일은 부끄러워서 감히 이야기를 못할 것입니다. 저는 지금까지 자기가 무슨 일을 했다는 사람들의 이야기를 많이 들었는데, 예수님이 자기를 위해서 한 일이 없는 사람들은 하나같이 자기가 한 일을 이야기합니다. 그러나 주님께서 그 속에 하신 일이 있는 사람들은, 주님이 행하신 그 귀한 일 앞에 자기가 행한 것은 아무것도 아니기 때문에 감히 '내가 주를 위하여 무엇을 했다'고 말할 수 없게 됩니다. 제가 목사님께 실망한 것은, 목사님이 하나님을 위해서 하신 일은 많은데, 하나님은 목사님을 위해서 하신 일이 하나도 없기 때문입니다. 다시 이야기하면, 목사님이 하나님을 위해서 많은 일을 했지만 목사님은 하나님과 아무 상관이 없는 사람입니다."

그 목사님이 제 이야기를 듣더니 당황했습니다. '나 지금 바빠서 가야겠다'고 하기에 그러시라고 했습니다. 그분이 가려고 하시다가 뒤돌아서더니 '내가 나이가 많아서 기억력이 안 좋으니 하고 싶은 이야기를 한 마디로 적어서 달라'고 하셨습니다. 제가 볼펜을 꺼내 들고 노트를 한 장 찢어 거기에 이렇게 써 드렸습니다.

"예수 십자가에 흘린 피로써 그대는 씻기어 있느뇨?"

많은 사람들이 '예수님이 십자가에서 내 죄를 위해 못박혀 죽었다'고 말합니다. 그 사실이 정말 마음에 임한 사람들은, 예수님 앞에서 자기가 아무것도 아니기 때문에 주님이 행하신 일들만 이야기하지, 감히 자기가 한 일을 이야기할 수 없습니다. '내가 뭘 하고, 내가 뭘 하고' 그것은 전부 신앙이 아닙니다.

얼마 전에 LA에서 집회를 할 때, 한 부인을 만났습니다.

"아주머니, 아주머니는 신앙 생활에 만족하십니까?"

"목사님, 저는 지쳤습니다. 한계에 도달했습니다."
그 부인은 목사님 사모님이었는데, 그렇게 대답했습니다. 왜 그렇습니까? 자기가 하니까 그렇습니다. 하나님은 천지를 창조하시면서 피곤하지 않았습니다. 지치지 않았습니다. 하나님이 하시는 것은 힘들지 않습니다. 그런데 신앙을 내가 하려고 하니까 어렵고, 내가 하려고 하니까 힘들고 시험에 드는 것입니다.

옛날에 제가 선교학생이었을 때, 우리를 가르치시던 선교사님은 기도를 한두 시간씩 했습니다.

'세상에 기도를 어떻게 두 시간이나 하냐? 무슨 두 시간이나 할 이야기가 있냐?'

하는 마음이 드는 것이, 저는 그때 5분 이상 기도해 본 적이 없었습니다. 하루는 오후에 선교학교에 저 혼자 남았는데, '나도 오늘 두 시간 기도해 봐야겠다'고 마음을 먹었습니다. 선교학교 건물이 일본식 집이어서 벽장이 있었는데, 거기는 이불 같은 것을 넣어두는 곳입니다. 그 안에 들어가서, 추우니까 밑에 담요를 깔고 또 뒤집어쓴 후 '오늘은 천하없어도 두 시간 기도한다' 하고 무릎 꿇고 엎드려 기도하기 시작했습니다.

한참 기도를 한 후 두 시간쯤 지난 것 같아서 고개를 들고 시계를 보니 17분밖에 지나지 않았습니다. 시계가 고장난 것같이 느껴졌습니다. 다시 기도하려고 하니까, 지겹고 지루해서 안 될 것 같았습니다. 그래서 화장실에 다녀와서 쉬었다가 다시 무릎을 꿇고 기도하기 시작했습니다. 다시 기도를 하는데 너무 지루했습니다. '이제 두 시간 지났겠지' 하는 마음이 드는데, 계산해 보니까 바로 전에 고개를 들었던 때와 비슷해서 '이제 15분 지났겠다' 생각하고 '한 다섯 시간 느껴지도록 하자' 하고는 기도를 했습니다. 그런데 참 재미있는 일이 일어났습니다.

여러분 자동차 알지요? 여러분이 자동차를 알지만, 자동차에 대해서 자세히 아는 사람은 별로 많지 않습니다. 혹시 자기 승용차에 모터가 몇 개 있는지 정확하게 아는 사람 있습니까? 아무도 없습니까? 하여튼 차 타고 다니는 것이 다행입니다.

자동차 정비하는 형제가 이야기해 주었는데 차에 모터가 굉장히 많습니다. 스타트 모터, 팬 모터, 윈도 브러시를 움직이는 모터, 자동으로 창문을 올리고 내리는 모터……. 자동차에 따라 다르지만, 좋은 차는 모터가 10개가 넘는다고 합니다. 그것들 중에서 가장 큰 기능을 하는 것이 스타트 모터입니다. 스타트 모터는 시동을 걸어주는 일을 합니다. 그런데 그것은 엔진을 시동할 때에만 필요한 것이지, 그 모터의 힘으로 자동차를 움직이려고 하면 자동차는 금방 고장이 나고 맙니다.

스타트 모터는 시동을 걸 때 '부르르' 하고 몇 초 동안만 돌아가는 것입니다. 기도하는 것이 그렇습니다. 우리는 스타트만 하면 됩니다. 우리가 시동만 걸어 놓으면 주님이 엔진이 되어 주십니다. 그렇게 기도가 되면 기도가 너무 평안합니다. 그날 저도 두 시간 기도했습니다.

처음에 제가 기도할 때는 힘들고 어렵고 지루하고 답답했는데, 어느 정도 지나면서 예수님이 제 마음에서 기도의 바톤을 이어받으셨습니다. 그러고는 잠깐 지났다고 느꼈는데 일어나 보니 두 시간이 훨씬 지나 있었습니다. 내가 기도하는 것과 주님이 기도하는 것은 너무 다릅니다.

우리 교회의 한 형제가 술 끊은 이야기를 했습니다. 이 형제는 구원받기 전에 술을 참 많이 마셨는데, 구원받고도 술집에 가서 술을 마셨다고 합니다. 그러던 어느 날, 친구들과 함께 술을 마시다가 보니까, 술이 한 잔 들어가고, 두 잔 들어가고, 석 잔 들어가면서 다들 말이 많아지기 시작하더랍니다. 한 친구가 "어이, 조용히 하고 내 이야기 한번 들어봐." 하더니 자기 자랑을 시작했습니다. 그러고 나니까 다른 친구가 자기 자랑을 하고, 또 다른 친구가 자랑을 하고. 옛날에는 이 형제도 그렇게 함께 어울렸는데 그날은 앉아서 가만히 그 모습을 보니 너무 유치한 것입니다. '야, 내가 저렇게 유치하게 살았나?' 하는 마음이 들면서 술이 확 깼습니다. 그 다음부터는 술집에 가기가 싫어졌다고 합니다.

형제들이 담배 끊은 이야기를 들어도 비슷합니다. 내가 술을 끊고 담배를 끊는 것은 너무 어렵지만, 주님이 나로 끊게 하시면 너무 쉬운 것입니다.

한번은 장로교회 목사님 한 분이 우리 집회에 와서 죄 사함을 받고 거듭났습니다. 그분이 저에게 지난 이야기를 하는데, 설교하기가 그렇게 어려웠다고 합니다. 주일 설교를 마치고 나면, '다음 주일에는 무슨 설교를 할까?' 하며 일 주일 내내 짐이었답니다. 주보에 실릴 설교 제목과 본문을 겨우 이야기해 주고서 고민하는 것입니다. 그렇게 겨우겨우 설교를 하고 나면, 아내가 "여보, 설교를 그렇게 하면서 잠을 왜 그렇게 많이 자요? 일어나서 산에 가서 기도 좀 하고 와요." 하고, 아이들도 "아빠 설교에는 능력이 없어요." 하는 것입니다. 그러면 너무나 괴롭답니다.

기도하고 오라고 아내에게 내쫓겨 나오면, 기도원에는 너무 가기 싫고 시내를 여기저기 돌아다니다가 토요일에 집에 들어간답니다. 그날 하루 종일 책상에 앉아서 다음날 설교할 원고를 준비하는 것입니다. 그런데 원고가 안 나오는 겁니다. 원고를 쓰려고 TV도 보고, 영화도 보고, 신문도 보아도 안 돼 '에라, 모르겠다' 하고는 드러누워 자다가 밤 12시쯤 깨어서 밤새도록 원고를 쓴답니다. 주일 예배 때 설교할 시간이 되면 원고를 펴놓고, 첫 부분은 외워서 하다가 나중에는 원고를 보고 읽는답니다. 자기도 그렇지만 교인들이 야속한 것이, 밤새워 설교 준비를 했는데 다 자고 있다는 것입니다.

그렇게 하려면 설교하기가 얼마나 어렵습니까? 그런데 저는 한 번도 그렇게 설교를 한 적이 없습니다. 그것은 제가 설교를 잘해서나 말씀을 잘 깨달아서가 아닙니다. 하나님께서 저에게 행하신 일들이 많기 때문에, 그 이야기를 하려고 하면 날이 저물고 밤이 새도 다 할 수 없습니다.

교회를 위해서 할 일이 없는 목사

저는 어렸을 때부터 교회를 다니며, 열 아홉 살이 될 때까지는 신앙 생활을 잘해 보려고 발버둥을 쳤습니다.

'성경 많이 읽어야지. 기도 많이 해야지. 죄 짓지 말아야지. 십일조 내야지. 주일 지켜야지. 착한 일 해야지. 교회에서 봉사 많이 해야지……'

신앙 생활이 얼마나 피곤하고 힘들었는지 모릅니다.

제가 열 아홉 살 되던 그해 10월 7일, 저는 한계에 도달해서 제가 하려고 했던 그 삶을 다 놓아버렸습니다. 버려버렸습니다. 그때 주님이 저를 구원해 주셨습니다.

그 후 제가 대구 파동에서 복음을 전할 때, 화신반점이라는 조그만 중국음식집 2층을 세내어 예배당으로 사용했습니다. 하루는 아침을 먹고 난 후 예배당에 혼자 앉아 성경을 읽었습니다. 점심을 먹고 난 후에도 다시 성경을 읽기 시작하는데, 예배당 문이 열리더니 어떤 젊은 사람이 저를 찾아왔습니다. 자기는 신학교를 졸업하고 전도사가 되어서 교회를 개척하려고 예배당을 구하러 다니는 중이라고 했습니다.

제가 그 사람에게 물었습니다.

"죄 사함을 받았습니까?"

"예, 받았습니다."

"마음에 죄가 있습니까?"

"예, 있습니다."

"죄 사함을 받았는데, 어떻게 죄가 있습니까?"

"그럼 목사님은 죄가 없습니까?"

그 사람과 말다툼이 되었습니다. 그 사람이 나가면서 "내가 지금까지 이단을 봤어도 당신 같은 이단은 처음 봤다."고 하면서 나갔습니다. 저도 "당신이나 지옥에 가지, 남들은 지옥에 보내지 말라."고 고함을 질렀습니다.

그리고 1년쯤 지났는데, 시내에 나갔다가 시내버스 안에서 그 전도사님을 만났습니다. 저는 잊어버렸는데 그분이 가까이 와서 "박 목사님, 어디 갔다 오십니까?" 하고 인사를 했습니다. 어디서 많이 보았는데 기억이 잘 나지 않았습니다. 저에게 할 이야기가 있다고 해서 같이 우리 집으로 갔습니다. 집에서 한참 이야기를 나누다 보니, 1년 전에 저와 심하게 다투었던 그 전도사님이었습니다. 1년 전에는 저에게 손가락질을 하고 그랬는데 그날은 양처럼 얼마나 순하던지.

그 전도사님이 고민을 이야기했습니다. 그 동안 자기가 파동 가창이라는 곳에 교회를 개척해서 1년 사이에 예배당을 잘 지었답니다. 그런데 장로교 전도사는 목회권(牧會權)이 없습니다. 장로교 헌법에, 전도사는 강도권(講道權)이 없고, 침례권(浸禮權)이 없고, 축도권(祝禱權)이 없습니다. 여러분이 생각하면 우습겠지만, 장로교회에서는 강대상에 올라설 수 있는 자격이 강도사 이상이어야 합니다. 그리고 장로교회에서 하는 축도, "이제는 하나님 우리 아버지와 주 예수 그리스도와 성령님의 감화 감동……." 그것을 전도사가 하면 큰일납니다. 그것은 목사만 하도록 되어 있습니다. 세례식이나 성찬식을 주관하는 권도 목사에게 있지, 전도사에게는 없습니다. 그러니까 전도사는 목사를 돕는 일을 하지, 단독으로 목회를 할 수 없습니다. 그런데 그 전도사님이 예배당을 지어놓으니, 시골 교회에 있는 목사들이 자녀 교육 때문에 대구로 들어오려고 치열한 경쟁을 벌이는 마당에 전도사가 대구에서 좋은 예배당을 지었다는 소문이 나니까, 그 예배당을 빼앗으려고 수십 명의 목사들이 줄을 섰다는 것입니다. 비록 그 전도사님이 예배당을 지었지만, 노회에서 나가라고 하면 당회권이 없기 때문에 쫓겨나야 하는 것입니다.

그분이 저에게 자기 사정을 이야기하면서, 그 예배당을 짓느라고 자기가 700만 원의 빚을 졌다는 것입니다. '이제 쫓겨나면 빚만 가지고 맨손으로 나와야 하니 어떻게 하면 좋겠느냐?'고 저에게 물었습니다. 제가 이야기했습니다.

"당신은 하나님의 종이 아닙니다. 하나님이 당신을 그 교회의 인도자로 세웠다면 누가 쫓아내겠습니까? 하나님이 당신을 거기에 세우지 않았다면 거기에서 쫓겨나는 것이 옳습니다. 당신은 하나님이 세웠는지 그렇지 않은지 그런 확신도 없는 것을 보니, 당신 마음에 죄가 있어서 눈이 어두워져 있습니다. 당신 마음에 죄가 있지요?"

"예, 죄가 있습니다."

"그러니까 영적 눈이 어두워서 깨닫지 못하는 거예요."

그 사람이 그날 복음을 듣고 죄 사함을 받았습니다.

제가 파동에 있을 때 전도하러 다녀본 적이 별로 없습니다. 한번은 우리 교회에 나오는 여학생이 자기 친구 여학생을 데리고 왔습니다. 고등학교 2학년이었는데, 그날 그 여학생이 복음을 듣고 구원을 받았습니다. 이튿날 구원받은 그 여학생이 자기 교회의 학생회장이라면서 머리를 빡빡 깎은 남학생을 데리고 왔습니다. '이름이 뭐냐' 고 물으니까 '김동성'이라고 했습니다. 그 학생도 복음을 듣고 구원을 받았습니다. 그리고 얼마 안 되어 젊은 신사 두 명이 와서 구원을 받았습니다. 또 박천수라는 전도사가 와서 구원을 받았습니다. 하루는 문이 쓱 열리더니 중년 신사 한 분이 저를 찾아왔다면서 들어와 복음을 듣고 구원을 받았습니다. 우병석 목사님이었습니다.

파동에서 목회를 하는 동안 제가 한 것은 아무것도 없었습니다. 예배당에 가만히 앉아 있는데 하나님이 계속해서 사람들을 붙여 주셔서, 그들이 구원받아 형제 자매들이 늘어갔습니다. 그리고 선교학교를 시작했습니다.

얼마 지나지 않아 '신경자'라는 아가씨가 대전에서 대구 조폐공사로 전근오면서 우리 교회에 나왔습니다. 그 아가씨는 조폐공사에 복음의 문만 열어놓고 다른 데로 가버렸습니다. 그 뒤로 조폐공사에서 아가씨들이 계속해서 구원을 받았습니다. 파동에서 조폐공사가 있는 곳까지는 아주 멀었습니다. 경산까지 차를 타고 가서 숲속 길로 몇 킬로미터를 걸어가야 했습니다. 계속해서 성경 공부 모임을 가졌는데, 30여 명이 구원을 받았습니다. 그리고 제일모직에서도 구원의 역사가 이어졌습니다. 저는 제일모직에 전도하려고 계획을 세워본 적이 없었습니다.

하나님이 선교학교를 하게 하시고, 수양관을 짓게 하시고……. 지난 과거를 돌아보면, 전부 하나님이 하신 것뿐입니다. 한번은 성경 공부를 하고 있는데 어떤 목사님이 와서 말씀을 듣고 구원을 받았습니다. 그분이 자기는 대구 정화여고 교목이라면서, 저에게 '정화여고에서 교사 강습회가 있는데 말씀을 한 시간 전해 달라'고 했습니다. 여름방학 기간에 정화여고 교사들 2,3백 명이 모인 곳에 가서 말씀을 전했습니다.

말씀을 마치고 난 후 그 목사님이 제게 재단 이사장님과 인사를 나누라고 했습니다. 그분이 장로님인 줄 알았기에 전부터 복음을 전하려고 마음을 먹고 있었습니다. 재단 이사장님이 수많은 교사들에게 둘러싸여 저에게 오더니 악수를 청하면서 "허, 수고가 많습니다." 했습니다. 저는 얼른 성경을 펴서 이야기하려고 하는데, 벌써 등을 보이며 가고 있었습니다. 제가 그분에게 복음을 전하려고 기도하고 준비했는데 30초 만나고 말았습니다.

그리고 몇 년이 지나서, 제가 수원교도소에 가서 말씀을 전했습니다. 어디서 많이 본 노인이 앞에 앉아 있는데 누구인지 기억이 나지 않았습니다. 말씀을 마치고 나오면서 직원들에게 '그분 누구냐'고 물어보았더니, '옛날 대구 정화여고 재단 이사장 도영대 장로님'이라고 했습니다. '아, 맞다. 내가 정화여고에 가서 말씀을 전했을 때 만났던 그분 맞다.' 부도가 나서 그분이 경제사범으로 수감되어 있었던 것입니다. 옛날에는 제가 말씀을 전하려고 해도 안 되었는데, 그날은 그분이 온 마음을 다해 말씀을 들었습니다. 1988년 3월 1일, 그날 그분이 구원을 받았습니다. 그 후 교도소에 성경 공부를 하러 가면, 그분이 늘 모임에 나왔습니다. 교도소는 추웠습니다. 그래서 저는 교도소에 성경 공부를 하러 갈 때는 두툼하게 스웨터를 입고 갔습니다. 제가 거기에 성경 공부를 하러 가면, 날씨가 추운데도 양지쪽에서 키가 크신 어른이 벌벌 떨면서 저를 기다리고 있는 모습이 너무 송구스럽기도 했습니다.

하여튼 하나님께서 계속해서 일하시기 때문에 제가 교회를 위해서 할 일이 없습니다. 이곳 형제 자매님들은 저에게 '시차도 있는데 뉴욕에 와서 수고하신다'고 하는데 천만의 말씀입니다. 저는 한편으로는 이렇게만 살라고 하면 좋겠습니다. 아침 먹고 한 시간 말씀 전하고, 점심 먹고 쉬었다가 저녁 먹고 말씀 전하고……. 제가 미국에 며칠 다녀갈 때는 시차에 적응을 안 하고 한국 시차를 그대로 유지하려고 합니다. 그래서 밤에는 밤이니까 자고, 낮에는 한국 시간으로 밤이니까 자고……. 오후에 코를 골아 가면서 자고 일어나서 저녁 먹고 와서 한 시간 살짝 말씀 전하면 하루 종일 노는 것입니다. 이렇게 있다가 다음에 LA행 비행기 태워 주면, 가서 또 이렇게 지냅니다. 세상에 이렇게 좋은 목사를 사람들이 왜 안 하려고 하는지 이해가 안 갑니다.

정말 이 형제가 암으로 죽기를 원하십니까?

저는 목회를 하면서 사람들이 변화되는 것을 참 많이 보았습니다. 한번은 제가 미국 필라델피아에서 집회를 인도했습니다. 그 집회를 위해 미국으로 오기 전날, 나이 많은 자매님이 저를 찾아왔습니다.

"목사님, 제 아들이 미국에 있는데 제발 제 아들 내외에게 말씀을 전해 주세요."

간청하면서 주소를 주는데, 워싱턴 D.C.였습니다.

나이 많으신 할머니가 그렇게 간절히 부탁해서, 필라델피아에서 거의 다섯 시간을 운전해 워싱턴 D.C.에 사는 그 아들 집을 찾아갔습니다. 그런데 그 며느리가 정색을 하면서 "박옥수 목사님이 왔네요. 박옥수 목사님 교주 아니에요?" 하는 것입니다. 여자와 싸울 수도 없고, 속이 상했습니다. 저는 말씀을 전하려고 고생해서 거기까지 갔는데, 그 부인이 저에게 '왜 우리 시어머니는 박 목사님을 만나라고 하느냐, 예수님을 만나라고 하지 않고. 이상하지 않냐? 예수님을 만나야지 박 목사님을 만나야 할 이유가 뭐냐?'고 따져묻는 것입니다. 그날 30분 가까이 완전히 질타를 당했습니다.

저는 마음이 약해서 그러면 할 말을 다 잃어버립니다. 그냥 얼굴만 벌겋게 하고 있었습니다. 그래도 멀리서 왔다고 밥을 해 주어서 먹었습니다. 밥을 먹고 난 후, '그래도 내가 목사인데 여기까지 왔으니까 예배를 드리고 가야겠다'고 하고 예배를 시작했습니다. 찬송을 부르고 기도하고 하자, 그 부인도 교회에 나가니까 성경을 들고 앉았습니다. 한 시간 말씀을 전하고는 얼른 돌아왔습니다.

그런데 그 부부가 말씀을 더 듣고 싶다면서 필라델피아까지 와서 집회에 참석해서 말씀을 들었습니다. 저는 그냥 말씀을 전하고 집회를 마친 후 대전으로 돌아왔습니다. 그 후 어느 날 전화가 왔습니다.

"박 목사님이세요?"

여자 목소리인데, 누구인지 기억이 나지 않았습니다.

"목사님, 여기 워싱턴 D.C.인데……."

워싱턴에 사는 제가 아는 여자는 그분밖에 없었습니다. 그래서 '그때 그 여자인가 보다' 하고 있는데, 아니나 다를까 '제 남편이 누구다'고 하는데 그 사람이 맞았습니다. 그러니까 당황이 되었습니다.

'이분이 어떻게 전화를 했을까?'

너무나 귀한 전화였습니다.

"목사님, 제 남편이 위암에 걸렸습니다. 위를 90%나 잘라냈습니다. 의사가 6개월밖에 살지 못한다고 했는데 두 달이 지났습니다. 제 남편 평생 소원이 선교학교에 가서 박 목사님과 성경 공부를 갖는 것인데, 저는 남편이 박사가 되는 것이 좋아서 지금까지 그것을 말렸습니다. 이제 제게는 선택의 여지가 없습니다. 이제는 남편을 더 막을 수 없는데, 박 목사님, 저희들을 선교학교에 받아 주시겠습니까?"

그 이야기를 들으면서 반사적으로 '그걸 왜 나에게 묻냐? 예수님께 묻지. 예수님께 기도해서 물어보지, 왜 나를 교주 만들려고 나에게 묻냐?' 하는 생각이 들었습니다. 하여튼 국제 전화라 긴 이야기를 할 수도 없고, 여러 가지 생각이 일어나는 가운데 주님이 생각을 하나 주셨습니다.

'내가 하나님의 일을 하느라 바쁜데, 무엇 때문에 하나님이 미국

에 있는 송장까지 한국에 보내서 나에게 치우라고 하겠나? 그렇게는 하지 않으시겠다.'

그 생각이 들어서 한국으로 오라고 했습니다.

일 주일쯤 후에, 키가 크고 빼빼 마른 형제가 아내와 뒤뚱뒤뚱 걷는 아이들을 데리고 큰 여행 가방 두 개를 들고 대전에 왔습니다. 선교학교에 있는 방을 하나 지정해 주고는 '여기에서 지내면서 내일부터 강의를 들으러 내려오라' 고 했습니다. 며칠 지나서 어떻게 지내나 궁금해 그 방에 찾아갔습니다. 고마워서 어쩔 줄 몰라 했습니다. 방에 들어가 보니까, 자매가 남편을 살려 보겠다고 암에 좋다는 현미밥을 해 둔 것이 보였습니다. 형제는 위장이 작아졌으니까, 현미밥도 많이 못 먹었습니다. 밥을 밤알 만하게 만들어서 늘 입에 달고 있어야 했습니다. 또 지켜야 할 것들이 많은데, 밥을 먹고 나서 물을 마시면 안 되었습니다. 물을 마시면 먹었던 음식물이 물에 쓸려서 바로 장으로 떨어져버리기 때문이었습니다.

젊은 사람이 죽음을 기다리는 것을 보니 너무 애달팠습니다. '암이 뭐기에 이 사람이 죽어야 하는가?' 그 모습을 보며, 하나님이 형제를 살려 주었으면 좋겠다는 마음이 속에서 솟아올랐습니다. 마음에서 생명의 끈을 잡고 놓아주고 싶지 않았습니다. 그때 또 번뜩 드는 생각이 있었습니다.

'못된 나도 저 형제가 사는 게 좋은데, 하나님은 더하시지 않겠나?'

암에 걸린 젊은 형제를 앉으라고 하고, 그 머리에 손을 얹고 낫게 해 달라고 함께 기도했습니다.

"자비로우시고 은혜 베풀기를 원하시는 하나님. 저처럼 못된 인간도 이 형제가 살아났으면 하는데, 하나님 당신 마음은 어떻겠습니까? 당신은 정말 이 형제가 암으로 죽기를 원하십니까? 이 젊은 형제에게 기회를 주십시오. 하나님, 은혜를 베풀어 주십시오. 당신은 이 병을 고치실 수 있습니다."

너무 감사한 것이, 그 기도가 박옥수의 이름으로 하는 것이 아니라 예수님의 이름으로 하는 기도였습니다. 제가 '아멘' 하고, 형제도 '아멘' 하고, 자매도 '아멘' 했습니다.

그 형제 내외는 6층에 살고 저는 7층에 살아도 함께 이야기할 기회가 별로 없었습니다. 넉 달이면 죽는다던 사람이 6개월쯤 지난 후에 예배 시간에 간증을 했습니다. 키가 180cm쯤 되는데, '한국에 올 때 체중이 47kg이었는데 지금은 10kg이 늘어서 57kg이 되었다'고 했습니다. 또 정신없이 시간을 보내다가 어느 날 식당에서 만났습니다. 식사시간에 제 앞에서 식사를 하고 있었습니다. 식판을 보니까 현미 밥은 어디 가고 없고 우리가 먹는 밥을 그냥 먹는데, 한 그릇 이상을 먹는 것입니다.

"아니 형제, 위가 조그만하다며."

"목사님, 위가 커졌는지 어쨌는지 밥맛이 너무 좋습니다."

"그렇게 먹어도 괜찮아?"

"소화가 잘 되고 편한데 무슨 문제가 있겠습니까?"

그런 암이라면 아무리 걸려도 괜찮습니다. 형제의 병이 다 나았는지 모르겠습니다만, 벌써 여러 해가 지났습니다. 지금은 엘패소에 선교사로 와 있습니다. 바로 박상용 선교사님입니다.

제 마음에 철학이 하나 있는데, '사람은 누구든지 변한다'는 마음이 제 속에 항상 있습니다. 하나님이 사람의 마음을 변하게 만들어

놓았습니다. 그게 너무 좋습니다. 아무리 이야기해도 변하지 않는다면 소용이 없는데, 사람은 다 변합니다. 배가 고파서 밥을 맛있게 먹던 사람이 배가 부르면 금방 밥맛이 없어집니다. 한 시간도 안 돼서 입맛이 금방 변합니다.

요즘은 그런 일이 별로 없지만, 제게 욕을 하는 사람들이 있습니다. 옛날에 자매들만 교회에 나오는 집에서는, 수양회 때가 되면 남편들이 수양회에 못 가게 아내들을 막다가 할 수 없이 수양회에 보냅니다. 보내놓고 나서 혼자 있으면 화가 나니까, 저를 찾아와 욕을 하고 멱살을 잡고 그랬습니다. 지금은 제 머리가 희어져서 못 그러는데, 옛날에는 저도 못돼서 지지 않고 같이 잡고 흔들고 그랬습니다. 그런데 세월이 흐르면서 저에게 욕하던 사람, 제 멱살을 잡던 사람들이 어느 날부터 우리 교회에 와서 앉아 있는 것입니다.

여기, 함인오 선교사님 어디 있습니까? 저 사람, 전에는 정말 못됐습니다. 우리 선교회 소속의 교회를 피해서 인천에서 대전으로 이사를 왔는데, 바로 우리 교회 옆으로 이사를 왔습니다. 하루는 우리 교회 부인 자매들이 저에게 '우리 교회 근방에 이사온 자매가 있는데 심방을 한번 가자'고 했습니다. 제가 심방을 잘 다니지 않는데 그날 큰맘 먹고 갔습니다.

그 부부가 쌀집을 운영하고 있었는데, 자매와 교제를 나누고 나오다가 보니까 이 양반이 트럭에 잔뜩 실린 쌀을 내리려고 하고 있었습니다. 그래도 가장인데, 그 집에 갔다가 어떻게 안 본 척할 수 있습니까? 그래서 "안녕하세요." 하고 인사를 했더니, 정색을 하면서 "나는 박옥수 목사님을 싫어합니다. 앞으로 우리 집에 오지 마세요!" 하는 것입니다. 제가 별 대답 안 하고 나오면서 '매일 찾아와야지' 하고 마음에 결심했습니다.

　결심은 했는데 반기지 않는 집에 가려고 하니까 갈 수 없는 다른 이유가 자꾸 생겼습니다. 다른 집에도 가고 싶고, 누가 와 달라고 부르기도 하고, 기도해 달라고도 하고……. 그렇게 몇 달이 흐른 어느 주일이었습니다. 우리 예배당이 좀 넓은데, 예배 시간에 예배당 끝 시계 밑에 누가 앉아 있었습니다. 그 자매 남편 같았습니다.

　'아니야. 그 사람 얼마 전에 나를 그렇게 싫어하고 욕하고 했는데 우리 교회에 올 리가 없어.'
하면서도, 멀리서 가물가물한 것이 맞는 것 같았습니다. 예배를 마치고 부랴부랴 가보니 그 사람이었습니다. 그 사람이 디트로이트에서 복음을 전하는 선교사가 되어 지금 이 자리에 앉아 있는 것이 이해가 안 갑니다. 사람은 다 변합니다.

　전에는 제 멱살을 잡고 대드는 사람을 보면 화가 나고 열이 올랐는데, 지금은 '이 사람은 변하면 뭐라고 할까?'를 생각하면 재미가 있습니다. 참 많은 사람들이 변했습니다. 함인오 선교사님이 변하는데 있어서 저는 한 일이 아무것도 없습니다. 주님이 일하신 것입니다. 아침에 잠자리에서 일어나면 '오늘은 주님께서 나를 위해 무슨 일을 하실까? 무슨 일을 준비해 놓았을까?' 그게 기다려집니다. 제가 아침에 일어나 밥을 먹고 나면, 주님이 그날 해야 할 일들에 대한 계획을 가지고 저를 사람들과 연결시키려고 바쁘게 일하시는 것이 보입니다. 밤이 되어 잠자리에 들 때면 '아, 주님. 주님이 오늘 이렇게 일하셨습니다.' 하며 감사한 마음이 듭니다.

　하나님이 하신 일들을 이야기하려면 한이 없습니다. 하나님이 일하시는 것을 보면, 정말 저는 할 일이 없습니다. 오늘날 우리 신앙

생활이 어려운 것은, 하나님이 해야 할 일을 우리가 하려고 하기 때문입니다. 하나님을 못 믿으니까, 하나님이 해 주실 것 같지 않으니까, 그걸 전부 내가 짊어지고 고민하고 괴로워하고 슬퍼합니다. 그러다가 지치고 실망하고 쓰러지고……. 여러분이 그렇게 살다가 하나님을 만나게 되면, 그 짐을 하나님께 맡깁니다. 그러면 하나님이 여러분의 인생을 대신 살아 주십니다. 그때 우리는 너무 자유롭고, 일은 아름답게 될 수밖에 없습니다.

그건 내가 해야 돼

저의 작은아버지가 일본에 살고 계시는데, 제가 구원받기 전부터 일본에서 토건업을 하셨습니다. 일본에 가서 성공한 한국 사람 가운데 한 명이라고 합니다. 제가 구원받기 전에 작은아버지가 저를 데려다가 그 밑에서 일하게 하려고 하셨는데, 제가 구원을 받고 선교 학교에 가 그 일이 무산되었습니다. 그리고 시간이 흘렀습니다. 한 번은 할머니가 돌아가셔서 할아버지 묘 옆에 장사하는데, 할아버지 산소에 "남묘호렝게교"라는 붉은 글씨가 쓰인 큰 비석이 세워져 있었습니다.

'보나마나 작은아버지가 한 게 틀림없다. 일본에 계시면서 언제 비석을 세워 놓았나?' 하는 생각이 들었습니다. 그날은 장례식이라 복잡하고 이야기하면 분위기가 좋지 않을 것 같아서 입을 다물고 있다가, 저녁때 서울에 올라와서 작은아버지에게 전화를 했습니다.

"작은아버지, 제가 예수를 믿고 영준이도 예수를 믿는데, 어떻게 비석을 세우면서 우리에게 의논 한 마디 없이 그렇게 하셨습니까?"

묘에 관한 문제들은 장손에게 권한이 있습니다. 저의 아버지가 장손이고, 저의 형님이 장손이고, 형님 아들인 박영준 목사가 장손인데, 구원받은 목사입니다.

"야야, 나는 좋으라고 했다. 나는 잘되라고 했다."

"작은아버지, 그 비석을 작은아버지가 없앨랍니까, 아니면 제가 없앨까요?"

조카지만 나이가 들었으니까, 작은아버지가 대답을 못 하셨습니다. 그냥 '나는 좋으라고 했네, 잘되라고 했네' 하시는데, 제가 얼른 생각을 바꿨습니다. '내가 예수 안에 있는데 그렇다고 재앙이 오겠나, 내버려두자' 하고는 그 후로 할아버지 산소에 가지 않았습니다. 그러니까 작은아버지가 좋아 하시는데, 예수님을 믿는 것에 대해서는 탐탁지 않은 마음을 가지고 계셨습니다.

일본에 사는 사촌동생들 중에 하나는 자동차 경주 선수였습니다. 도요타 대표였는데, 큰 대회에서 우승할 만큼 아주 유명한 선수였습니다. 제가 그 동생에게 예수님을 믿으라고 하자, 동생이 아버지가 겁나서 벌벌 떨었습니다. 그래서 한국에 들어올 때면 작전을 세웠습니다. 제 동생 박정수 목사에게 작은아버지를 모시고 산보하러 나가라고 하고, 저는 그 시간에 사촌동생들에게 복음을 전하고……. 그렇게 해서 동생이 일본 수양회에도 한 번 참석했습니다.

지난 여름에는, 제가 작은아버지에게 한번 가려고 마음을 먹었습니다. 연세가 84세로 아주 연로하셔서, 작은아버지를 마지막으로 뵌다는 마음으로 가서 복음을 전해야겠다고 마음먹고 갔습니다.

그 전에도 히로시마에 한 번 간 적이 있었습니다. 작은아버지는 히로시마 역에서 차로 한 시간 정도 떨어진 곳에서 사십니다. 그때 큐슈, 오사카, 동경, 야마가다 네 곳에서 집회를 했는데, 큐슈에서 오사카로 가려면 히로시마를 거쳐야 합니다. 작은아버지 집에 들를 틈이 없어서 전화를 했습니다. '제가 히로시마를 지나갑니다. 작은아버지를 뵙고 싶은데 시간이 없으니 작은아버지가 역까지 나오실랍니까?' 하였더니 온 가족이 나왔습니다.

그날 호텔에서 함께 점심을 먹고 시간을 보내다가 오사카로 가려고 기차를 타러 갔습니다. 사촌동생이 운전하는 차에 저희 부부와 동생 아내가 탔고, 작은아버지는 다른 차를 타고 갔습니다. 기차 역으로 가는 차 안에서 동생에게 '666'에 대해서 이야기를 했습니다. 동생이 그 이야기를 듣더니, "형님, 그런 이야기가 성경에 있습니까?" 하고 물었습니다. 히로시마 역에 도착해서 기차가 올 때까지 20분 동안, 벤치에 앉아 성경을 펴서 '666'에 대해 설명해 주자 동생이 아주 진지하게 들었습니다. 그런데 작은아버지는 그것을 너무 싫어했습니다.

지난 여름 작은아버지 집을 방문해서 복음을 전해야겠다고 생각하면서, '작은아버지가 싫어하고, 나를 나가라고 하든지 따귀를 때리든지 하실 거다'는 마음이 들었습니다. 노인에게 따귀 한 대 맞으면 어떻습니까, 마지막인데. '언제 다시 만나겠나' 싶어서, 작은아버지가 좋아하는 인삼을 많이 사서 갔습니다. 작은아버지와 온 가족이 공항까지 마중나왔습니다. 작은아버지는 가정적이어서 바빠도 그런 일에는 항상 가족들을 다 데리고 다니십니다.

작은아버지 집에 도착해서 인사를 드렸습니다.

"작은아버지, 절 받으십시오."

"아이고, 됐네."

"아닙니다. 이번에는 작은아버지에게 꼭 인사를 드리고 싶습니다. 앉으세요."

작은아버지 부부를 모셔놓고 제 아내와 함께 절을 했습니다. 그리고는 인삼을 드리면서 이야기했습니다.

"작은아버지, 제가 작은아버지에게 말씀 드리지 못한 것이 하나 있습니다."

"뭔가? 말하게."

"아버지가 돌아가실 때의 이야기를 안 해드렸습니다."

"그래, 형님이 어떻게 돌아가셨나?"

작은아버지에게 저희 아버지가 돌아가시면서 구원받은 이야기를 해드렸습니다. 이야기를 다한 후, 작은아버지에게 이렇게 말씀드렸습니다.

"작은아버지도 예수님을 믿으셔서 우리와 하늘나라에 같이 가서 사셨으면 좋겠습니다."

저는 어떤 반응도 당하겠다는 큰맘을 먹고 이야기했는데, 작은아버지 마음이 변하셨습니다. 작은아버지가,

"우리 아버님이 여든 넷에 세상을 떠나셨는데, 내가 올해 여든 넷이다……."

하시며 이야기를 시작했습니다. 작은아버지가 죽음을 생각하고 계셨습니다.

"내가 형님 가신 하늘나라에 가고 싶지만 길을 알아야 가지."

제가 뭘 하려고 할 때마다 하나님이 길을 여시는 것이 너무 감사했습니다. 큰사촌동생에게 스물 세 살 난 딸이 있습니다. 그 아이가 차

를 운전하고 가는데 뒤차가 들이받아 목뼈가 부러져서 식물인간이 되었습니다. 입으로 이야기는 안 했지만, 작은아버지가 믿어온 창가학회(남묘호렝게교)와 제가 믿어온 하나님과 차이가 났습니다. 작은아버지에게 또 말씀을 드렸습니다.

"작은아버지도 아시다시피, 옛날에 제가 고향에서 빌빌거릴 때 작은아버지가 저를 일본에 데려오려고 하지 않았습니까? 그러다가 제가 구원을 받았는데, 이제 38년이 지났습니다. 그 전에는 제게 참 많은 고통스런 일들이 닥쳤는데, 구원받은 그날부터는 그런 일들이 제 앞까지 왔다가 사라져버리고 제게 미치지 못했습니다."

제가 지나온 날들을 간증했습니다. 작은아버지가 믿은 창가학회와 제가 믿는 하나님과 구분이 명확히 되는데, 하나님이 너무 위대하신 것입니다. 그 가족들이 다 마음을 바꾸었습니다. 그날 저녁에, 우리가 왔다고 호텔을 빌려 한 상 차려놓고 파티를 열었습니다. 시작하기 전에 둘째 사촌동생이 "오늘 파티를 위해서 한국에서 오신 형님이 가족들을 위해 하나님께 기도해 주셨으면 좋겠습니다. 그리고 기도를 마치신 후에 아버지가 건배를 하셨으면 좋겠습니다." 하는 것입니다. 옛날 같았으면 그러다가 자기 아버지에게 맞아 죽습니다. 그런데 작은아버지가 가만히 계시는 것입니다. 동생들도 모두 좋아했습니다.

제가 기도를 했습니다. 작은아버지도 고개를 숙이고 손을 모으시고, 작은어머니도 그러시고.

"하나님, 이 가정에 복을 주십시오……."

기도인지 전도인지 모를 정도로 기도를 오래 했습니다. 기도를 마치니까 모두 "아멘." 했습니다. 기도를 마치고 작은아버지가 건배하자고 하시며 맥주 잔을 드시기에, 저도 콜라 잔을 들고 함께 건배를 했습니다. 그날 우리가 너무 즐겁게 담소를 나누고 재미있는 시간을 보냈습니다.

이튿날 아침에 히로시마 역으로 가는 길을 동생이 동행했습니다. 역에 도착하자 며칠 전에 세워진 히로시마 교회의 박찬수 선교사님이 나와 있었습니다. 동생이 박찬수 선교사님에게 '우리 집에 가자'고 했습니다. 박 선교사님이 차를 가지고 오겠다고 하자, '내가 다시 태워 드릴 테니까 그냥 내 차 타고 가자'고 해서 그날 박 선교사님이 작은아버지와 교제를 나누었습니다. 아직 복음을 깨닫지는 못했지만, 계속해서 전도하고 있습니다.

이런 일들을 보면, 제가 무엇을 하려고 할 때마다 하나님이 계속해서 앞서 일하시는 것입니다. 선교하는 일이나 전도하는 일이나 수양관을 짓는 일이나……. 30년 전에 기쁜소식선교회가 건물 2층의 조그만 셋방에서 시작해서, 지금은 해외에 보낸 선교사 가족이 300여 명입니다. 현재 러시아나 중국 등 복음을 전하기 어려운 나라에 가서 힘있게 일하고 있습니다. 이런 일들은 제가 하는 것이 아니라 하나님이 하시는 것입니다. 하나님이 저에게 자주 이런 이야기를 하셨습니다.

"박 목사야, 너 그래 가지고 안 돼. 그건 내가 해야 돼. 너 그렇게 해서 될 것 같으냐? 안 돼. 내가 할께."

저는 하나님이 잘 믿어지지 않습니다. 지금도 믿음이 없지만 전에는 더욱 그랬습니다. 하나님이 하시면 안 될 것 같고, 내가 해야 될 것 같고……. 그래서 일들을 내가 꽉 붙잡고 끌어안고 했습니다. '죄 사함 거듭남의 비밀 1'에 나오는 이야기 중에 돛대에서 뛰어내린 소년 이야기가 있습니다. 소년이 돛대 꼭대기에서 그것 놓으면 죽을 줄 알고 꽉 붙들고서 떨고 있는데, 선장인 아버지가 보니까 돛대를 잡은 손에 힘이 빠지면 아들이 갑판 위에 떨어져 죽겠다는 생각이 들었습니다. 그래서 권총을 빼들고는, "발로 돛대를 차면서 바다로 뛰어내려라. 그렇게 안 하면 내가 권총으로 널 쏘겠다."고 했습니다. '다섯 셀 동안에 뛰어내려라' 고 하고 권총을 겨누었습니다.

아들은 돛대를 꽉 붙들어야만 살 줄 알았는데, 아버지는 속히 돛대를 놓고 바다로 뛰어내려야 산다는 것입니다. 그게 아들과 아버지의 생각 차이였습니다. 누구 생각이 옳았습니까? 아들이 보니 아버지가 권총을 들고 자기를 겨냥하는데, 떨고 있을 일이 아니었습니다. 그러고 있다가는 총에 맞아 죽을 것 같았습니다. 떠는 것이 금방 끝나 버렸습니다. '빨리 뛰어내려야겠다' 고 마음먹고 붙들고 있던 돛대를 발로 힘껏 차면서 손을 놓아버리자 바다에 풍덩 빠졌습니다. 그러니까 선원들이 가서 건져왔습니다.

하나님이 저에게도 '옥수야, 바다로 떨어져라. 네가 붙잡고 있는 것을 놔라' 하시는 것입니다. 저는 하나님께 맡기면 안 될 것 같고 내가 쥐고 있어야 될 것 같아서 끌어안고 발버둥쳤는데, 하나님이 저에게 자주 '놓아라. 이건 내가 해야 돼. 네가 하면 안 돼. 이 문제는 내가 해야 돼. 너는 손을 놓고 내게 맡겨라. 내가 일할께' 하셨습니다.

성경을 읽어 보면 너무 감격스러운 것이, 하나님은 처음부터 우리가 이 큰 일을 해내지 못할 것이라는 사실을 아셨습니다. 우리가 선을 행해도, 노력을 해도, 무엇을 해도 우리로서는 안 된다는 사실을 아셨습니다. 그래서 하나님은 예수님을 예비하신 것입니다.

그보다 위대한 일은 없습니다

이번 한 주간 우리가 다말에 대해 이야기했는데, 그 일은 예수님을 이 땅에 보내기 위한 한 과정이었습니다. 왜 예수님을 보내야만 했습니까? 우리로서는 안 되기 때문입니다. 이 땅에 수많은 인생이 다녀갔지만, 하나님은 그 어느 인생에게도 기대나 소망을 가진 적이 없습니다.

'너희들은 안 돼. 너희들은 범죄했어. 그러나 예수 그리스도가 오면, 예수 그리스도가 일을 하면……'
하고 하나님은 예수님께 기대를 두셨습니다.

우리를 죄에서 건져내는 일도, 죄를 씻고 거룩하게 하는 일도, 의롭게 하는 일도, 하나님을 기쁘시게 하는 일도 예수님이 하셔야 합니다. 그래서 믿음이라는 것은 예수님께 나를 맡기는 것입니다. 예수님께 나의 문제를 맡기는 것, 내 인생을 맡기는 것, 그것이 믿음입니다. 오늘날 사람들은 예수님을 믿지 못해서 자기 짐을 자기가 짊어지고 고민하고 고생하며 괴로워하고 있습니다. 사람들이 왜 슬퍼하고 고통합니까? 믿음이 없어서 예수님의 손에 맡기지 않고 자기가 짊어지고 있기 때문입니다.

6·25전쟁 때 저는 일곱 살이었습니다. 피난을 갈 때, 저는 베개만한 보따리에 흰떡 말린 것을 지고 갔습니다. 아버지는 지게에다 솥도 지고, 쌀도 지고, 이불도 지고, 어머니도 물건들을 지고 낙동강까지 걸어가는데 너무 무거워서 지쳤습니다. 형님은 저보다 12살 많은 열 아홉 살이었는데, "야, 우리 옥수 잘 간다." 하면서 두 손으로

제가 지고 가던 떡을 약간 들어주는데 얼마나 가벼웠던지 모릅니다. 형님이 그렇게 손만 대도 나는 너무 가벼웠습니다. 그런데 예수님께서 우리 짐, 우리 근심에 손을 대시면 왜 가볍지 않겠습니까? 우리가 믿음이 없어서 다 자신이 짊어지고 고통하고 괴로워하고 있는 것입니다.

창세기에서 하나님은 어떤 일보다도 예수 그리스도에게 기대를 두셨습니다. 사단은 다말을 통해서 예수 그리스도가 태어나는 것을 방해하고 막으려고 했지만, 하나님은 당신을 믿는 다말을 통해서 그 일을 이루셨습니다. 다말이 예수 그리스도의 대를 이어, 결국 그 자손 중에서 예수 그리스도가 태어나서 십자가에 못박혀 죽어 우리 죄를 해결하셨습니다. 죄만 아니라 우리 삶 속에서 일어나는 크고 작은 모든 문제를, 사랑하는 우리 주 예수 그리스도께서 우리의 주인이 되어 해결하시고 은혜를 베풀어 축복하려고 하신다는 것입니다.

다시 한 번 말씀드리지만, 창세기 38장 이야기는 하나님이 어떻게 예수님을 보내시는지, 그 마음을 기록한 글입니다. 하나님은 결국 예수님 한 분으로 모든 일을 이루셨지, 우리로 말미암아 이루지 않으셨습니다. 오늘 저녁에도 여러분이 스스로 무엇을 하려고 하는 것을 다 내려 놓으십시오. 우리가 할 수 있는 가장 크고 위대한 일은, 내 안에서 예수님이 일하실 수 있도록 하는 일입니다. 그보다 위대한 일은 없습니다.

저는 목회를 하면서, 다른 일을 하는 것이 아니라 우리 교회 안에서 예수 그리스도께서 일하시기에 편하도록 만드는 일만 하고 있습니다. 저는 인생을 살면서 제 마음 안에서 주님께서 일하시기에 편하도록 하는 일만 하고 있습니다. 그러면 크고 작은 모든 일들을 주님이 해결해 주시는 것입니다.

  사랑하는 여러분, 여러분의 삶을, 여러분의 모든 문제를 예수님으로 말미암아 되어지도록 오늘 저녁 예수님께 맡기십시오. 그래서 여러분은 쉬고 예수님이 일하신다면, 여러분에게 매일 주님을 찬양할 거리가 넘쳐날 줄 압니다. 기쁨으로 주님을 섬기게 될 줄 믿습니다.

  이번 한 주간 집회를 허락하신 주님께 감사를 드리고, 여러분의 남은 생애에 여러분이 아닌 주님이 일하시는 여러분이 되기를 바라며 말씀을 마치겠습니다.

40만권 발행 베스트셀러 설교집

교도소 안에서 참회의 눈물로 세월을 보내면서도 죄의 가책에서 벗어나지 못하던 자가,
날마다 지은 죄를 고백하며 울부짖었지만 확신이 오지 않아 몸부림치던 자가
이 책을 읽다가 단번에 영원한 죄 사함을 받고 거듭났다.
교회에 나가는 아내를 핍박하던 자가, 교회에 발을 들여놓긴
했어도 무엇을 어떻게 믿어야 하는지 몰라 신앙이
막연하기만 하던 자가 무심코 책을 넘기다가
밤새 다 읽고 주님 안에 들어왔다.

박옥수 목사 설교집

죄사함 거듭남의 비밀 1

죄사함 · 거듭남의 비밀 1,2,3

영어 · 중국어 · 스페인어 · 일본어 · 러시아어 · 독일어 · 태국어 · 캄보디아어 · 스와힐리어 등으로 번역출간

잠실학생체육관을 복음으로 뒤덮었던 말씀, 그 말씀을 주님이 우리에게 책으로 주셨다.

간음하다 현장에서 잡힌 여자, 그 여자는 죄에 끌려다니며 추한 삶을 살았고,
결국 간음하다 잡혀 돌에 맞아 죽을 수밖에 없었습니다.
그 여자가 예수님 앞에 섰을 때, 주님은 그 여자를 죽음에서 건지셨고,
죄를 씻어 깨끗하게 하셨으며, 여자를 얽어매고 있던 죄악의 사슬을 끊어버리셨습니다.
율법으로 심판하면 멸망당할 수밖에 없었던 여자가, 주님이 세우신 은혜의 성령의 법
아래서 생명과 거룩함과 온전한 자유를 얻은 것입니다.
그것은 바로 우리들의 이야기입니다.

朴玉洙 牧師 著/신국판/320쪽

박옥수 목사 말씀선

● 두 부류의 신앙

오늘날 이 땅에는 두 부류의 신앙인들이 있다. 한 부류는 '…해야 되는데' 하는 법에 얽매여 신앙 생활을 하는 사람들이고, 다른 한 부류는 마음에서 우러나오는 기쁨과 감사함으로 신앙 생활을 하는 사람들이다.   사륙판/240쪽

● 쳐다본즉 살더라

이스라엘 백성들이 불뱀에 물렸을 때, 그들은 그 독과 싸운 것이 아니라 장대 위에 달린 놋뱀을 쳐다보고 살았다. 그와 같이 누구든지 그리스도를 바라볼 때 죄로 인한 고통이 끝나고 심판에서 벗어날 수 있다. 그리스도의 평안과 기쁨을 원하는가?   사륙판/288쪽

● 무엇에 주려 있는가?

사마리아 여자는 '남편을 바꾸면 만족스럽겠지' 하며 여러 남자와 결혼했지만 그 심령은 여전히 목말랐는데, 예수님을 만났을 때 비로소 목마름에서 벗어났다. 우리 마음에 참된 만족을 줄 수 있는 분은 예수님뿐이시다.   사륙판/328쪽

● 피를 볼 때에 넘어가리라

죽임을 당해야 할 이스라엘 백성을 대신하여 어린 양이 죽어서 그 피가 문설주에 칠하여지면 그 집에는 더 이상 죽음이 오지 않았다. 이와 같이 우리가 받아야 될 저주를 예수님이 이미 담당하셨기 때문에 이제 우리는 저주를 받지 않아도 된다.   사륙판/336쪽

● 회개가 빠진 마술사 시몬의 신앙

사도행전 8장에 나오는 마술사 시몬, 그는 악을 사랑했다. 그는 자신의 마음 속에 악을 그대로 두고 기회를 따라 죄와 더불어 즐기면서, 성령을 자기 욕망의 도구로 사용코자 했다. 그 삶은 저주받을 삶이다.   사륙판/328쪽

● 사울의 죽음

사울 왕은 하나님이 명하신 대로 아말렉을 모두 진멸한 것이 아니라, 자기의 생각대로 아말렉 중에서 좋고 아름다운 것은 남기고 낮고 가치 없는 것만 멸했다. 사울 왕처럼 사단은 우리가 옳은 생각을 따라 하나님을 순종하도록 우리를 속여 왔다.   사륙판/360쪽

기쁜소식선교회
GOOD NEWS MISSION

기쁜소식선교회는 순수 복음을 통하여 죄로 말미암아 고민하는 사람이 죄 사함을 받고 거듭나 새로운 삶을 살도록 이끌어 주고 있는 선교회로서 주요 사역으로 대도시 복음전도집회, 전도책자 · 설교집 · 월간지 발간, 인터넷 생방송, 설교 테이프 보급, 동 · 하절기 신앙수련회, 전도자 훈련 · 국내외 파송 및 후원 등이 있다.

100-622 서울 · 중앙우체국 사서함 2237 ☎050-2244-9191, FAX.050-2244-9192

서울(02)
- 강남구 · 관악구 539-0691
- 강동구 485-4017
- 광명 897-3146
- 광진구 456-0694
- 도봉구 991-1362
- 동대문구 2216-3725
- 마포구 338-4014
- 성북구 943-5294
- 양천 · 강서 · 영등포구 2693-0213
- 용산구 797-7252
- 은평구 358-1905
- 중구 2254-2747
- 중랑 · 노원구 · 구리 435-0358
- 금천구 · 과천 539-0691

경기(031)
- 고양 908-1560
- 군포 451-2059
- 김포 984-1277
- 동두천 868-0453
- 분당 709-8175
- 성남 735-3389
- 수원 242-4669
- 시흥 311-8432 / 434-2570
- 안산 413-7781 / 406-8285
- 안양 446-9321
- 양평 774-9848
- 오산 375-6191
- 용인 333-6858
- 의왕 454-1646
- 의정부 879-1371
- 이천 636-7829
- 파주 944-1180

평택 657-1141
여주 886-2630
안중 682-6453
포천 534-0901
하남 794-0400
안성 653-8724
장호원 642-4315
남양주 511-0711
광주 768-6358

인천(032)
- 계양구 545-3337
- 남구 422-0922
- 동구 761-7863
- 서구 562-9240
- 부천 326-2934
- 부평구 505-0922
- 강화 933-8262

강원(033)
- 간성 682-5373
- 강릉 641-0025
- 동해 532-7639
- 삼척 574-0957
- 속초 631-5267
- 양구 482-9991
- 영월 373-1921
- 원주 747-3885
- 문막 747-3884
- 인제 461-7657
- 정선 563-7181
- 철원 452-7423
- 춘천 552-9529
- 태백 553-3285
- 홍천 435-1773
- 횡성 344-0265
- 평창 335-7712

충남(041)
- 공주 855-3618
- 금산 754-5380
- 논산 733-3275
- 당진 355-8185

대천 936-0947
무창포 936-3275
부여 834-1711
서산 667-1105
서천 956-5975
아산 548-8206
연기 867-4340
예산 333-8899
천안 574-9085
청양 943-9199
태안 675-9182
홍성 631-0191
강정 745-0745

대전(042)
- 대덕구 623-7402
- 서구 523-2560
- 중구 255-5290

충북(043)
- 괴산 832-0132
- 보은 542-9934
- 영동 744-8959
- 음성 872-6620
- 제천 644-1554
- 증평 836-9905
- 진천 534-9920
- 충주 844-8947
- 청주 298-1940
- 옥천 733-8960

부산(051)
- 기장 722-6043
- 금정구 513-3171
- 남구 624-1091
- 동래구 505-6833
- 북구 333-8262
- 사하구 203-9100
- 영도구 412-7040
- 해운대구 545-1402 / 741-7677

울산(052)
- 남구 267-8197

동구 233-9906
창원구 263-2009
중구 297-0830

대구(053)
- 경산 818-5223
- 하양 854-0432
- 남구 621-6251
- 남구 984-2737
- 달서구 635-5591
- 서구 357-5961
- 남구 322-9961
- 수성구 764-1142
- 달성군 615-9125

경북(054)
- 감포 775-2297
- 경주 742-9417
- 고령 954-0191
- 구미 465-2556
- 군위 382-7741
- 김천 439-0521
- 대덕 434-9628
- 문경 550-0135
- 상주 532-2762
- 선산 482-1986
- 성주 931-1241
- 안강 762-2971
- 안동 854-1046
- 왜관 973-6206
- 영덕 733-7313
- 영양 683-3645
- 영주 633-9645
- 봉화 674-0691
- 영천 333-7892
- 울진 782-2718
- 울릉 791-2514
- 예천 654-1474
- 의성 833-1275
- 논공 615-9125
- 청도 373-7471
- 포항 281-1814

청송 873-0692

경남(055)
- 고성 674-1963
- 거제 635-7493
- 장승포 681-8272
- 거창 943-4452
- 김해 333-3747
- 남해 864-3882
- 대구 984-4951
- 밀양 355-8824
- 사천 852-0136
- 산청 972-6875
- 삼천포 833-2870
- 압곡 933-9074
- 양산 385-1553
- 의령 573-9768
- 장유 313-7203
- 진영 342-1879
- 진주 753-8680
- 문산 761-5706
- 진해 546-0314
- 창녕 532-1902
- 남지 526-2812
- 통영 646-1137
- 창원 238-5148
- 하동 882-4221
- 함안 583-7479
- 함양 963-6806
- 합천 932-9969

전남(061)
- 강진 434-5223
- 고흥 834-2158
- 광양 762-6031
- 구례 782-3302
- 나주 334-1171
- 담양 383-3456
- 목포 278-0082
- 무안 452-2865
- 벌교 233-299-32185O
- 보성 852-1150
- 벌교 858-0173

순천 741-3868
여수 653-3627
여천 691-3680
영광 352-7570
영암 471-9191
완도 552-6245
장성 392-0477
장흥 864-9191
진도 543-8059
화순 374-3024
해남 536-1927

광주(062)
- 광산구 941-9481
- 남구 671-7293~4
- 북구 522-7673

전북(063)
- 고창 564-8219
- 군산 461-3216
- 김제 545-2431
- 남원 633-8378
- 무주 324-0777
- 부안 581-3148
- 순창 653-0321
- 익산 856-0702
- 전주 246-1202 / 277-1524 / 223-9604
- 정읍 535-6079
- 진안 433-2898
- 함열 862-1824
- 임실 644-7005
- 장수 353-9415

제주(064)
- 제주 743-0041
- 서귀포 762-3190

북미
- LA 1-213-386-0097
- 타코마 1-253-582-3599
- 앨버커키 1-505-837-1910
- 댈러스 1-972-272-4724
- 산호세 1-408-423-9191
- 라스베이거스 1-702-248-0572
- 오렌지카운티 1-714-530-7733
- 앵커리지 1-907-258-9987
- 엘파소 1-915-757-8144
- 포틀랜드 1-503-526-0678
- 샌안토니오 1-210-930-6016
- 덴버 1-303-755-2315
- 캔사스 1-816-941-9922
- 휴스턴 1-713-688-5593
- 뉴욕 1-718-358-3712
- 뉴욕 스케넥터디 1-718-429-4393
- 커넷티켓 1-203-333-0446
- 애틀란타 1-678-473-1594
- 필라델피아 1-215-379-0501
- 시카고 1-847-329-0237

워싱톤 1-703-425-1052
미니애폴리스 1-763-522-6775
토론토 1-416-512-7968
올랜도 1-407-695-2881
뉴저지 1-201-883-1817
디트로이트 1-248-853-6887
템파 1-813-223-4175
하와이 1-808-486-0102

중 · 남미
- 멕시코 52-55-5889-1219 / 52-55-5519-1673
- 코스타리카 506-250-1159
- 자메이카 1-876-754-1513
- 도미니카 809-1-921-0419
- 페루 51-1-261-3525
- 브라질 55-11-3856-0302 / 55-61-563-7351
- 아르헨티나 54-11-4682-0894
- 파라과이 595-21-515-373
- 볼리비아 591-3-45-1795
- 콜롬비아 571-403-9855
- 우루과이 598-2-480-1070

파나마 507-236-5210
칠레 56-2-227-3664

오세아니아
- 시드니 61-2-9550-0099
- 멜버른 61-3-9317-5429
- 오클랜드 64-9-576-5004
- 타운스빌 61-7-4728-1191

유럽
- 루드빅스하펜 49-621-636-9577
- 괴팅겐 49-551-93056
- 베를린 49-30-4508-9602
- 레겐스부르크 49-941-307-7809
- 상페테르부르크 7-812-230-4460
- 모스크바 7-095-598-9783
- 우크라이나 380-44-443-2200
- 헝가리 36-1-403-7940
- 체코 42-02-7477-8805
- 루마니아 40-021-222-7167
- 영국 44-020-8949-3893
- 카자흐스탄 7-3272-460318
- 우즈베키스탄 998-712-68-96-13

터키 90-312-426-5552
키르기스스탄 996-312-511158

아프리카
- 케냐(나이로비) 254-20-861508
- 케냐(미고리) 254-722-229946
- 에티오피아 251-1-630798
- 우간다 256-41-272084
- 탄자니아 255-744-999634
- 남아프리카공화국 27-11-614-1722
- 가나(테마) 233-22-305857-8
- 가나(아크라) 233-21-407495
- 베냉 233-299-321850
- 토고 228-22-28828
- 나이지리아 234-1-555-0755
- 코트디브아르 255-22-421668

아시아
- 필리핀(케손시티) 63-2-926-7569
- 필리핀(바기오)0919-293-9956
- 필리핀(앙헬레스)0916-289-6519
- 캄보디아 855-23-883-610
- 태국 66-2-378-1308
- 인도(봄베이) 91-022-2849-1223

인도(델리) 91-11-2671-4266
인도(뉴델리) 91-9-6847-60054
인도(마드라스) 91-44-2448-1885
미얀마 95-1-1666236
네팔 977-1-2113064
동경 81-3-3205-7720
오사카 81-6-6634-9532
야마가타 81-233-22-6004
큐슈 81-92-481-2244
히로시마 81-082-294-9254
지바 81-43-227-1408
시즈오카 054-252-5424

| 다 말 |

초판 발행 : 1992년 8월 5일
2쇄 발행 : 2005년 5월 4일

저　자 : 박옥수
발행인 : 김욱용
발행처 : 기쁜소식사

주소 : 158-843 서울 양천구 신월2동 606-45
전화 : (050)2244-9191, FAX.(050)2244-9192
온라인 : 국민은행/ 072-21-0932-902(예금주 김욱용)
　　　　우체국/ 012831-02-152011(예금주 김욱용)
판권소유 : 기쁜소식사(등록 제 15-16호)

ISBN 89-85422-27-8 03230
www.goodnewsbook.co.kr

값 9,000원